Socioantropologia das Religiões

Claude Rivière

Socioantropologia das Religiões

EDITORA
IDEIAS&
LETRAS

DIRETOR EDITORIAL:
Marcelo C. Araújo

CONSELHO EDITORIAL
Avelino Grassi
Edvaldo Araújo

TRADUÇÃO:
Saulo Krieger

COPIDESQUE:
Camila Pereira Ferrete

REVISÃO:
Ana Aline Guedes da Fonseca de Brito Batista

DIAGRAMAÇÃO:
Érico Leon Amorina

CAPA:
Erasmo Ballot

TÍTULO ORIGINAL: SOCIO-ANTHROPOLOGIE DES RELIGIONS ©
ISBN: 978-2-200-35195-3

TODOS OS DIREITOS EM LÍNGUA PORTUGUESA, PARA O BRASIL,
RESERVADOS À EDITORA IDEIAS & LETRAS, 2013.

Rua Diana, 592
Cj. 121 - Perdizes
05019-000 - São Paulo - SP
(11) 3675-1319 (11) 3862-4831
Televendas: 0800 16 00 04
vendas@ideiaseletras.com.br
www.ideiaseletras.com.br

Dados Internacionais de Catalogação na Publicação (CIP)
(Câmara Brasileira do Livro, SP, Brasil)

Rivière, Claude
Socioantropologia das religiões / Claude Rivière;
[tradução Saulo Krieger]. - São Paulo, SP:
Ideias & Letras, 2013.

Título original: Socio-anthropologie des religions.
Bibliografia.
ISBN 978-85-65893-11-4
1. Religião e sociologia 2. Socioantropologia

12-13296   CDD-306.6

Índices para catálogo sistemático:

1. Sociologia da religião 306.6

Sumário

Prefácio - 11

Questões orientadoras do plano de pesquisa - 11
A ciência das religiões em migalhas - 13
Precauções de leitura - 15

PRIMEIRA PARTE
O CAMPO DA ANTROPOLOGIA RELIGIOSA

Capítulo 1

A religião e o sagrado - 20
A religião interrogada pela antropologia - 20
Um sagrado demasiadamente ontologizado - 28

Capítulo 2

Figuras hipotéticas da religião primitiva - 36
O espírito das coisas - 36
Algumas noções fetiches: totem, mana e tabu - 42

Capítulo 3

Percepção histórica da antropologia religiosa - 51
Debates primitivos - 51
Perspectivas sociológicas - 55
Símbolos e funções - 63
Observações sobre método - 69

SEGUNDA PARTE
A CRENÇA NOS MITOS

Capítulo 4

Decifrando relatos míticos -72
Características fundamentais do mito -73
Algumas leituras possíveis - 77
A temporalidade dos mitos -86

Capítulo 5

As crenças religiosas: formas e conteúdos - 95
O fenômeno do crer - 95
O conteúdo transcendente das crenças religiosas 99
As concepções do homem - 104

TERCEIRA PARTE
A PRÁTICA DOS RITOS

Capítulo 6

O rito em teoria - 110
Definições e classificações - 111
Interpretações - 113
Estrutura, função e dinâmica - 114
Ritos religiosos, políticos e profanos - 115

Capítulo 7

Purificação e propiciação - 117
Ritos de expulsão do que é imundo - 117
A oração - 121
O sacrifício - 125

Capítulo 8

Festas da vida e signos do céu - 134
Festas de renovação social - 139
Ritos compreendidos como signos - 142

QUARTA PARTE
AS MARGENS DA RELIGIÃO

Capítulo 9

A magia reinterpretada - 150
Interpretações diversas - 152
Dos especialistas e dos ritos - 157
O mundo moderno do oculto - 161

Capítulo 10

A feitiçaria reexaminada - 165
Referências descritivas - 166
A feitiçaria na Europa - 168
Rumores Contemporâneos - 170
A feitiçaria africana antiga e moderna - 174
Lógicas de interpretação da feitiçaria - 176

Capítulo 11

O xamanismo reativado - 181
Os poderes adquiridos do xamã - 181
Atividades terapêuticas, espirituais e sociais do xamã - 186
Um entusiasmo real pelo xamanismo - 190

QUINTA PARTE
AS DINÂMICAS RELIGIOSAS CONTEMPORÂNEAS

Capítulo 12

Desencantamento ou efervescência do religioso? - 196
Um mundo laicizado - 196
Sobre poderosos maremotos - 202
Os fundamentalismos - 208

Capítulo 13

Mutações religiosas do Terceiro Mundo - 211
Profetismos e cultos novos - 211
Recorrências míticas e rituais - 218
Do sincretismo - 223

Conclusão

Religião e modernidade - 231
Os traços da pós-modernidade - 231
A crise católica - 232
O brilho cintilante das crenças 234

Bibliografia - 239

Glossário - 245

Índice dos autores - 248

Índice temático - 253

Tabela dos textos enquadrados -255

Prefácio

É sabido que sobre religião todo mundo tem alguma ideia, mas qual seria ela? Para muitos ocidentais, a religião se transformou em uma preocupação menor; porém, não significa que ela não possa ser importante para povos africanos ou para um habitante do Sri Lanka, por exemplo. Do ponto de vista do judeu, do cristão, do muçulmano ou do hindu, os livros sagrados não contêm propriamente mitos, e sim relatam a verdade, como se mitos não fossem uma maneira de formular, pela imaginação, o que se julga verdadeiro. Ao ler Lévi-Strauss, percebe-se que os mitos dos povos durante muito tempo tidos como selvagens não são mais ridículos que os da Grécia ou da Roma antiga, tão admirados pelos humanistas. No entanto, ao abordar culturas diferentes da nossa, tendemos a nos perguntar se a multiplicidade de formas religiosas seria compatível com as ideias do Verdadeiro, do Bem, do Belo, princípios esses associados e supremos segundo Platão e Aristóteles? Existe uma essência divina pela qual se possam moldar as mais diversas convicções a respeito dessas questões? Meu desejo é que, relativamente a isso, o filósofo ou o teólogo consiga deter uma resposta absoluta.

Questões que orientam um plano de pesquisa

Uma grande prudência é imposta. Também pouco vale dizer "minha religião é verdadeira, vimos Deus se manifestar" (toda religião atesta revelações, aparições, milagres, êxtases...), como de pouca valia será pensar a religião como um elemento perturbador de cunho ideológico que haverá de pulverizar a racionalização e a tecnologia de ponta, como se o século XXI fosse o fim da história científica e tecnológica e como se a ciência fornecesse o sentido a tudo que existe, compreendendo, assim, nossas próprias escolhas e ações.

E o sentido e a essência permanecerão estáveis? Toda religião reivindica para si uma tradição que confere transcendência de autoridade. Mas toda tradição, sendo humana, comporta uma potência ativa e criadora de adaptações, reinvenções, e reinterpretações pragmáticas, manobrando incessantemente com estabilidade e movimento, funcionando como memória coletiva com um reservatório de signos simbólicos indefinidamente reencontrados, arranjados e reativados de maneira seletiva.

Quanto mais as religiões se confrontam entre si no mundo moderno, mais o que elas valorizam como signos do sagrado tendem a ser selecionados arbitrariamente pelos indivíduos. A referência à transcendência não se confunde com a transcendência confessional. Por meio de textos, falas, gestos, locais, edifícios, temporalidades ou pessoas, pequenos grupos em busca de salvação recompõem minitranscendências orientadas para o indivíduo, ou transcendências médias (religiosidades seculares, populares, políticas) que respondem a demandas espirituais, manifestando o pluralismo da fé com lugar à utopia, a menos que o ateísmo, a adesão à ciência ou à filosofia da época não mascarem a busca indefinida do sentido da vida. Então, muito mais que um resíduo redutor, o que os sociólogos chamam de religião implícita ou religião metafórica não seria, como sugere Danièle Hervieu-Léger reportando-se a J. Séguy, um dispositivo estruturante do religioso moderno? Nossa última parte estará centrada exatamente nesses dinamismos religiosos contemporâneos.

Antes, porém, tentaremos precisar o sentido das palavras "religião" e "sagrado", expondo o que poderia ser compreendido como tal no curso de múltiplas reflexões sobre o religioso em sua experiência vivida, manifestações e nas primeiras teses dos antropólogos sobre a religião mais original, que é supostamente a mais simples.

A segunda parte versará sobre as crenças na sacralidade expressas mediante formulações, dogmas, adesões e mitos dos quais se tratará de delimitar os conteúdos e as leituras possíveis.

Na terceira parte, serão examinadas as práticas rituais de diversos cultos para, com base nisso, elaborar a teoria e deslindar, a partir daí, alguns tipos manifestos: oração, sacrifício, iniciação, artes divinatórias e possessão, por exemplo.

Magia, feitiçaria, xamanismo "reativados", por que não dizer, no mundo moderno e reinterpretados pela antropologia nos interrogarão, em uma quarta parte, sobre o que se diz ser as margens da religião, enquanto a maior parte dessas práticas se faz incorporar às religiões tradicionais, e mesmo a nossas crenças e comportamentos contemporâneos.

A quinta e última parte versará sobre os tempos atuais. Sob quais formas a laicização do mundo seria inevitável? Não é o caso de se observar as religiões populares em estado latente, as regressões de certas religiões tradicionais, sem falar nas marés fundamentalistas, sectárias ou simplesmente nos profetismos e cultos novos? Em quais contextos aparecem e se desenvolvem os messianismos e os sincretismos? Quais são eles? Por quê? E como?

Se esta obra se intitula *Socioantropologia das religiões*, dizendo respeito, sobretudo à antropologia religiosa, é o caso de absolutamente arejar uma antropologia antiga das religiões de problemáticas arduamente contestadas a partir do momento em que as religiões ditas tradicionais e étnicas em risco se confrontam com as religiões universalistas por toda parte no mundo, pelo que se produzem trocas e interinfluências, a ponto de expedientes análogos servirem para compreender o culto imperial em Roma e no Japão, os sacrifícios védicos e africanos, os mitos ameríndios e gregos, a vidência e o esoterismo do geomancista moundang e de Madame Soleil. A recomposição do religioso não se dá em compartimento fechado. Nossa apropriação se torna modernizante, comparativa e crítica, pretendendo desafiar encerramentos disciplinares.

A ciência das religiões em migalhas

Tantas são as disciplinas que se ocupam do religioso, que convém situar nossa abordagem em relação a outras:

- A antropologia religiosa não se contenta em descrever, inventoriar e classificar os fatos religiosos, ela vê a religião como parte da cultura e busca explicar as semelhanças e as diferenças entre fenômenos religiosos em sociedades diversas sem o privilégio atribuído à instituição monoteísta que petrificou nossas consciências ocidentais. Ela não se fecha nem na Antiguidade, nem no Terceiro Mundo, e se interessa tanto pelos ritos nepaleses quanto pelos mitos papuas, tanto pelos xamãs da Sibéria tanto quanto pelos exorcistas da Bretanha. Durante muito tempo, manteve o seu foco nas sociedades de pequena dimensão pouco letradas, por vezes arcaicas, nas quais não raro se encontram mesclados o tribal e o religioso. É evidente que ela se realiza mediante trocas de informação, pontos de vista e de métodos com as disciplinas vizinhas — todas devidamente iniciadas na compreensão do religioso.

- A sociologia religiosa, tal como inaugurada por Max Weber, trata, sobretudo, das religiões do Livro nas grandes civilizações, contando com o amparo eventual de pesquisa quantificada de crenças, de práticas e de formas de organização religiosa em sociedades complexas e urbanizadas.

- A história das religiões, inaugurada com o evolucionismo do século XIX, estuda e compara instituições, crenças e cultos através do tempo e do espaço. Ela apreende o desenvolvimento histórico de ideias e estruturas religiosas. Ela constitui um reservatório de experiências passadas e presentes das quais o antropólogo não pode se privar.

- A psicologia da religião, compreendendo interpretações psicanalíticas, aborda os fatos religiosos pelo seu caráter existencial: modos de expressão do sagrado no homem segundo a idade, o sexo ou a personalidade de base: variação de adesões e vivência afetiva do rito.

- A fenomenologia das religiões parte do princípio de que o sagrado é sentido pelo homem como fonte de transformação interior, e não somente como objetivação de um sagrado exterior ao homem, mas como testemunho de uma relação com alguma potência superior que investiu a consciência e à qual se devota amor, temor e respeito.

- A filosofia da religião examina a coerência lógica dos diversos sistemas religiosos, e reflete sobre suas teorias explicativas:

significado de palavras-chave, recorrências temáticas, tipos de raciocínio, influências de um modo de pensamento sobre o fiel e sobre o grupo em que ele está inserido.

- A teologia das religiões monoteístas se apresenta como ciência normativa condicionada pela fé em sua própria verdade revelada por Deus. Ela se pretende exclusiva e responde à questão "em que devemos crer?". Suas interpretações prevalecem em uma religião que, por via de consequência, profere anátemas e combate a heresia tal como concebida por ela.

Precauções de leitura

Reexaminando a construção de uma antropologia interessada nas formas populares e exóticas das religiões, depender-se-á de um hábito ocidental de superavaliação da homogeneidade comunitária à medida que se estuda uma religião, enfatizando pontos recentes da pesquisa, como religião enquanto experiência muito mais do que dogma, práticas religiosas comuns, além de o modo como as crenças afetam a vida.

A exigência de síntese devida ao formato da obra nos obriga a comprimir ao máximo as ideias e os exemplos a ponto de proporcionar uma percepção histórica um tanto vazia da disciplina, no que se exclui, por exemplo, temas que não obstante são capitais para a compreensão dos mitos e dos ritos, notadamente a questão da simbologia (mas felizmente os dicionários e as enciclopédias estão repletos sobre o tema que ultrapassa em muito a esfera do religioso), e, ainda, a ponto de reduzir a algumas linhas de caráter alusivo trabalhos que ocupam milhares de páginas de livros ou de revistas.

Por mais estranho que pareça, eu gostaria de advertir meus leitores quanto ao meu próprio discurso e, ao mesmo tempo, contra o de meus colegas, prevenindo-os de alguns falsos sentidos, bem como de portas já enferrujadas ou escancaradas, mas, sobretudo, eu gostaria de lhes solicitar, se querem ir mais longe, de não serem escravos das ideias que se lhes propõem e que jamais são absolutamente definitivas — nesse caso, o saber seria algo fechado e jamais intransponível (esta, a pior das ilusões). Proponho apenas um estado do saber a um dado momento, mas exijo que suas objeções eventuais sejam advindas de provas induzidas de contatos reais múltiplos e não oriundas de opções fantasiosas, de dados pontuais ou de escolhas ditadas por adesões.

Toda definição é um resumo simplificador com objetivo pedagógico. Não raro ela tem o defeito de obstruir os campos de reflexão — de maneira parcial porque não diz tudo, e de maneira míope por privilegiar o modelo. A oração não deve ser concebida somente a partir do modelo cristão de Frédéric Heiler; Roger Bastide o demonstrou em um capítulo do livro *O sagrado selvagem*. E o sagrado em si só responderia às definições de Rudolf Otto se se soubesse previamente com precisão o que são o fascinante, o terrível e o misterioso (de que modo articulados?). Ele só se oporia totalmente ao profano se existissem múltiplas transações e vaivens que se figurassem impedimento ao traçar de limites rigorosos entre o um e o outro, como fazem os modernos, numa afronta a Durkheim. Duas significações do sagrado fazem oscilar a noção: o que está pleno de uma potência divina, o que está interdito ao contato dos homens.

O sistema de castas, que segundo Olivier Herrenschmidt só existiria na Índia, funda-se em uma ideologia da pureza, mas Tal Tamari demonstrou que existiam, sim, castas em uma série de sociedades dotadas de concepção bem diferente das clivagens sociais e das noções do puro e do impuro. Segundo Weber, muitos sociólogos substituíram o tipo ideal, construindo-o como uma fortaleza que tomam por inexpugnável, e esquecendo que o tipo ideal de Deus variou das religiões mais antigas às mais recentes, que o tipo ideal da religião muitas vezes privilegiou a religião à qual se aderiu, que muitas religiões não têm organização hierarquizada e específica passível de gerar dogma, ética e ritual, que um tipo ideal nada mais é do que um produto instável fundado na escolha de certos critérios julgados fundamentais por aquele que o construiu, estando sujeito à revisão, pois aquilo que das religiões se tinha dito analógico ou metafórico, por exemplo, revela-se, com a história, mais essencial do que se pensara.

Aliás, a etimologia remete somente a tal cultura e a tal momento da linguagem (por exemplo, indo-europeia, grega, romana, árabe), como se verá a propósito dos mitos e dos ritos. O pontífice, mesmo romano, já não tem nada do fabricante de pontes que ligaria dois rios por procedimentos mágicos, ainda que o diga Caillois. Quanto à origem de uma instituição como a religião, cada qual a supõe e a recompõe à sua maneira por falta de provas históricas, daí as interpretações diferentes dos evolucionistas, dos etnólogos, dos psicanalistas. Os evolucionistas esboçam uma história em sentido único e obrigatório, como a sequência magia/religião/ciência; os sacerdotes se permitem enunciar o bom senso, que é definido pela religião, e o sem sentido, por exemplo, a superstição e a magia, enquanto esses pseudo sem sentido aparecem tão providos de sentido a outros que conferem eles próprios um sentido à sua vida, tanto como dogmas, mistérios, milagres, influências astrais ou parábolas a serem decifradas.

Forneceremos também tipologias, taxinomias, distinções, os quais devem ser tomados como instrumentos de reflexão, cobrindo raramente o conjunto de fenômenos observados, dependendo de certos critérios de classificação muitas vezes não ditos. Todas as portas estremecem, mesmo a de Linné em botânica; e o que se valoriza aí, como elemento pensado essencial, se relativiza e empalidece como o sol do Egito antigo. Muitos ritos se folclorizam. O misticismo segundo Troeltsch ou São João da Cruz depara com a oposição da possessão pelo espírito segundo o xamanismo. O gênio do cristianismo de Chateaubriand tem, por sequência, o gênio do paganismo de Marc Augé. Os que se referem ao sagrado como efervescente são obrigados a constatar a falta de efervescência do ritualismo, a busca do afetivo num sagrado diferente, o da New Age, de um budismo de uso ocidental, ou do culto ao corpo. E os cantos da secularização ou da dessacralização devem introduzir, segundo o país e a época estudados, sustenidos e bemóis à sua pseudoarmadura teórica.

A tentação de classificar mais do que sacia — e nós não a compartilhamos, sobretudo, para tornar pior algo que nos desagrada? O século XVIII abria o grande saco de superstições, e a seita atualmente serve de guarda-chuva apocalíptico, ao passo que tal religião, que eventualmente professamos, em seus primórdios tem sido considerada uma seita tanto pelos romanos como pelos judeus, uma vez que ela se desvencilhou (*secare*) de sua raiz-mãe, enquanto a multidão de grupos pentecostais, que florescem no mundo inteiro, concebem-se sem nenhum caráter fechado, nem exclusivo, simplesmente como novas Igrejas cristãs.

E quanto às portas abertas, por que se dar ao esforço de forçá-las? Haveria após ela alguma antropologia religiosa? É, sobretudo, para evitar que muitos estudantes percam seu tempo atirando em espantalhos ou se arremessando contra moinhos de vento, que eu procurei identificar qual seria o estado atual da questão para que não se debatam em vão com Frazer, Lévy-Bruhl, Eliade ou Callois, que, sim, é preciso ter lido para se formar, mas agora se encontram desacreditados em algumas de suas teses principais.

A presente edição, revisada e corrigida, encontra-se com um aumento de páginas novas sobre sociologia das práticas, movimentos religiosos contemporâneos e relações entre religião e modernidade. Em compensação, teria sido necessário sacrificar algumas passagens que dizem respeito aos ritos, sobretudo, o estudo final intitulado "Religião sagrada e política". Essa escolha tem sido ditada pelo fato de que toda quarta parte de nossa *Anthropologie politique* (Armand Colin, 2000) encontra-se voltada, com mais precisão, para as relações entre "o poder e o sagrado".

*Pri*meira parte

O CAMPO DA ANTROPOLOGIA RELIGIOSA

Capítulo 1

A religião e o sagrado

Muito antes da época dos gregos, na Suméria, assim como no Egito, alguns fenômenos supostamente se manifestariam na presença dos deuses. Na antiguidade romana, o termo *religio* designava a esfera independente do Estado que regia as práticas e crenças contendo traços do sagrado.

A religião interrogada pela antropologia

Religião e religiões

Segundo o epicuriano Lucrécio, no *De natura rerum*, o homem teme o poder dos deuses, que ele imagina estar na origem da ordem do mundo; pelos ritos, sobretudo no sacrifício, emitindo sinais de dependência e submissão ao invés de adquirir o verdadeiro saber filosófico. Segundo o estóico Cícero, a religião (do termo *relegere*, recolher escrupulosamente, prestar atenção, em contraposição a *neglegere*, negligenciar) se define pelo culto rendido aos deuses, os reais geradores do mundo (*De natura deorum*). A pseudoetimologia *religare* (religar) não passa de uma elaboração cristã posterior, datada dos séculos III e IV, obra dos apologistas Tertuliano e Lactâncio. No século XIII, o adjetivo "religioso" aplicava-se somente a batizados, eremitas e monges que tivessem feito voto de perfeição. A extensão do termo "religião" varia no curso dos séculos e só se estabilizará na Renascença, quando Nicolau de Cusa, em *A paz da fé* (1453), ressalta simultaneamente a universalidade da atitude religiosa (devoções e ritos) e a diversidade antropológica das religiões segundo as culturas. Observar-se-á que entre muitos povos não existe nenhum equivalente ao termo "religião", ainda que os fatos religiosos estejam presentes, porém não necessariamente separados das outras instituições sociais. No século XVII, para afirmar a superioridade da revelação, opõe-se religião revelada e religião natural, esta comportando a adoração de um ser supremo, a crença na imortalidade da alma e a esperança de salvação.

Por clara que nos pareça a ideia de religião, a definição do religioso permanece dificultada por não haver um acordo quanto a seus critérios. O sobrenatural? Também a magia supõe sua existência. Os deuses? Durkheim ressalta que o budismo é uma religião sem deus. Os espíritos? Eles se fundem nas crenças populares, e a crença não basta para especificar uma religião com relação a não importar qual ideologia profana ou a uma sociedade secreta. Ademais, é difícil isolar o fato religioso. Mesmo nas sociedades primitivas, tem-se o direito de reduzi-lo ao totemismo (Durkheim) ou à mentalidade mística (Levy-Bruhl)? As instituições e os rituais que tratam da doença são propriamente religiosos? E se nas sociedades modernas sem muita dificuldade se diferenciam as esferas do parental, da economia, da política, da esfera religiosa, isso não se dá com a mesma autonomia nas sociedades tradicionais.

Para os viajantes, no curso dos séculos de exploração do mundo, a religião foi entendida como o conjunto de cultos e crenças, de atitudes mentais e gestuais, devocionais e orientadas por concepções de um além. Para os que são estranhos a um sistema, é, sobretudo pela sua expressão prática, que as religiões se caracterizam, ou seja, pelo culto, conjunto de condutas fortemente simbólicas para a coletividade e reunião de relações que unem o homem a uma realidade que ele tem por superior e transcendente. Porém, trata-se, ainda, de um modo de falar aproximativo, indicando, com dificuldade a incessante busca humana de algo inacessível que só pode se objetivar através da fé.

Em busca de certezas

A tudo isso acrescentemos múltiplas questões insolúveis que encobriram a antropologia religiosa desde os anos 1870; sendo que após

1945, seguiu-se toda uma série de estudos de caráter empírico e rigoroso. Qual a religião mais simples? Na origem, deve-se posicionar o monoteísmo ou o politeísmo? Existe um esquema evolutivo de ultrapassamento da religião, universalmente válido? A emoção estará sempre ligada ao rito? Só haveria religião fundada em uma tradição? As religiões reveladas serão superiores às demais?

Passemos a considerar, sucessivamente, cada uma dessas questões:

- *A religião mais simples?* O que isso quer dizer? Com base em quais critérios? O abusivo apelo ao totemismo não seria muito complicado, segundo o que nos diz Elkin, o grande especialista em religiões australianas? As religiões ditas primitivas vivenciaram tantos séculos de história (história não escrita, evidentemente) quanto a nossa própria sociedade. E, sobretudo o simples conseguiria explorar o complexo? Em que, precisamente, o machado em pedra polida pode explicar a bomba atômica?

- *Monoteísmo inicial ou politeísmo?* O que podemos saber das origens depois de diversas suposições de vários teóricos, sem nenhuma prova contundente, é que a religião provinha da experiência dos sonhos para alguns, do temor de fenômenos inexplicáveis para outros, ou, ainda, da fascinação pela unidade ou pela diversidade do mundo? Para os pseudoprimitivos, a ideia de um grande deus dominando uma multidão de pequenos deuses que lhe são submetidos não é mais do que uma ideia de um Ser supremo em certos politeísmos, e não a ideia de um monoteísmo. E o politeísmo é bem mais disseminado na história da humanidade do que o monoteísmo, portanto nada prova que ele se posiciona, seja na origem (Lang, Schmidt), ou como estado terminal das crenças. E quais monoteísmos! O judeu baseia-se na eleição de um povo único, o cristão, em um só Deus unido em três pessoas, o islâmico recusa todo e qualquer uso plural de Deus, o banto posiciona Imana como deus longínquo do céu. Em ressonância com esse problema, o da monogênese ou o da poligênese da humanidade: um só casal criado por Deus ou uma pluralidade de raças e de casais primatas resultantes da evolução. Nesse último caso, desfraldam-se as consequências do pecado original como o opróbrio dos filhos de Caim!

- *Um esquema de evolução?* As famosas sequências "históricas" de Comte, Marx, Morgan ou Frazer diferem todas segundo os critérios adotados. Como provar que existe um sentido único da evolução sem regressões, bloqueios, ou perdas? E o ponto final (um fantasma a mais) seria o homem do século XXI, o crente ou o científico agnóstico? Não obstante, há interesse em estudar as religiões de povos ditos primitivos ou arcaicos não para descobrir alguma essência, mas para descobrir algumas características constantes do religioso por meio de abordagens comparativas sem que entrem em ação interferências de variáveis umas com as outras, pois essas religiões desenvolveram-se de maneira isolada em diversas partes do mundo, enquanto são influenciados o judaísmo, o cristianismo, o islã, sem falar no hinduísmo, no budismo, no jainismo, no taoísmo, no xintoísmo...

- *A emoção coletiva ligada ao rito?* É de admirar como há rituais realizados sem emoção, tanto da parte dos responsáveis pelos ofícios como por seus fiéis! Caillois não é o único a chamar atenção para a rotinização do religioso, nem o único a ter demonstrado o fato de que não é o temor o elemento específico da atitude religiosa. Além disso, são bem outros atos que não o rito, o amor acima de todas as coisas que proporcionam emoções intensas. O homem que foge de medo diante de um urso não executa um ato propriamente religioso. E o mágico, tal como o sacerdote, mais pacifica do que comove;

- *O mistério impessoal antes da ideia de forma divina pessoal?* Nosso hábito de antropomorfizar os deuses será mais justificável do que nossa crença em uma potência universal? E os homens serão mais a imagem dos deuses do que os deuses a imagem dos homens?

- *Uma tradição?* A religião se apresenta como um discurso tradicional, qualquer que seja o conteúdo da crença. Mas isso vale para toda cultura que funda no costume a autoridade que ela exerce sobre os indivíduos e os grupos, isso porque ela apoia seu sistema de valores em instituições e crenças mais ou menos sacralizadas, e porque, ressaltando a continuidade entre passado e presente, ela significa a unidade e a homogeneidade servindo como meio de identificação da personalidade de um grupo. Porém, nem o modelo repetido de um idêntico, nem fidelidade absoluta na reiteração! Ao movimento de esquecimento e de erosão responde outro movimento, de perpétuas inovações e credenciamentos. Contestada, toda religião se reforça por virtuosos religiosos (cf. Weber) que dizem obedecer a uma ordem que os ultrapassa. Ao longo da história, todo patrimônio simbólico deriva, se adapta, se reinventa;

- *Prestígio da revelação?* Está claro que toda religião se considera objeto de uma revelação, por um sonho, por um oráculo, vidência, transe ou por uma inspiração diurna que se tem pela voz de um espírito falando ao coração puro. Não foi esse o caso de Moisés ou de Maomé nas civilizações de sua época predominantemente oral, e depois, de Lutero e de Calvino? Na verdade, é menos a revelação que faz a diferença no efeito de sedução do que a escrita que se tem como porta do saber moderno.

É sempre o homem com seu imaginário, sua inteligência e suas emoções que diz revelada a sua religião. É ele que a crê verdadeira em detrimento de outras. É ele que traça os limites do sagrado e do profano. O problema é que nem todos os homens creem na mesma coisa.

O campo particular do religioso

Definir a antropologia religiosa como o domínio do simbólico não nos adianta de grande coisa à medida que as trocas econômicas, a política e a linguagem são, também, carregadas de símbolos que valorizam a experiência humana. De maneira esquemática, o campo do religioso, compreendido de diversos ângulos como se viu na introdução, pode ser especificado da seguinte maneira:

- A religião tem por objeto, por um lado, poderes (Deus, gênios, mana, fetiches, ancestrais, demônios...). Por outro, os meios sagrados receptores de forças (pedra, árvore, água, fogo, animais etc.);

- O sujeito da religião certamente é o homem sagrado (rei, sacerdote, santo, mago), mas também a comunidade cultural (clã, igreja, seita, confraria), assim como os elementos ditos espirituais no homem (alma, duplos, espíritos);

- As expressões da experiência religiosa são teóricas (crenças, mitos, doutrinas), práticas (cultos, ritos, celebrações, atos mágicos), sociológicas (tipos de laços sociais no seio de uma organização religiosa), culturais (variáveis segundo os ares e as formas de economia dominante: religião do guerreiro, do comerciante, do agricultor), e históricas (uma vez que se operam mutações da vida religiosa no curso das épocas).

Talvez seja o caso de insistir nos aspectos imaginários e emocionais. Para Clifford Geertz, "a relação é um sistema de símbolos que age de maneira a suscitar nos homens motivações e disposições poderosas, profundas e duradouras, formulando concepções de ordem geral sobre a existência e dando a essas concepções tal aparência de realidade, que essas motivações e suas disposições parecerão se apoiar tão somente no real" (Geertz, 1966, p. 4).

Funções da religião

De maneira esquemática e sob o ângulo de suas funções principais, dir-se-á sobre a religião:

- Explicativa: à medida que ela compensa um saber empírico deficiente;

- Organizadora: pela ordem que pressupõe visando salvaguardar no universo;

- Seguradora: por reduzir a um nível suportável o medo e as tensões psíquicas pela fé e esperança de uma justiça;

- Integrativa: agindo como mecanismo de controle social, ligada a uma moral do respeito e da sanção, mas também por criar uma comunhão de fiéis.

Não faltam variantes (muito menos críticas) sobre esses temas. A crença em Deus resulta do desejo de encontrar uma causa lógica para o universo, pensa Andrew Lange. O agnóstico considera que a ciência doravante o fará muito melhor que a religião, daí a regressão dos mitos às lendas. Que a religião tenha por objetivo constituir um arco imutável de crenças cosmogônicas remetendo a um tempo originário resistente ao desgaste, tudo isso não é mais que a projeção de um desejo de critérios unificadores e classificadores. Mas nada prova que exista uma origem única do homem, um pecado original e um eixo do mundo, nem que a ordem não deva ceder lugar ao progresso e ao jogo de desordens parciais. Não obstante, é verdade que, em resposta a uma busca de sentido, a religião seja tanto mais sentida como verdadeira quanto mais ela ajuda o homem a dar unidade à sua existência.

O campo do religioso segundo Pierre Bourdieu

Apresentação geral

"A ideia de base (de Bourdieu) é constituída pela noção de campo religioso, que implica o conceito de que a religião é um conjunto de bens simbólicos que dizem respeito à esfera do sagrado. Sobre esses bens se exerce um poder de definição, produção e reprodução por parte de um grupo de especialistas do sagrado. E no seio do campo, esse poder dá lugar a uma hierarquia fundada no saber definir o bem que está em crer: a consequência é que no campo haverá sempre uma diferença de posição entre especialistas e não especialistas do sagrado (os laicos). Esses últimos são os primeiros pré-destinatários de um processo de imposição de habitus rituais e mentais que tanto garantem a legitimação interna do campo religioso quanto proporciona aos indivíduos um sistema de significações em medida, caso a caso, para explicar o "como salvar sua alma" e como "vencer na vida". A diferenciação interna do campo religioso traz em si um conflito latente que se manifesta, por exemplo, quando um grupo de não especialistas no sagrado tenta definir, de maneira alternativa à do poder dos especialistas no sagrado, o capital simbólico que, no curso do tempo, se sedimentou no campo religioso."

Sabino Acquaviva e Enzo Pace, *La Sociologie des religions*, Paris, Cerf, 1994, p. 61.

Crítica, de Danièle Hervieu-Léger

"A problemática do campo religioso desenvolvida por Pierre Bourdieu é bastante útil e fecunda para desenvolver a análise das lutas tendo em vista a maestria da tradição legítima no seio das confissões cristãs. Porém, é mais difícil de ser posto em prática em religiões monoteístas (judaísmo, islã), nas quais a oposição entre sacerdotes e laicos não tem o mesmo caráter formal. Mas ela também proporciona escasso controle quando se trata de avaliar a dimensão religiosa de fenômenos sociais que já não se ancoram ou se ancoram cada vez menos nas religiões históricas entendidas de maneira estrita. Ela é, enfim, de pouca valia para a análise das tendências de uma modernidade secular em que a produção e a circulação de bens simbólico-religiosos cada vez mais escapam à regulação das instituições."

Danièle Hervie-Léger, *La Religion pour mémoir*.

Sem dúvida, o elemento motor da fé é de ordem afetiva: o apaziguamento da inquietude e da incerteza, o apego à nossa família, que nos socializou em tal religião. Conciliar uma natureza hostil ou misteriosa, sobrepujar a morte ao ritualizar o que diz respeito ao além e pelo imaginar de uma sobrevida *post mortem*, responde ao desejo de comunhão fortificante com a vida do universo ao menos tanto quanto o desejo de conhecimento.

O conhecimento? As festas profanas e os códigos de cortesia igualmente o garantem. Quanto à ordem social, a política (o executivo, o legislativo e o judiciário) o realiza tanto quanto os ancestrais dos quais se supõe que sancionem a conduta dos desviantes. E a política visa a ordem social global e não a pequena ordem interna de uma comunidade de crentes.

No que diz respeito a suas relações com as sociedades, observar-se-á que a religião depende diretamente dos quadros sociais que ela exprime, modelando também a estrutura social por justificações míticas, sacralizações de hierarquias e codificações de atividades.

Um sagrado demasiadamente ontologizado

Halo semântico

O sentido do termo "sagrado" não sofreu mudanças radicais em relação a suas fontes etimológicas. É interessante aprender da raiz grega *sak* a ideia de um saco de material grosseiro em pelo de cabra servindo para filtrar (*sakkeo*, segundo Heródoto). O líquido filtrado se separa de suas impurezas. Em hebreu, *kadoch* quer dizer ao mesmo tempo sagrado e separado. Em árabe, *harram*, que traduzimos por sagrado, significando ser posto à margem, interdito, do que deriva: *harem*, uma edificação separada para mulheres.

Quanto ao *sacer* latino (dedicado aos deuses), ele qualifica pessoas, reis (*imperator*), magistrados no exercício de sua função prestigiosa. *Sancire* é separar, circunscrever de maneira inviolável sob pena de sanção. O *sanctum* latino designa um homem, um lugar, uma lei, uma coisa, objeto de veneração e de temor. O *hagios* grego evoca, sobretudo a majestade divina e o temor ante o sobrenatural derivado: hagiografia ou biografia de um santo. O *hieros* é signo de uma força vivificante segundo Homero (derivados: hierático, hierofania).

Em breve, a ideia do sagrado implica a de superioridade e, correlativamente, de dependência e de submissão: o divino remete à majestade absoluta do deus, à sua perfeição e à sua potência; o santo, ligado ao projeto bíblico de santificação do homem, significaria muito mais a elevação no supra-humano; o *numen* latino (de onde foi criado o adjetivo numinoso: o que recepta uma potência sagrada) é sempre a manifestação da ação pessoal de um deus.

É somente a partir do debate travado no século XX, teorizado como central — de qualquer modo substituto do religioso — que se tem a noção do sagrado por Durkheim, Otto, Van der Leeuw, Eliade, Caillois, entre outros, para não falar de Laura Makarius — que atenta para a noção do sagrado em seu vínculo com a violação dos interditos —, e de René Girard, que faz emergir essa mesma noção de uma violência fundadora.

Durkheim e Mauss situam o sagrado como força coletiva essencial à organização social e lhe atribuem como fonte à sociedade. O sagrado faz par com o profano como o verso e reverso de uma medalha, mas com uma diferença de potencial: o mundo se dividindo nesses dois domínios identificados pela distinção confessional/laico, muito mais que pela diferença puro/impuro (o sagrado tendo essas duas características) ou pela oposição espiritual/temporal. Uma permutação se opera, pois, em Durkheim, porque já não é Deus que funda a sociedade, mas os homens fundam-na por sua comum vontade, os deuses não sendo mais do que o avatar do social, e o sagrado, a divinização da sociedade. Substituindo-se o contrato social ao imaginário de fundação, o poder político já não aparece mais como derivação do poder divino, e sim como álibi de uma legitimação social. Como o *mana*, a força coletiva e impessoal, da qual voltaremos a falar, é o valorizador misterioso dos genes e das coisas, o totem simboliza em *As formas elementares da vida religiosa* (1912) a força da sociedade, a alma se reduzindo à do *mana* individualizado. O tabu formula o interdito pelo qual a sociedade sacraliza, julga e sanciona.

> **O sagrado segundo Eliade**
>
> " 1) O sagrado é qualitativamente diferente do profano. Podendo, no entanto, manifestar-se não importa onde no mundo pagão, tendo a capacidade de transformar todo objeto cósmico em paradoxo para o intermediário da hierofania (nesse sentido que o objeto deixa de ser ele mesmo, enquanto objeto cósmico, permanecendo inalterado em aparência);
>
> 2) Essa dialética do sagrado é válida para todas as religiões e não somente para as pretensas 'formas primitivas'. Essa dialética se verifica tanto no 'culto' às pedras e às árvores quanto na concepção sábia dos avatares indianos ou no mistério capital da encarnação;
>
> 3) Não se encontram em parte alguma unicamente hierofanias elementares (as kratofanias do insólito, do extraordinário, do novo: o *mana* etc.), mas também traços de formas religiosas consideradas, na perspectiva das concepções evolucionistas, como superiores (Seres Supremos, leis morais, mitologias etc.);
>
> 4) Encontra-se por toda parte, mesmo fora desses traços de formas religiosas superiores, um sistema onde se ordenam as hierofanias elementares. O 'sistema' não se esgota, e é constituído por todas as experiências religiosas da tribo (o *mana*, as kratofanias do insólito etc., o totemismo, o culto aos ancestrais etc.), mas compreende também um *corpus* de tradições teóricas que não podem ser reduzidas às hierofanias elementares: por exemplo, os mitos dizem respeito à origem do mundo e da espécie humana, à justificação mítica da condição humana atual, à valorização teórica dos ritos, as concepções morais etc."
>
> Mircea Eliade, *Tratado das religiões*.

À semelhança de N. Söderblom, que explica a origem psicológica do conceito de sagrado pela reação diante do surpreendente, revelador da existência do sobrenatural, e inscrevendo-se também na tradição pietista protestante, Rudolf Otto faz da força do sagrado — cuja noção será comum, sob um nome ou outro, a todas as religiões — a fonte espiritual do conhecimento de Deus. Em sua obra *O sagrado* (1917), Otto pretende atingir o cerne da religião por meio da experiência original que não pode ser assimilável por nenhuma outra e é incomunicável, que o homem faz de Deus como origem e causa transcendente do que é. Insistindo na relação imediata com as forças religiosas imperiosas e caritativas, augustas e benfeitoras, Otto apreendeu o sagrado a um só tempo como numinoso (força que engloba o divino pessoal e o mana *impessoal* segundo Durkheim), como valor e como categoria *a priori* do espírito. O sentimento de ser uma criatura deve dizer respeito ao sagrado a um só tempo repulsivo e encantador, puro e impuro, benéfico e nefasto, o que se pode resumir pelas palavras latinas: *fascinans, tremendum, mysterium*. A *majestas*, enquanto mistério, fascina tanto como traz o homem pecador ao êxtase místico.

Em vez de centrar suas atenções na experiência interior do sagrado que ele reconhece como dado imediato da consciência, Mircea Eliade se interessa, sobretudo, pela revelação histórica do sagrado e por suas representações hierofânicas (*hieros*: sagrado, *phanein*: aparecer), mantendo-se no eixo — em parte — da fenomenologia de G. Van de Leeuw.

Equivalente da potência, da realidade por excelência, e saturado de ser, o sagrado — beneficioso e perigoso — revela-se como potência transcendente através dos signos, mas jamais se revela inteiro, tampouco sem véu. O autor faz uma distinção entre a morfologia do sagrado (objetos mediadores, animais, vegetais, deuses, homens venerados, rituais que repetem arquétipos transcendentes passíveis de ser lidos em mitos e símbolos) de um lado, e de outro, suas modalidades (interpretações diversas de uma mesma hierofania por grupos diferentes de crentes: elites religiosas, massa de laicos).

Eliade, como Otto, substitui a problemática do teológico em direção ao sagrado, mas se este não fosse o avatar do Deus do Ocidente, o que seria senão simples fé e crença como nas outras religiões, do momento que varia o conteúdo das crenças, dos mitos, dos rituais e dos símbolos? Seria mais pertinente julgar o sagrado saturado de potência que o profano de realidade duvidosa? Será considerável ou irrisório dizer: Deus existe uma vez que o sagrado se manifesta para o homem? Qual Deus, qual sagrado, exceto as ideias coletivas e contraditórias que fazemos deles?

Ao invés de pensar como sagrado e o profano separados e antinômicos, é preciso tentar apreender suas intersecções, as imbricações de suas categorias não estereotipadas na história, e que comportam graus de sacralidade difusa à fascinação insustentável diante de Deus pensado pelos hititas como ser de luz de radiação intensa.

A dialética flutuante do sagrado e do profano

Se quisermos admitir que o sagrado esconde realidades insuspeitadas, no mínimo causará espanto a sua diversidade de interpretações não concordantes, do funcionamento da contagiosidade do sagrado, de suas localizações na natureza (pedra ou árvore sagrada), no mundo celeste (deuses, anjos e demônios), na história social (ancestrais venerados), no indivíduo (místico ou santo). Qual é a força natural que se lhe atribui?

A referência a uma só fé religiosa, geralmente a cristã, não bastaria para definir o sagrado. Ademais, no próprio cerne de uma religião, distinguir-se-á a administração do sagrado por especialistas e sua experiência imediata, que é eventualmente emoção de profundezas, o vivido religioso subjetivo podendo provocar um curto-circuito na expressão doutrinal e ritual de uma fé institucionalizada. A separação sagrado/profano marcando a diferença e a transcendência, tem-se aí uma constante de toda vida religiosa? Na verdade, as linhas de partilha entre um e outro são determinadas empiricamente no quadro das religiões sistematizadas pelas autoridades que as professam. Em *O homem e o sagrado*, Caillois observa que a distinção entre religioso/laico ou secular, sagrado/profano, inexiste em numerosas sociedades. A religião se manifesta no quotidiano: na alimentação, no vestiário, na disposição das habitações, nas relações com os pais e com os estrangeiros, nas atividades econômicas, e nos passatempos. A religião faz parte da vida e não se distingue dos outros aspectos da existência, estando impregnada de religião, signo ou reflexo de forças divinas (cf. também François de Sales, Olier, Bérulle). Na Índia védica, com que base se pode isolar uma zona profana da visão sacra do universo?

Dizer que os limites sagrado/profano variam segundo a religião que se tem em mente (a impureza do porco, o sacramento do casamento monogâmico) e segundo a época histórica (a lua já não é hierofania), afirmando que os teólogos tendem a contestar a "elasticidade" dos conceitos e de seu conteúdo. Mesmo se as mitologias nos permitem tríades pai-mãe-filho (Brahma, Indra, Vishnou na Índia; Osíris, Ísis, Hórus no Egito), trata-se, de resto, de simples analogias classificatórias.

Cada qual toma por causa da sua religião o deus em que se crê e pensa as outras religiões como nascidas de um sem-sentido, do medo, da fraqueza humana, a menos que ele tenha essas outras como pedras angulares de sua própria religião, de vestígio deformado ou obscurecido da verdadeira religião, ou, para o politeísmo, de forma inferior de religião. Mas por que essa diversidade de crenças, essas máscaras diferentes do sagrado segundo o lugar e a época, essas hierofanias discordantes e inconciliáveis? Pode-se fundar o sagrado religioso sobre um ato de fé em uma revelação ou na experiência de uma transcendência que se imporia fora de nossa tentativa crítica? E em se argumentando da experiência pessoal do sagrado, quantas não serão as ambiguidades entre o que o homem experimenta e o porquê de ele experimentar?

Deslocamentos e proliferação atual do sagrado

É banal, porém, mais certa, a ideia de que o sacro retrocede enquanto a ciência progride. A metamorfose do simbólico não é seu desaparecimento. A perda de um sentido originário não significa ausência de criação de outros sentidos nem obliteração de resíduos, por exemplo, na religião popular. Como vimos se recriarem figuras divinas do Egito, da Grécia e de Roma, as transformações do cristianismo pelas seitas e as igrejas novas mostram diversificações e novas concepções. Desde a crença em discos voadores até o culto às *estrelas* (no esporte, no cinema, na televisão); do fascínio de um líder pela autoridade imperativa (Hitler, Stalin) até o mistério temível de um vírus que liga Eros e Tânatos, da atração exercida pelo deus-dinheiro até o gosto estético de uma natureza ecologicamente pura, a vida ordinária é banhada no *mysterium*, no *fascinans* e no *tremendum*. E como é errático esse sagrado! E como é "selvagem" esse sagrado, oposto por R. Bastide ao sagrado "domesticado" pelas Igrejas! O retorno do esoterismo como decifração do insólito, do singular, do novo, indica também a permanência das crenças nas forças mágico-religiosas, pois o sagrado é da ordem do crer.

A religião, que ultrapassa a percepção de deus, nada mais é do que uma tradução possível e uma organização do sagrado. Na condição de crença nas forças superiores ao homem, o sagrado encontra-se fora do institucionalizado — por um lado, na religião popular; por outro, (puro ou impuro), nas margens da religião: magia, feitiçaria, xamanismo. Enfim, uma religiosidade se constrói tomando como base valores contemporâneos produtores de sentido. Os ritos profanos e as liturgias políticas recuperam fragmentos do sagrado. Mesmo uma moral laica evoca o amor sagrado da pátria, os liames sagrados do casamento, o respeito sagrado do pai pelos filhos. Que o sagrado secular seja um sagrado derivado que valha como adjetivo e não como substantivo, aí se tem uma questão de ponto de vista.

Dessubstancialização do sagrado

Ainda que a ordem teológica tenha editado uma dependência do profano em relação ao sagrado na criação inicial e na vida permanente, não dependerá o sagrado da ideia que dele se faça, variável segundo as religiões? Ao sagrado os povos atribuem conteúdos diversos: gênios, Deus, Augusto, valores metafísicos, potências superiores mitificadas como pertencentes ao domínio do inatingível e do que não pode ser formulado, do imperativo categórico, do inquestionável autoinstituído, e esses todos, porém, na realidade, transportam para o invisível as razões da ordem social e cósmica.

O sagrado religioso, como o sagrado político ou social, está além de nossa apreensão e poder: é o mito ou a garantia íntima de uma totalidade que assumirá a responsabilidade por aquilo que não somos responsáveis, sendo uma maneira de teorizar a impotência! O sagrado só tem sentido quando suposto através de uma exterioridadese exprimindo verbalmente e ritualizada; ao que parece as hierofanias, por mais que sejam teofanias, tornam-se cada vez mais cratofanias.

Se o fato religioso se definiu como transcendência, então ele remete a uma experiência de um poder ou de outra coisa da qual só se pode afirmar por adesão íntima que se trata da realidade última, do radicalmente outro ou da suprema felicidade. É a crença que fabrica o sagrado que o determina como revelação. Logo, é de maneira fantasmática que uma experiência interior se constitui de realidades exteriores. Ela se pensa produzida pela ação exterior de uma entidade valorizada como sagrada pelo próprio homem. Que o sagrado apareça como estruturalmente incorporado à consciência do *homo religiosus*, é algo que não permite inferir a existência fora da consciência. No fundo, o sagrado seria algo diferente da crença numa realidade superior que dará sentido à ordem no mundo, uma vez que os princípios dessa ordem são ignorados? Daí os epítetos de mistérios, do indizível, do inapreensível...

Em suma, a distinção entre o sagrado e o profano (problema recente) varia imensamente segundo as religiões. Em muitas sociedades tradicionais, o termo "religião" não possui equivalente, pois a instituição não existe como Igreja, sendo incrustada no conjunto do social. Todas as religiões se dizem reveladas, não só as do Livro Sagrado. E toda crença é fabricada por provas. De qual valor objetivamente? Com base em um sentimento, em uma ideia, em uma aspiração, nada se poderia dizer sobre a existência real fora de nossa consciência de alguma entidade divina, qualquer que fosse, tanto que não importa o que possa ser interpretado como manifestação de uma força sobrenatural.

Capítulo 2

Figuras hipotéticas da religião primitiva

Se a questão do sagrado preocupa o sociólogo Durkheim, o teólogo Otto, o filósofo Caillois e o historiador das religiões Eliade, ela perdeu eco entre os antropólogos contemporâneos, empiricamente atentos a crenças, mitos e rituais. Nada permite referir a anterioridade de tal atitude religiosa em relação a outra. Se quanto a essa questão a querela se encontra extinta, aqui simplesmente se passará a apresentar o uso corrente de termos e teorias que fizeram a bem dizer "fama e fortuna" em um tempo em que os debates entre antropólogos estavam na ordem do dia: naturismo, fetichismo, animismo, manismo, totem, mana e tabu.

O espírito das coisas

O naturismo

O naturismo pode se definir seja como simples adoração de fenômenos extraordinários da natureza, concebidos como dotados de vontade e eventualmente personificados (M. Müller), seja como atitude cosmomórfica de apreensão do mundo enquanto conjunto de mensagens a interpretar. Na cosmogonia grega, Gaia, a terra com seis grandes flancos, separada do céu Urano pelo filho dele, Cronos, que castra o pai com um golpe de foice, é o lugar dos olimpianos em suas alturas e dos titãs nas profundezas. Reserva inesgotável de fecundidade, ela é considerada mera nutriz generosa. Do deus-sol egípcio Re ao deus hindu Surya, percorrendo o céu montado em seu carro, do sol-tigre da primeira humanidade dos astecas ao sol maia que se disfarça de colibri para cortejar a lua, o astro do dia aparece como símbolo masculino, quente, ardente de potência e de vida a ponto de uma corrente difusionista ter sistematizado um pseudo-fundamento heliocêntrico das religiões (G. Elliot Smith, W. J. Perry).

A Ísis egípcia, a Artêmis grega, a romana Diana identificada por uma lua crescente personificam o princípio feminino segundo fases lunares de renovação. As ninfas não são a fonte, mas dela justificam o caráter sagrado, pois são concebidas como divindades.

Os fon e os ewê da costa africana dos escravos veneram o deus dos raios Heviossô e, tal como os aborígenes da Austrália, a serpente arco-íris. No Japão, o monte Fujiyama se beneficiou de um culto. Em toda a costa da África ocidental, Mami Wata (de *water*, água) recebe a homenagem de fiéis, e o Chakpana yoruba é o deus da varíola. Pedras e rochedos recebem oferendas em Kotoko, no Chad, enquanto o l'iroko, no Benin, é tido como abrigo de gênios, que pode também ser cortado para dele se esculpir bolas como tamboretes ancestrais.

Porém nada de misterioso na regularidade dos movimentos dos astros (salvo cometas ou eclipses) e no crescimento vegetal! O próprio temporal aparece nas regiões áridas como anunciador da chuva benfazeja. A uniformidade não seria capaz de produzir o estupor ou a angústia, objeta Durkheim aos adeptos da teoria naturista que especulam sobre a impressão de aniquilação do homem diante da natureza. Na realidade, o homem, incorporado a esse cosmos que ele nomeia e transforma, apenas o identifica como um complexo de signos.

Ao consultar nosso horóscopo, portando um bracelete de âmbar, adotando uma mascote, não teríamos uma atitude de verdadeira crença nos poderes da natureza? Não tanto em nós, e mais no pseudoprimitivo, a crença e o culto não se dirigem ao objeto material, mas a uma força que ele representa. O rizicultor diola do Senegal chama "deus" à chuva por transferência verbal, mas não a adora. Distinguir-se-á, pois, a naturolatria (erro de óptica do etnólogo primitivista) da ideia de participação de tal ou qual elemento da natureza no poder de uma divindade transcendente. O objeto de culto é tão somente hierofania, manifestação para o crente da potência de um deus. De modo geral, para o trâmite religioso a natureza é a um só tempo meio e obstáculo (por suas regularidades e pelo conhecimento científico ou imagético que dela se tem).

O fetichismo

Por oposição à adoração do Deus cristão, o fetichismo se definiu como crença no poder sobrenatural realizando ritual com objetos em geral fabricados, como estatuetas, talismãs, amuletos, elementos diversos embalados em um saco de couro ou enfiados em um pote de cerâmica. Para os portugueses, que no final do século XV entram em contato com os povos do golfo da Guiné, o "feitiço" como adjetivo significa artificial, fabricado, factício; porém, como substantivo, designa um objeto feérico, encantado (sortilégio, filtro amoroso ou mortal). Seu sentido em antropologia é diferenciar a concepção marxista de uma alienação do sujeito em sua relação com a mercadoria e do sentido psicanalítico de atrelamento excessivo da libido a certas partes do corpo da pessoa amada ou a um objeto que a toque de perto.

Ainda que carregado de conotações pejorativas, o fetichismo acabou se tornando sinônimo de idolatria pelos primitivos que concebiam objetos como dotados de poderes protetores ou providos do amparo material de atividades mágicas, contudo, convém não assimilar os fetiches a imagens de culto ou a moradas de gênios. Trata-se muito mais de "acumuladores de energias" agindo segundo o princípio de "cadeias simpáticas" (Marcel Mauss) e segundo códigos simbólicos para produzir um efeito desejado pelo indivíduo ou pelo grupo.

Nem coisas-deuses, nem deuses-objetos, habitualmente eles não remetem a nenhuma divindade personalizada, e sua potência proteiforme pode ser mobilizada por cura ou sedução para garantir sua própria prosperidade, igualmente como para a ruína, a subjugação ou para a morte de outrem. De par com sua ambivalência, eles são temidos e respeitados.

Como fetiches são considerados cristais, fragmentos de ossos ou de dentes que os aborígenes da Austrália posicionam simbolicamente nos corpos para deles extrair a cura, ingredientes vegetais (água de plantas medicamentosas maceradas e absorvidas pela doença, pimenta mascada e cuspida sobre o paciente pelos feiticeiros do Benin), ou estátuas *nkonae* no Zaire, crivadas de pregos e lâminas metálicas para que um voto seja executado, uma doença, estancada, ou um infortúnio, aplacado.

Para que o fetiche seja ativo, é preciso, antes de tudo, elaborá-lo segundo certas regras, e fórmulas, muitas vezes com a intervenção de um feiticeiro dotado de poderes e de saberes. Beneficiário do "trabalho" de seu fetiche, o homem tem obrigações de manutenção. Sem ritos de oração, de oferenda, de lustração, por vezes de sacrifícios sangrentos para aqueles tidos como poderosos, supõe-se que os destinatários dos sacrifícios se esvaneceriam. Os proprietários ou responsáveis pelos fetiches servem-se disso para daí obter energias espirituais, desviando a sorte a seu favor, com o intuito de paralisar ou subjugar espíritos rivais de vivos ou de "maus mortos".

Diferentemente do devoto que implora, o praticamente do fetiche é ativo e eficaz. Na interioridade mística, ele prefere colocá-lo à prova de forças e poderes sensíveis. É pelo acúmulo de fetiches e pelo êxito que ele chega a galgar níveis hierárquicos entre seus pares obtendo contraprestações financeiras que aumentam.

Se o presidente Sékou Touré da Guiné lançou, em 1961, uma campanha de desfetichização e de desmistificação para tentar anular poderes ocultos nos certames da política, já outros chefes políticos africanos, por sua vez, cercam-se de praticantes de fetiches com o intuito de atrair a proteção de forças julgadas sobrenaturais, e, segundo o termo consagrado, são assim "blindados" por seus fetiches contra eventuais agressores.

O animismo

Entre os primeiros a propor uma teoria da religião primitiva (de muita repercussão, por certo, mas de plausibilidade apenas psicológica, e não atestada historicamente), E. B. Tylor pensa que a evolução dos sistemas religiosos tem sua origem em um animismo primitivo definido como crença em seres espirituais. A noção de alma é conceitualizada graças à fusão da noção de um princípio de vida com a de um duplo ou fantasma impalpável que pode se separar do corpo a que ele se parece. Nos povos primitivos, alimenta-se a ideia de que em sonhos noturnos e fantasmas diurnos há duplos independentes de indivíduos afastados ou defuntos.

Tylor constrói uma interpretação sequencial do desenvolvimento do animismo segundo as seguintes etapas: crença no duplo, atribuição de uma alma aos animais e também aos objetos, culto aos manas e aos ancestrais, fetichismo, idolatria, politeísmo, e monoteísmo. Mas essa hipótese evolucionista não repousa sobre nenhum dado rigoroso objetivamente observado. J. Frazer e M. Mauss mostraram que a religião, diferentemente do culto aos espíritos, historicamente, não poderia se revelar um derivado desse culto, sendo necessário dissociar a crença em uma alma independente do corpo e sua valorização como objeto de culto.

A antropologia moderna demonstrou que, nas sociedades ditas arcaicas, a alma não é necessariamente a forma particularizada de uma forma geral e indiferenciada (mana), não é sempre o espírito-gênio residindo em uma realidade material, nem o protótipo único da noção de eu e de pessoa no sentido moral e jurídico. Nada prova que tudo o que está na natureza seja concebido pelo primitivo como animado, nem que sua alma "entra em fusão" com o cosmos ou com o grupo, nem que ele ignora todo dualismo entre corpo e alma. Muitas sociedades creem na existência de diversas almas num mesmo indivíduo, representadas mediante suportes funcionais (cérebro, sopro), imagens (reino das sombras, assombração), símbolos (nome, signo característico), tipos de atividade (alma benéfica, alma perigosa), cada qual tendo uma função distinta. Em geral, se atribui maior importância à potência de animação (anima) do que à faculdade de representação (animus).

Apesar dessas diversas ambiguidades, e por falta de expressão melhor, o uso do termo "animismo" continua frequente. Aliás, expressa a especificação da vida em figuras e potências (almas, gênios, espíritos, ancestrais sublimes, deidades intermediárias entre o homem e um Deus supremo) que animam o universo e povoam os panteões tradicionais.

Robert Marett forjou o termo *animatismo* em 1909 para distinguir a tendência de se tratar os objetos como vivos, valendo-se da propensão dos selvagens de povoar o universo com espíritos benfazejos ou maléficos. A ideia de "vivificação da natureza" de Marett junta-se à de Hume, o qual afirma a "tendência universal a se conceber todos os outros seres como semelhantes ao homem". Em proximidade com o animismo, um certo vitalismo sustenta a ideia de almas que seriam a um só tempo princípios de vida orgânica e de vida intelectual. Resta, entretanto, o problema da distinção entre alma e espírito, que é pura convenção carente de provas.

O manismo e o culto aos ancestrais

Por mais inverificáveis que sejam as asserções de Herbert Spencer e de James Frazer segundo as quais o medo dos mortos teria estado na raiz da religião primitiva, é certo, no entanto, que a noção de vida *post mortem* de qualquer elemento espiritual do indivíduo é algo constante em todas as religiões.

O culto aos ancestrais, sejam eles divinizados ou promovidos à condição de intercessores privilegiados entre o homem e Deus, manifesta-se, entre outras expressões, nos ritos de morte e nos funerais, por invocações verbais aos falecidos, oferendas individuais, familiares, libações e sacrifícios em locais determinados, com o intuito de que lhes sejam favoráveis no além. Esse culto se inscreve na concepção de uma continuidade do filo social e de uma renovação cíclica da vida.

Na Grécia e na Roma antigas, na China, no Japão, e na África, os ancestrais, tendo franqueado, após a morte, a barreira da ignorância, são tidos como conhecedores dos mundos visível e invisível, bem como das causas dos acontecimentos que se passam aqui embaixo. Assim, temos a seguir as três principais funções que lhes são atribuídas:

- Regeneradores biológicos da linhagem por sua intervenção nos nascimentos e por uma ação sobre a fertilidade do solo;

- Assegurador da ordem moral e social, o que equivale a dizer, dos costumes, tradições e valores que eles próprios forjam e codificaram quando vivos, e deles, após a morte, sancionam as infrações que trariam prejuízo aos interesses da comunidade;

- Protetores de seus descendentes, aos quais distribuem paz, saúde, bem-estar, os advertindo, por presságio ou oráculo, sobre as maquinações urdidas pelos inimigos da família.

O acesso à ancestralidade encontra-se condicionado pela exemplaridade da vida, pela integridade física e psíquica, e pela morte julgada natural. Entre os mortos que satisfazem as exigências sociais e religiosas da ancestralidade, são invocados especialmente: os que desfrutam de uma precedência genealógica, os que têm responsabilidade de chefe e aqueles dos quais as supostas vantagens marcam uma forte participação na vida da família. Mas a comunhão espiritual entre vivos e mortos estabelece-se menos com a comunidade dos defuntos, cuja ideia permanece vaga e abstrata, e mais com alguns princípios ancestrais da linhagem que não caíram no esquecimento.

No Turcomenistão, o ancestral de cada tribo nômade tem sua tumba, objeto de peregrinação. Entre os dogon do Mali, oito ancestrais fundamentais estão na origem da divisão do povo em oito famílias. Da mesma forma que os quetchua do Chile se representam os entes que já se foram em múmias pré-hispânicas, os *wamani*, índios da Amazônia, podem encontrar seus ancestrais na forma de espírito-tapir, de cervo, de lontra ou de estrela. Na China, onde o culto aos ancestrais ocupa um lugar central, particularmente nas linhagens reais e senhoriais, cada grande família tem um templo ancestral com pequenas placas onde são gravados os nomes dos ancestrais aos quais se rende um culto. Por ocasião das mudanças de estação, cerimônias de sacrifício de carne, cereais e licores são precedidos por abstinências.

Algumas noções fetiches: totem, mana, tabu

O totemismo

O totemismo é interessante, sobretudo para o antropólogo. John McLennan (1870), apoiando-se nas pesquisas de G. Grey (1841), fez do totemismo o princípio da religião primitiva fundada no culto a animais, plantas ou a outros objetos ligados ao ancestral do clã.

O *totem*, de um termo da tribo algonquina dos ojibwa (*ototeman*, que designa as categorias de espécies animais e vegetais utilizadas para se dar um nome a um clã), seria um princípio de pertencimento indicando uma consubstancialidade mística entre os que trariam o nome do mesmo totem, que lhe professariam um culto e se reconheceriam parentes. Como emblema representado em postes, em armas ou sobre o corpo, o animal ou o objeto epônimo do clã teria alguma relação com o ancestral mítico do grupo e estaria na origem dos interditos alimentares (não se come animal totêmico) e sobretudo sexuais (não se casa fora de seu grupo totêmico).

Durante os anos de 1910 e 1920, J. Frazer e Arnold van Gennep postularam um modelo ideal do totemismo, e desse modelo procuram deixar vestígios no mundo. A. Goldenweiser critica o amálgama entre exogamia clânica, não totêmica e parental com o totem. De modo mais geral, os partidários do totemismo conceberam-no como englobando fenômenos diferentes que, na realidade, raramente se conjugam: o modo de divisão de uma tribo não é o mesmo por toda parte (clãs, metades, secções, subseções); os nomes totêmicos podem se aplicar não somente a suas subdivisões societais, mas também às confrarias e mesmo aos indivíduos (eles próprios escolhem seu totem); esses nomes não são especificados apenas com base na fauna e na flora, até porque certos clãs são clãs da chuva, do oriente, de uma estação, de uma divindade antropomórfica, ou de uma doença; a exogamia existe fora do totemismo, nos sistemas totêmicos, ela nem sempre coincide com as clivagens nominais e, entre pessoas do mesmo totem, nem sempre supõe a ideia de uma relação genética ou mítica com ele, este sendo, aliás, objeto de tabu ou de preferência alimentar segundo o caso (a significação dos rituais aferentes não se limita à fecundidade do dito clã totêmico).

Marcel Mauss e Émile Durkheim viam já no totemismo um procedimento de classificação que não necessariamente refletia a organização real da sociedade. Não obstante, em suas *Formas elementares da vida religiosa* Durkheim mostra que, por rituais que estabelecem um contágio afetivo por demais forte, a sociedade se sacraliza santificando seus totens com os quais ela estabelece uma conexão mística. Mas o que Durkheim faz é irritar os teólogos. Como o totemismo seria uma religião, mesmo primitiva, se ele não contém oração e sacrifício? Como se nosso esquema ocidental de culto fosse generalizável! Para o próprio Frazer o totemismo não seria religioso, por não implicar a ideia de Deus.

Ademais, contra uma teoria monolítica do totemismo, A. P. Elkin, tomando por base casos australianos, distingue entre:

- Totemismo social de sexo, de metade, de subseção, e de clã;

- Totemismo cultual, patrilinear associado a um local de nascimento, eventualmente a um sonho;

- Totemismo individual.

Esses totemismos não têm nem os mesmos princípios de base nem as mesmas formas de expressão.

É sabido que Freud, no *Totem e tabu* (1913), fez resultar do assassinato do pai o tabu de consumação do totem, e ligou o interdito de desposar a mãe à regra totêmica da exogamia. Ora o que prova esse pseudoassassinato original do pai? Ademais, o interdito de endogamia não diz respeito apenas à relação sexual com a mãe. E também é pura fantasia que o paralelo entre proibições alimentares e sexuais, tanto como os totens, não impliquem sistematicamente interditos alimentares. Mas é verdade que o pensamento totêmico engendra atitudes ritualizadas de respeito e medo, de obediência às prescrições - aliás, como em toda religião - e isso não prova a antecedência do totemismo em relação às religiões orgânicas ou de saúde.

E. B. Tylor, F. Boas, E.E. Evans-Pritchard já haviam aprendido o aspecto classificatório do totemismo atuando sobre associações de ideias. Mas com Claude Lévi-Strauss (*O totemismo hoje*, 1962), o totemismo totalmente desconstruído se reduz, para o autor, a um sistema de classificação e de correspondências imaginadas entre natureza e cultura, de modo algum sendo ele a base de todas as religiões primitivas. O que resta é que as classificações totêmicas, mais que um valor meramente intelectual, têm também um valor emocional, fato ocultado por Lévi-Strauss. Em todo o caso, o totemismo não poderia ser concebido na condição de religião primitiva.

O mana, força anônima e difusa

A descrição, pelo pastor R.H. Codrington, da noção de *mana*, que ele descobriu entre os melanesianos das Ilhas Fiji (1878) e identificou a uma potência impessoal e sobrenatural, constatada de maneira completamente empírica em uma ação eficaz, em algo de grande ou pouco habitual, a suscitar espanto, terror ou admiração, serviu de pedra de toque a interpretações conjuntas das religiões primitivas.

Talvez a ideia de *mana* esteja tão em voga justamente por sua imprecisão, por ela conotar, entre os melanesianos e polinésios, substantivos, adjetivos e verbos derivados, tais como influência, força, prestígio, oportunidade, autoridade, divindade, santidade, e potência extraordinária, frutuoso, forte, numeroso: honrar, ser capaz, adorar, e profetizar. Tal como um chefe deve sua autoridade, e um artesão o seu êxito, ao *mana* que ele detém, uma arma deve sua eficácia, e um altar sua santidade, ao *mana* que lhe é associado. O homem tem o maior interesse em se conciliar com tal força espiritual, espécie de embrião da noção de sagrado, que pode ser benéfico ou maléfico.

Supõe-se esse *mana* perigoso para o indivíduo que não estiver armado para entrar em contato com ele. Um tikopia se imagina em perigo quando toca, por acidente, a cabeça de seu chefe (R. Firth). O arco de aliança dos hebreus poderia matar o ímpio que o tocasse. Os Nyoro d'Ouganda, estudados por J. Beattie, atribuem a seu rei e a seus decanos um grande *mahano*, espécie de força extraordinária revelada também pelo nascimento de gêmeos ou pela entrada de um animal selvagem na casa onde moram. Executando ritos particulares, certas pessoas podem adquirir esse poder e tê-lo à disposição. Entre os *fons* do Benin, o termo *atse*, entre os *dogon* do Mali o *nyama*, entre os árabes o *baraka*, dariam conta de uma noção semelhante.

Para Mauss o *mana* serve de ideia-mãe para a explicação da magia (1903). Enquanto força por excelência, ele designa a eficácia profunda das coisas que corrobora a sua ação mecânica, sendo objeto de uma reverência que pode ir até o tabu. Enquanto essência, ele continua passível de ser manejado e transmitido, mas conserva uma independência em relação ao agente da magia e do objeto ritual. Enquanto qualidade, é atribuído a seres ou a objetos que surpreendem.

Como fundamento do totemismo australiano, Durkheim desvela a noção de uma força anônima e difusa, espécie de deus impessoal imanente ao mundo, distendido em uma infinidade de coisas das quais ele diz corresponder às ideias semanticamente convergentes do *mana* melanesiano: *orenda* huron, *wakan* wioux, *manitou* algonquin... O *mana*, princípio vital presente nos homens e em seus totens, seria um produto da sociedade que tem em si qualquer coisa de sagrado. A sociedade se torna objeto de crença e de culto mistificando-se ela própria através de potências ocultas que supõe existir e tende a hipostasiar.

Os partidários do animatismo (Marrett) viram no *mana* uma forma primitiva e indiferenciada da ideia da alma. Contra tais visões substancialistas, Lèvi-Strauss reagiu com alguma ironia comparando o *mana* a um "negócio" que pouco se conhece ou a um "truque" eficaz. Sob seu aspecto de elaboração espontânea, a ideia dependeria de nosso pensamento selvagem. À maneira de símbolos algébricos de valor indeterminado, a sua utilidade seria apenas construir relações e representaria um "significante flutuante", símbolo em estado puro e ainda não disciplinado pela ciência, mas garantia de invenção mítica e estética. O termo *mana*, abandonado pela etnologia, é ainda pouco usado em um sentido poético relativamente ao que aparece misterioso em um fenômeno. Ele é desacreditado em seu papel de explicação do sobrenatural em razão de suas ambiguidades.

Tabus e interditos

O termo *tapu*, tomado de empréstimo de uma língua polinésia, tem por antônimo *noa*: profano, ordinário, acessível a todo mundo, designa uma defesa de caráter sagrado, e o faz concomitantemente à qualidade do que é tachado de proibição, seja porque consagrado, seja, ao contrário, porque impuro. O tabu traz a ambivalência do atraente e do temível. A violação voluntária ou involuntária de um tabu supostamente acarreta uma impureza pessoal, uma calamidade natural ou um infortúnio social, enquanto a transgressão de um interdito ordinário, se vem a ser conhecida, é sancionada apenas socialmente, por exemplo, pela reprovação, pela multa, pelo encarceramento, pela morte.

A extensão do termo polinésio a todas as instituições análogas, observadas pelos etnólogos e classificadas por Frazer em atos (relação sexual, incesto, proibição alimentar, assassinato), pessoas (chefes, reis, defuntos, enlutados, mulheres grávidas ou menstruadas, guerreiros, caçadores), coisas (armas cortantes, sangue, cabelos, alimento) e palavras tabus (nomes de divindades, de mortos, de parentes, de objetos impuros) impõe a distinção entre a significação da palavra no contexto polinésio, o sentido que atribui cada cultura a fenômenos relativamente análogos, o emprego genérico do termo como substituto do interdito e as elaborações teóricas da noção no quadro da etnologia religiosa.

Durkheim relaciona a noção à de *mana* totêmico, enquanto Freud, em *Totem e tabu*, considera-a um condicionamento limitador do desejo, sob a regra da lei do pai, entre outros exemplos desenvolvidos: evitar a sogra. Para Lévi-Strauss, o tabu entraria nos jogos de oposição lógica que marcam a diferença e a ordem dos valores. Trata-se de graus de sanção em função da gravidade das transgressões e da importância do interdito. Mais do que sobre o tabu de sangue em que focaliza L. Makarius, é conveniente insistir na inserção do tabu no contexto *De la souillure*, como fez Mary Douglas, e da falta como violação do interdito.

O tabu de modo geral não é motivado pela observação de um recorrente entre uma ação e o risco que ela engendra, mas é estabelecido por pessoas de autoridade logo em seguida a sonhos, visões, exegese de mitos ou de experiências adversas que se deseja evitar. Muitos são irracionais, ainda que por vezes pseudorracionalizados, e transmitidos pelo costume ou tradição sob o pretexto de uma ordem divina ou ancestral.

O tabu do sagrado

"Falando da relação do *sagrado* (santo) com o *profano*, nós compreendemos a designação da distância que separa o que é poderoso do que é relativamente impotente. O sagrado ou 'santo' é o delimitado, o separado (latim: *sanctus*). Sua potencialidade lhe cria uma posição específica, uma posição para si. Em consequência, 'santo' não significa nem moralmente perfeito, nem, ambos ao mesmo tempo, desejável ou louvável. Ao contrário, pode haver identidade entre o que é santo e o que é impuro. O poderoso é, em todo caso, perigoso. O *tribunus plebis* dos romanos [...] possui tão grande santidade (*sacrosanctus*), que basta reencontrá-lo sobre a via pública para entrar em estado de impureza. Entre os maori, *tapu* pode significar 'conspurcado', bem como 'santo': em cada uma das vezes ele comporta proibição; e marca então a distância. A partir daí, de modo algum se poderia deduzir a oposição entre sagrado e profano da diferença entre perigoso e inofensivo. A potência possui uma qualidade específica, que se impõem ao homem enquanto perigo, mas se o sagrado é perigoso, tudo o que é perigoso não é santo [...].

Posto diante de uma potencialidade, o indivíduo tem consciência de se encontrar diante de uma qualidade a qual ele não poderia fazer derivar de nada, mas, *sui generis* e *sui juris*, esta só pode ser designada por termos religiosos como 'santo' ou seus equivalentes, assinalando sempre que se supõe ou se pressente o 'completamente outro', o absolutamente diferente. Evitá-lo, eis a propensão instintiva; no entanto, também é o caso de se pôr a procurá-lo. Da potência o homem deve se apartar, se distanciar, e no entanto ele deve inquirir a respeito. Ele não poderia mais suportar nem um 'por quê' nem um 'por consequência'. Soederblom há de ter razão uma vez que, apreendendo nessa conexão a essência da religião, ele a qualifica como um mistério. Foi o que se pressentiu antes mesmo de invocar alguma divindade. Pois na religião Deus é uma aparição tardia."

Gérard Van der Leeuw, *La Religion dans son essence et ses manifestations*.

As distinções entre tabus religiosos (não ingerir alimento uma hora antes da eucaristia) e interditos políticos (proibição de propaganda política sob pena de multa), interdito moral (não matar) e interdito disciplinar (inscrito no regulamento de associação), tabu racional (não poluir) e tabu supersticioso (não passar debaixo de uma escada) incitam a levar em consideração diversas variáveis, por exemplo, segundo a idade (crianças/adultos, mais velhos/mais novos), sexo (tabus menstruais), a extensão do campo social (tabus étnicos, totêmicos, familiares, individuais), estatuto das pessoas (interdição aos iniciados, aos brâmanes), o tempo (dias e horas proibidos para tal ação, tabu permanente ou temporário no luto ou na gravidez, evolução no curso das épocas), o espaço (interdito no templo, permitido em outros lugares), os sentidos (proibição de ver, de tocar, de consumir). Miragem anarquista de uma sociedade sem interdito como de uma moral sem obrigação nem sanção.

Além dos interditos gerais dizendo respeito a prejudicar as pessoas e aos bens, os mais frequentes são: as proibições alimentares (bastante diversas segundo as culturas), as proibições relativas ao sexo (como o tabu do incesto), os interditos linguísticos (certos termos ou expressões proibidas são substituídos por eufemismos: "ele bateu as botas"), os interditos de contato corporal com certos objetos ou certas pessoas. O interdito mental é uma forma de repressão do desejo.

Num contexto não religioso de ética social e política, os interditos constituem a versão negativa de toda obrigação positiva. O respeito a eles e a sanção por sua transgressão são necessários para o funcionamento de toda instituição micro e macrossocial. Traduzindo concretamente as prioridades axiológicas, em geral eles se justificam por sua funcionalidade, são:

- Integrativos como elemento de autoconservação social;

- Socializantes, porque favorecem a aquisição de hábitos condicionados, que estão na base de toda a aculturação;

- Segregativos, à medida que, específicos a um Estado, a uma casta, a uma classe, a uma religião, eles se ligam aos valores do *in-group*;

- Imunizadores e garantidores para os que os observam.

Meio de defesa da sociedade para a sobrevida de sua identidade cultural, forma de proteção do valor de certos bens e de seres frágeis (tabus por ocasião de seu nascimento, da iniciação, da doença), prova da submissão do indivíduo ao grupo e, sobretudo aos detentores da autoridade (padres, chefes), o tabu se apresenta como um sistema de controle dos homens, de modo que a linguagem do poder muitas vezes se confunde com a linguagem das proibições.

A progressiva elaboração das noções examinadas até o presente e seu eventual rechaço serão melhor compreendidas pela apresentação histórica dos autores e pelas obras principais que marcaram a antropologia religiosa.

Capítulo 3

Percepção histórica da antropologia religiosa

Tendo em vista precisar as concepções da religião e do sagrado, e examinando algumas explicações relativas à religião primitiva, fez-se já referência às teorias de diversos autores que contribuíram para a elaboração da antropologia religiosa. Quanto a mitos, ritos, magia e transformações contemporâneas do religioso, na sequência, passaremos em revista outras ideia importantes expressas pelos teóricos. O rápido histórico proposto aqui visa apenas mostrar como se sucederam e se contradisseram suas teses principais.

Debates primitivos

Especulações filosófico-psicológicas

A filosofia e a psicologia foram os berços da reflexão sobre as religiões, não raras vezes para lhes avaliar a origem e a essência. Primeiramente, uma corrente psicológica e associacionista se desenvolveu para além do Reno e da Mancha na segunda metade do século XIX. Isso aconteceu mais precisamente no interior da história das religiões com a contribuição de Müller, por exemplo, e na filosofia das religiões com as obras de Marx, Spencer, Crawley, ou de uma psicologia nascente em Wundt e William James.

Em sua *Metodologia comparada* (1856), o linguista erudito Max Müller, interessado pelos deuses da Índia e do mundo clássico, interroga-se sobre a origem da religião e, com base nas conjecturas linguísticas e não em fatos históricos, enuncia a tese segundo a qual os deuses não são mais do que a personificação de fenômenos naturais. A ideia do infinito se expressaria, antes de tudo, pelas metáforas que adquiririam pouco a pouco sua autonomia e que se substificaria. A religião lhe aparece como uma "doença da linguagem" a exercer uma tirania sobre o pensamento à medida que substancializa símbolos. O sopro *(pneuma)* suscita a ideia de espírito aéreo. Apolo (sol) caça a aurora que lhe escapa transformando-se em laurel (Dafné em grego significa ao mesmo tempo "aurora" e "laurel").

Em Herbert Spencer (1820-1903) a ideia é encontrada através de uma construção do invisível a partir do visível. Os sonhos dão ao homem a noção de uma dualidade corpo-espírito. As almas dos mortos subsistem enquanto manas, e os ancestrais que forem eminentes, sobre a tumba dos quais se realizam sacrifícios, tornam-se divindades. À força de exemplos especiais superinterpretados, Spencer afirma que o culto aos ancestrais está na origem da religião.

No mesmo decênio em que apareceram os *Princípios de sociologia* de Spencer, E.B. Tylor dedica o segundo volume da obra *Primitive culture* (1871) às ditas leis do desenvolvimento da religião, a qual apresentamos com relação ao animismo. Assim, para Spencer, a religião como crença nos seres espirituais deriva de uma primeira intelectualização de certos estados psicológicos sentidos: vigília e sono, vida e morte, visão, transe, doença, a partir dos quais os primitivos concluíam pela existência de um segundo eu: dupla alma, fantasma. Assim como para Müller, o caráter inexplicável de coisas espantosas teria contribuído para a construção da ideia de princípio vital, que levaria ao monoteísmo após diversos estados de evolução do animismo.

Com a mesma segurança de Tylor, mas sem tantas provas, A. Lang (*The Making of Religion*, 1898), seguido pelo Padre W. Schmidt, já por sua vez, posiciona nos primórdios da humanidade a imagem monoteísta de um Deus criador. Quando o assunto é religião, quem não tem sua pequena opinião explicativa? Como a maior parte de suas concepções não é amparada por nenhuma argumentação antropológica, aqui nos limitaremos a assinalá-las como relevantes para a maior parte de opções filosóficas plausíveis como para as que lhes pudessem contradizer.

Para Ludwig Feuerbach (1804-1872), os deuses são os desejos dos homens postos em entidades verdadeiras pela imaginação que busca se livrar do medo e da ignorância. Em suas *Teses sobre Feuerbach* (1845), Marx aprofundou essas visões críticas sobre a origem da religião. A religião não seria apenas o reflexo imaginário das forças da natureza regendo o universo quotidiano do homem (das potências naturais deificadas), mas possuiria um poder alienante capital em sua condição de ideologia justificadora da dominação e da desigualdade social, com as religiões dominantes da história tendo sido as religiões de uma classe, de uma nação ou de uma civilização dominante. Ópio do povo, a religião deve ser substituída pelo ateísmo materialista.

O impacto das ideia de Marx se faz sentir, sobretudo, no início do século XX, no momento em que começam a proliferar, mas em outra ótica, as obras das quais tal ou qual noção passa a ser elemento do senso comum do agnóstico. Em as *Variedades da experiência religiosa* (1902), o pragmatista William James estima que as experiências religiosas nasçam na consciência subliminar, derivam da sensação, são de ordem afetiva e têm valor de utilidade para o homem à medida que proporcionam conforto, segurança, confiança e alívio. Segundo E. Crawley (*The Idea of the Soul*, 1909), a religião — enquanto sacralização da vida, da saúde e da força — não passa de um produto do medo, da ignorância e da inexperiência dos primitivos. Para Wundt, que publica seus *Elementos de psicologia dos povos* em 1912, toda percepção racional é negada ao primitivo, que, tal como a criança, confere uma alma às coisas das quais ignora os mecanismos. A imaginação coletiva, criadora da linguagem dos mitos, teria bastado, por força da sublimação, para transformar a ideia de alma universalmente expandida na ideia do herói e, portanto, da divindade.

Na aurora do século XX, psicólogos e filósofos acreditavam ter demonstrado que a religião primitiva, na qual prevalecia o sentido do extraordinário, do mistério e do sobrenatural, nascera da estupefação que se misturava ao medo, agindo, assim, sobre a imaginação, que, por sua vez, reifica em seres míticos nossos desejos, apetites e necessidades.

O ramo de ouro

Com a primeira aparição do *Ramo de ouro* em 1890 (que na sequência obteve doze volumes), James Frazer (1854-1941) como assinala o início da antropologia religiosa — isso pelo menos em certas temáticas. Influenciado por Tylor e Robertson Smith (seu colega em Cambridge), esse presbítero escocês, que por toda a sua vida será um *antropólogo de gabinete*, reuniu um volume enorme de fatos, crenças e ritos amazônicos, asiáticos e australianos.

Ainda que todas essas versões tenham variado repetidas vezes, suas explicações sobre o totemismo (exteriorização da alma através dos ancestrais e do objeto totem, ponto de partida de toda religião em justificação à exogamia, meio mágico de fazer render a alimentação da tribo, explicação primitiva da procriação), ainda que sua sequência magia/religião/ciência fosse hipotética e que os mitos não devessem ser concebidos exclusivamente por meio de palavras explicativas de ritos arcaicos e de gestos primitivamente mágicos, como seu pesquisador, sua obra não deixou de proporcionar uma série de estímulos para uma reflexão antropológica crítica: *O Rei mágico, O Deus que morre, Tabu e os perigos da alma, Espíritos de cereais e de madeiras, O bode emissário* não deixaram de ser objetos de estudo e discussões.

O título do *Ramo de ouro* deriva do costume local romano segundo o qual o rei-sacerdote da floresta de Nemi teria obtido seu poder pelo assassinato do predecessor. Antes de morrer pelas mãos do sucessor, ele colheu um ramo de árvore sagrado que Frazer assimila ao ramo de ouro com poder divino que possibilitava a Eneias o acesso ao império dos mortos.

O ritual de assassinato do soberano por seu povo visava evitar o declínio do grupo cuja força se confunde com a do rei. Os interditos, que regulamentam a vida social, protegem simultaneamente a alma do rei e a prosperidade da comunidade. O culto benéfico à vegetação e à magia da fertilidade (tema amplificado pelos folcloristas) tem como contrapartida a transferência para um bode emissário das forças maléficas que afetam o grupo social.

O que doravante se reprovará a Frazer? Um evolucionismo antiquado, um método dedutivo e não indutivo, um totemismo infundado, uma retenção de fatos mágico-religiosos fora de seu contexto sociocultural, um desprezo pela morte do rei mais fictícia e cerimonial que real, erros históricos: o santuário de Nemi seria simplesmente um asilo para escravos fugitivos, a árvore sagrada não teria nenhuma ligação com Eneias, o ramo trazido a um santuário pelos suplicantes não seria um instrumento do poder divino. O monumento de Frazer não obstante perdura, como a beleza das ruínas. Certas teses sobre o folclorismo das sociedades ditas sábias no início do século XX se agarram a isso como hedra vivaz ou como explicação que serve para tudo, cobrindo os ciclos dos astros, o culto à vegetação, a fecundidade dos campos e das mulheres, e a magia da regenerescência...

Perspectivas sociológicas

A escola de Durkheim

A antropologia, em gestação com Tylor e, sobretudo, com Frazer, se orienta por explicações menos psicológicas e menos fundadas sobre um acúmulo do que seriam fragmentos emendados de dados descritivos, o qual no todo se mantém em caráter até bastante monolítico se visto do aspecto religioso.

As análises dos fenômenos religiosos efetuados pelos sociólogos podem ser divididas em três tendências principais. A primeira, mostrando-se obviamente durkheimiana, visa decompor o conteúdo que se supõe permanente de toda religião; a segunda, weberiana, parte das diferentes formas históricas do fato religioso e busca deslindar as interações que se estabelecem com os contextos sociais específicos. Essas duas correntes têm como traço unitário atribuir um caráter racional (mas compreendido diferentemente) à ação religiosa, o que vai ao encontro de certa teologia e do materialismo marxista. A terceira corrente funda o estudo quantitativo das práticas religiosas.

Muito antes de Durkheim, Auguste Comte (1798-1857) havia proposto, no quarto volume de seu *Curso de filosofia positiva* (1839), uma visão das relações homem/sagrado cujo eixo é a importância dos fatos sociais, com as regras de organização da sociedade devendo se reencontrar no conteúdo dos fatos religiosos. Ainda que ele tenha esboçado a passagem do estado teológico ao estado metafísico, e depois ao estado positivo, Comte, ao final de sua vida, acaba aderindo ao misticismo elaborando uma religião positiva da humanidade com sua cara Clotilde de Vaux fazendo o papel de sacerdotisa mitificada.

Segundo Comte, sobretudo, dois autores dedicaram parte importante de sua obra ao estudo dos fundamentos sociais da religião: um deles, o pastor da *Free Church of England*, levado a abandonar suas responsabilidades em razão de suas análises históricas e hermenêuticas da Bíblia; o outro era filho de rabino que em sua juventude havia pensado se destinar ao rabinato, trata-se de W. Robertson Smith e de Émile Dukheim

As intuições de Smith, cuja obra *A religião dos semitas*, de 1889, exercem grande impacto sobre Durkheim e Freud. Segundo Smith, "a religião não existe para salvar almas, mas para salvaguardá-las, e também ao bem-estar da sociedade [...]; não se tem aqui uma relação arbitrária do indivíduo com o poder sobrenatural, mas é a relação de todos os membros de uma comunidade com um poder que tem em seu cerne o bem da comunidade e que protege suas leis e sua ordem moral".

Durkheim toma de empréstimo a Smith a ideia segundo a qual a religião mais elementar e primitiva – e nisso ela nada fica a dever a uma religião anterior – é o culto totêmico do clã, interpretado como um sistema de consagração da sociedade por ela mesma. Mas ele vai mais longe ao mostrar que todo culto religioso nada mais é que a adoração que a sociedade impinge a si mesma e manifesta em momentos de efervescência social que marcam a saída do quotidiano profano para restaurar o tempo intenso da coesão comunitária. Fato social objetivo, exterior aos indivíduos, geral num quadro social dado e a perpassar a diversidade das culturas, obrigatório e dotado de um poder coercitivo, "uma religião é um sistema unificado de crenças e de práticas relativas às coisas sagradas, ou seja, às coisas que são postas à parte e interditas – crenças e práticas que unem em uma só comunidade moral, chamada Igreja, todos os que a ela aderem" (*As formas elementares da vida religiosa*, 1912).

Aqui não voltaremos a ideias fundamentais já evocadas: distinção entre crenças, ritos, organização religiosa; oposição sagrado/

profano, temáticas-chave de totem, *mana* e tabu, nem a outros temas apresentados ainda antes com relação a ritos e a magia. Ressaltaremos somente algumas proposições:

- Tudo o que é obrigatório, mesmo inconsistente porque resultado de uma impregnação por valores nos quais se banha, é de origem social;

- É a sociedade que decide as coisas sagradas;

- A religião tem por origem os estados da alma coletiva, que não somente procuram um sentimento de pertencimento na efervescência ritual, mas produzem categorias de conhecimento como tempo, espaço, causalidade, gênero e número.

Assim, a religião parece a Durkheim como a apoteose da sociedade através da sacralização de seus valores, sentimentos, visões de mundo, princípios e categorias. Religião e moralidade estão intrinsicamente ligadas porque ambas exprimem potência social.

Eis aqui uma série de teorias engenhosas e lógicas que podem tanto ser falsas como verdadeiras. Seria o caso de mostrar, por exemplo, que as mudanças de estrutura social engendram mudanças de estrutura religiosa, ou, ainda, que todas as sociedades de um mesmo tipo possuem estruturas semelhantes. A teoria que pretende dar conta de todas as religiões não explica a coerência singular de cada uma delas. O sociólogo que rejeita a psicologia reintroduz essa mesma psicologia pelo viés das noções sentimento e de efervescência sagrada. E a análise das sociedades primitivas se equivocou redondamente quanto ao caráter original do totemismo, bem como sobre o caráter elementar das sociedades australianas.

Sobrinho de Durkheim e, agnóstico como ele, Marcel Mauss (1872-1950), desde 1902, em um texto do *L'Année sociologique*, ampliou a análise das religiões para situá-las tanto na atividade e na dinâmica sociais quanto em uma tipologia sintética das religiões. O mesmo periódico publicou em 1903 um texto maior, de 150 páginas, escrito por Marcel Mauss e Henri Hubert: *Esboço de uma teoria geral da magia* (cf. nosso capítulo sobre a magia), que opõe magia e religião, e sintetiza o que diz respeito às particularidades dos agentes, às condições dos ritos e à base de representações impessoais como o *mana*, posto como premissa do raciocínio mágico. Além de um belo texto sobre a oração, o de 1899 sobre o sacrifício (escrito com Hubert) continua a ser referência. Os ritos sacrificiais "visam estabelecer uma comunicação entre o mundo sagrado e o mundo profano pelo intermédio de uma vítima". A destruição da vítima, ligada simbolicamente ao sacrificante, confere a este um suplemento de sagrado, uma espécie de santificação obtida pela renúncia, destruindo uma parte do profano. Como forma de retorno a oferenda imolada deve trazer vida, força e fecundidade.

Se Lucien Lévy-Bruhl (1857-1939) parece um pouco esquecido por ter cometido o crime de opor uma mentalidade arcaica dita pré-lógica à nossa mentalidade lógica, uma releitura de suas obras permitiria fazer justiça não tanto a suas análises dos trâmites do espírito humano nas sociedades primitivas e mais a seus ricos estudos sobre os símbolos, mitos, noções de alma e de sobrenatural, sobre funções mentais e sobre a experiência mística.

A mentalidade pré-lógica

"Da mentalidade dos primitivos tanto se pode dizer *pré-lógica* quanto *mística*. Havendo aí dois aspectos de uma mesma propriedade fundamental, muito mais que duas características distintas. Essa mentalidade, se considermos mais especificamente o conteúdo das representações, será dita mística – e pré-lógica, caso seja tido, sobretudo, suas ligações. O termo '*pré-lógica*' tampouco deve fazer entender que essa mentalidade constitui uma espécie de estágio anterior, no tempo, à aparição do pensamento lógico. Jamais teriam existido grupos de seres humanos ou pré-humanos cujas representações coletivas ainda não tinham obedecido às leis lógicas? É algo que não sabemos: em todo caso, é muito pouco verossímil. Pelo menos, a mentalidade das sociedades de tipo inferior — a que chamo *pré-lógicas*, por falta de nome melhor — de modo algum apresenta essa característica. Ela não é *antilógica* tampouco *alógica*. Ao chamá-la pré-lógica, quero apenas dizer que, de modo algum, ela se obriga, como podemos pensar, a se abster da contradição. Antes de tudo, ela obedece à lei da participação. Assim orientada, não se compraz gratuitamente no contraditório (o que a tornaria regularmente absurda para nós), mas tampouco sonha em evitá-lo. O mais das vezes ela lhe é indiferente. Segue-se daí que ela é difícil de seguir."

Lucien Lévy-Bruhl, *As funções mentais nas sociedades inferiores.*

Ainda que, segundo os *Carnets posthumes* (1949), as mentalidades pré-lógica e lógica coexistam em graus variados em todo tipo de sociedade, a razão jamais se deixando substituir inteiramente ao pensamento por participação, Lévy-Bruhl, em *Mentalidade primitiva* (1922) opõe "primitivos" e "civilizados" a partir de uma diferença de lógica: o um não conceitual, místico, fundado na lei de participação por semelhança, contiguidade e contraste, entre fatos concretos e forças ocultas, indiferente ao princípio de contradição; o outro abstrato, sem remeter a causalidade a nenhuma potência sobrenatural. No entanto, todas essas obras ocultam tesouros de informações sobre sonhos, presságios, práticas divinatórias, purgações etc.

A corrente weberiana

Ao contrário da escola durkheimiana, empenhada em definir as modalidades e as normas do fato religioso, Max Weber (1864-1920) constrói sua sociologia das religiões em correlação com a organização social em que floresce a religião estudada, valorizando a relação entre o religioso, o político e o econômico.

Na Ética protestante e o espírito *do capitalismo* (1920), Weber sustenta que a doutrina calvinista da predestinação e do dom gratuito da graça teria chegado a criar em seus fiéis uma mentalidade oposta ao misticismo, fazendo do trabalho um dever, da consecução um signo de eleição e da recusa da recompensa uma virtude. A busca do lucro veio se unir a uma ascese, consistindo de modo algum em desfrutar de sua fortuna, mas de transferir os lucros na empresa, atitude que conduz ao nascimento da mentalidade racional própria ao empreendedor capitalista moderno.

Seus ensaios de *Sociologia das religiões* e o capítulo 5 de *Economia e sociedade* explicam também que os interesses religiosos divergem dependendo de o fiel se encontrar em posição dominante, buscando na religião a legitimação da ordem estabelecida ao mesmo tempo que uma doutrina de saúde, ou em posição de dominado, busca uma compensação por seus sofrimentos. As massas desfavorecidas são orientadas em direção à magia ou à uma religião de libertação por um salvador.

Mas no nascimento de uma religião, como nos processos de mudança social, costuma emergir a figura do líder carismático, a do profeta detentor de um dom extraordinário (como Cristo e Maomé), a do "virtuose religioso" (asceta, monge, sufi, derviche) que, sentindo-se investido de uma missão divina, é considerado dono de um prestígio em razão de seus poderes tidos por sobrenaturais – é o que chamamos de carisma. Havendo uma "rotinização do carisma" na constituição de uma Igreja que monopoliza a concessão da salvação religiosa e no domínio de uma tradição que se refira a esse personagem inovador, observa-se também, à medida que um poder político se centraliza, uma passagem do politeísmo a um panteão organizado e hierarquizado, e em seguida à ideia de um Deus universal. Mas Weber evita se referir à religião como determinada somente por uma situação política ou por uma moral econômica, bem como se preserva de reconhecer a ação humana comandada mais por concepções especulativas do que por interesses materiais e morais.

Suas análises de sistemas religiosos como o hinduísmo, o budismo, o confucionismo, o judaísmo, e o cristianismo continuam a ser referência, ainda que lhes tenha reprovado, por exemplo, em seu estudo sobre o budismo, o fato de se ampararem apenas em textos canônicos e não fazerem distinção entre a apresentação da soteriologia búdica para monges errantes, intelectuais, cultos e para as práticas reais dos adeptos do povo. A via mística e ascética de ultrapassamento do mal, por imitação do ser, não explica totalmente por que um credo filosófico-religioso tende a se desenvolver mesmo fora da Ásia, assim como a via cristã não explica a mescla dos cristianismos em culturas, seitas e agrupamentos religiosos bastante diversos. Uma análise baseada na estratificação social de modo algum é utilizável, porque não relaciona as diferentes categorias sociais segundo as modalidades de suas práticas religiosas. E mesmo com a relação calvinista/capitalista como objeto de contestações, a exemplo do que se tem na obra de Philippe Besnard, *Protestantisme et capitalisme* (1970), deve-se a Weber a forte intuição segundo a qual a religião é produção de inovações, de mudança e não apenas de ordem social. Entre essas mudanças da paisagem religiosa moderna, os deslocamentos do crer se efetuam segundo o princípio do "politeísmo dos valores".

Na óptica de seu mestre Weber, Joachim Wach elabora uma *Sociologia da religião* (1ª edição alemã, 1931) na qual, após estudo das expressões da experiência religiosa, ele dedica três quartos de sua pesquisa a analisar metodicamente as relações entre religião e sociedade nos grupos naturais e nas sociedades complexas, segundo o tipo de organização e de autoridade religiosa, ressaltando os tipos de aliança, de legitimação, de protestação e de conflito entre religião e Estado.

Mais próximo da história das religiões de tipo alemão, berço do pensamento weberiano, e de uma vasta erudição no que diz respeito, sobretudo, às religiões e tradições religiosas do Ocidente, após a Segunda Guerra Mundial, Gustav Menching publica o seu *Soziologie der religion* (1947), que insiste muito particularmente nas correspondências entre as condições sociológicas e o mundo das representações religiosas, nas variáveis familiares, profissionais ou econômicas da vida religiosa, assim como nas formas de organização das ordens religiosas, das confrarias e das seitas.

Menos sociólogo e mais fenomenólogo ao estudar sucessivamente objeto e sujeito da religião, das concepções do mundo, dos tipos de religiões e das figuras de fundador, reformador ou teólogo, o holandês G. Van der Leeuw publica em 1933 *A religião em sua essência e suas manifestações*, que se inspira na história das religiões e das teorias sobre o sagrado e sobre a experiência religiosa interior do teólogo Rudolf Otto, por quem não esconde sua admiração.

Essas três obras de Wach, Mensching e Van der Leeuw servirão de estímulo a toda a sociologia das religiões de tipo francês de Desroche a Willaime, mesmo com Le Bras, Boulard e Labbens tendo em vista, sobretudo, um estudo quantitativo das práticas no seio do cristianismo.

Uma sociologia francesa das práticas católicas

Em torno do decano Gabriel Le Bras (jurista e historiador), no decênio que se segue a 1943, formaram-se equipes de pesquisadores que acrescentaram à morfologia empírica do catolicismo (objetivo pastoral não dissimulado) uma sociologia histórica das práticas e uma compatibilização metódica de quatro grupos: 1) conformistas sazonais que passam para a Igreja quase que exclusivamente em função do batismo, do casamento e da sepultura; 2) praticantes regulares que assistem à missa dominical e fazem a comunhão pascal; 3) cristãos pios e engajados, militantes zelosos de associações religiosas comungando com frequência; 4) indivíduos estranhos à vida da Igreja, avaliados estatisticamente, e cuja evolução é analisada no curso do tempo. A geografia do catolicismo na França remete à evangelização dos campos de outrora, bem como às descristianização advindas das guerras, das migrações e também da cultura trabalhadora de mais de um século. São evidenciadas fortes correlações entre idade, sexo, profissão e tamanho da aglomeração. Como uma espécie de ponto final às buscas da equipe, em 1980 surge um notável *Atlas religieux des catholique en France*, de F. A. Isambert e J. P. Terrenoire.

O que se reprova nessa corrente é a mensuração da conformidade institucional com o catolicismo em suas manifestações exteriores em uma certa época, deixando escapar as experiências e crenças interiores e as instâncias da secularização concomitante a um desaparecimento da civilização paroquial. A tipologia é inaplicável fora do catolicismo, e no início do século XX a fidelidade à Igreja já não se avalia por uma frequência no ofício religioso de pelo menos uma vez por mês.

Mas é no seio mesmo do Grupo de *Sociologia das Religiões*, identificado inicialmente ao grupo editor dos *Archives de Sociologie des Religions* (criado em 1956), que a contestação, a importância e a ampliação das perspectivas aparecem. E. Poulat, H. Desroche, F. A. Isambert, J. Maître, J. Séguy, P. Ladrière e D. Hervieu-Léger são seus grandes admiradores. Números temáticos: religião e desenvolvimento, seitas, messianismos, religião popular, religiões na Ásia do sudeste, no Brasil... mostram que o campo não diz respeito apenas ao instituído (cristianismo, judaísmo, islã), mas também ao que institui, aos não conformistas, ao ecumenismo, aos religiosos de fora da religião, às religiosidades seculares, à irreligião. Historiadores e antropólogos vêm se juntar ao grupo de sociólogos, justificando a mudança de denominação, *Archives de Sciences Sociales des Religions* (1973), afirmando uma neutralidade axiológica exterior à afiliação confessional e tornando fiel a clientela por um excelente boletim bibliográfico.

Símbolos e funções

A psicanálise e os símbolos

Freud (1856-1939), contemporâneo de Max Weber, nada tem de antropólogo, nem mesmo de sociólogo; no entanto, ele merece menção pela receptividade de suas obras de psicanálise, bem como pela influência que exerceu sobre Jung. Em *Totem e tabu* (1912), *O futuro de uma ilusão* (1927), *Moisés e o monoteísmo* (1939), encontra-se o essencial de suas concepções da religião como sistema projetivo de uma frustração e como neurose obsessiva da humanidade. O eros e a libido são energias que entram na elaboração do sentimento religioso. A religião e a neurose têm processos análogos de trauma, de latência com culpabilidade e depois de sublimação e de adoração do pai que na origem teria sido morto e comido pelos filhos, exasperados pela tirania sexual que este fazia pesar sobre eles. O parricídio primitivo explicado pelo Édipo, a comunhão e o sacrifício reparador para lavar uma culpabilidade são puras invenções de Freud. Enquanto a interpretação do totemismo será paulatinamente reconhecida como inadmissível, também a interpretação do édipo será criticada. Logicamente, a imagem de Deus, em vez de ser única, deveria variar segundo o lugar ocupado pelo pai no sistema de parentesco: é o que mostra Malinowski, desconstruindo o édipo para a análise de sociedades do tipo matrilienar, com relações de parentesco diferentes das da sociedade vienense.

O médico psicanalista suíço Carl Gustav Jung (1875-1961), dissidente do freudismo, evitará conduzir a função religiosa à sublimação de um instinto, e vai reconhecer que um melhor conhecimento de si mesmo é fator de florescimento e felicidade. Nesse *eu* reside um inconsciente, não só individual, mas também coletivo, povoado de representações que no curso das eras se concretizam nos mitos. Os arquétipos manifestam conteúdos psíquicos, símbolos de realização de si, notadamente por meio do sonho que não raro traduz um drama espiritual interior com materiais extraídos dos mitos, resíduos mentais do vivido interior da humanidade. Essas análises do mundo simbólico influenciaram as pesquisas do grupo "Eranos" já nos confins do esoterismo, assim como os detentores do "potencial humano" e os da "Nova era".

O funcionalismo anglo-saxão

A antropologia religiosa deve muito à sociologia das religiões que à psicanálise, sobretudo, às pesquisas de campo dos anglo-saxões e dos franceses em seus domínios territoriais e coloniais. A partir dos anos 1930, aproximadamente, toda uma geração de antropólogos de campo anglo-saxões vai abandonar as especulações sobre a essência, o fundamento e a origem das religiões com o intuito de se pôr em busca de funções de diversas religiões com base em estudos de caso bastante precisos: magia dos jardins (1935) e mitos (1948) dos trobriandeses da Melanésia por Malinowski, feiticeiros de Dobu (1932) e religião dos manus (1935) por R. Fortune, ritos e cerimônias dos habitantes das ilhas Andamans da Oceania (1931) por Radcliffe-Brown, magia e feitiçaria dos azandes do Sudão (1937) e a religião dos nuers (1962), por Evans-Pritchard, enquanto Talcott Parsons, inspirado por Weber, e Merton, corrigindo alguns exageros de Malinowski, tornarão precisos, em sociologuês, os fundamentos de análises funcionalistas e estruturo-funcionais.

Em 1944, Clyde Kluckhom apresenta uma feitiçaria dos navajos, teorizando as relações entre crenças na feitiçaria e outras práticas da sociedade navajo. Em 1952, M. Spiro explica a coexistência, na Birmânia, do budismo e de uma religião popular servindo às necessidades emocionais e sociais das populações e reduzindo os conflitos referentes ao outro mundo, do sobrenatural. Em 1961, G. Lienhardt relaciona divindade e experiência quanto à religião dos dincas, do Sudão. Em 1965, J. Middleton publica *Lugbara Religion*, a religião de uma etnia de Uganda, para depois, em 1967, dirigir *Gods and Rituals*, que Marc Augé prefaciou em sua tradução francesa parcial, *Anthropologie religieuse: textes fondamentaux* (publicada pela Larousse, em 1974). Em 1966, A. Wallace, em *Religion: An Anthropological View*, apresenta, em uma síntese magistral sobre:

- Tipologia dos sistemas religiosos;

- Teoria dos movimentos religiosos ditos de revitalização;

- Análise das funções da religião pelo ângulo da integração pessoal e cultural;

- Teoria das relações entre ritual e religião.

Outros americanos como M. Harris e R. Rappaport recorrerão ao "materialismo cultural" para explicar as determinantes ecológicas e culturais das crenças e dos comportamentos religiosos, tomando os exemplos hindus ou judeus com relação a vacas, porcos, guerras, e feiticeiras, e mostrando como o culto aos ancestrais na Nova Guiné regula o equilíbrio do ecossistema.

Para aqui retornar ao "papa do funcionalismo", Malinowski, perceber-se-á a sua preocupação em não referir como coextensivos o coletivo e o religioso: o trabalho nos jardins de coral depende do domínio profano, ainda que o mágico dos jardins vez por outra proceda a um resgate para executar um rito. Magia e religião sendo dificilmente dissociáveis em toda uma série de culturas, o conjunto das crenças e práticas forma um todo funcional, coerente e visível, lógico no quadro conceitual em cujo interior uma sociedade pensa a natureza e o social ao tempo mesmo em que protege a ordem estabelecida. Magia e religião exprimem todo o esforço humano para que se realizem os desejos, ainda que de um modo ilusório. Elas dependem de um sagrado envolto em prescrições e tabus, mas têm em vista, assim como a ciência, objetivos práticos.

A antropologia francesa da religião

Desenvolvida inicialmente no berço da filosofia, a antropologia francesa de Griaule, Leenhardt e Lévi-Strauss vinculam-se particularmente à análise das representações e das produções simbólicas. Marcel Griaule, ao se tornar o titular da primeira cadeira de etnologia criada na Sorbonne, em 1943, já havia se debruçado sobre a cosmogonia, sobre os jogos e máscaras dos dogon do Mali durante dez anos. Alguns títulos de capítulos de *Dieu d'eau* (1948) sugerem ideia-forças de valor simbólico: "A segunda palavra e o tecido"; "A terceira palavra e os trabalhos de desenvolvimento"; "A força, o sacrifício"; "O sangue das mulheres"; "Invenção da morte"; "Os gêmeos e o comércio". O erro estaria em pensar que a sociedade pode se desvelar tal qual é, com seus conflitos atuais, unicamente por meio desse pensamento mitopoético intemporal cuja coerência talvez tenha sido forçada pelo velho sábio informante Ogotemelli e pelo etnólogo que propõe quadros de correspondências simbólicas. D. Paulme, S. de Ganay, G. Dieterlen, D. Zahan contribuirão na condição de discípulos, tendo trabalhado com os dogon, com os bambara ou com os kissi na disseminação dessa escola que marcou a Sociedade dos Africanistas. Sobre as religiões africanas, Louis Vicent Thomas redigiu notáveis sínteses.

Quanto à Sociedade dos Oceanistas, também foi influenciada por preocupações de antropologia religiosa: o pastor Maurice Leenhardt, em 1947, no *Do Kamo* ("ser vivente") aprofundou a noção de pessoa nos canaques da Nova Caledônia, completando a descrição dos comportamentos do corpo por sua explicação que faz referência ao pensamento mítico de tipo cosmomórfico durante a vida (a carne de uma pessoa é a mesma do inhame, a pele é a crosta de uma árvore) e de tipo antropomórfico após a morte, quando aumenta a distância sujeito-objeto, tendo os ancestrais identificados situados fora da natureza.

Com Jacques Soustelle dando a partida nos estudos sobre as religiões do México, Roger Bastide estimulou as pesquisas sobre *As religiões africanas no Brasil* (1962) e sobre os cultos sincréticos, relacionando antropologia, sociologia, psicanálise e psiquiatria. Suas abordagens mais significativas das mutações religiosas contemporâneas, dos mitos modernos e dos milenarismos foram reunidas em *O sagrado selvagem* (1975).

Numa óptica de retorno ao intelectualismo contra o funcionalismo, Claude Lévi-Strauss (nascido em 1908), inspirando-se na abordagem linguística, mostrou que os símbolos se definem por seu lugar numa estrutura mítica. "Não há religião sem magia que de magia não contenha pelo menos um grão de religião". Ainda que se tenha contestado que a magia seria, a bem dizer, "uma materialização das construções humanas", e a religião, "uma humanização das leis naturais", isso não impede que a focalização de Lévi-Strauss no pensamento simbólico continue a fascinar (mesmo com reservas) toda uma geração de pesquisadores. Sem apresentar aqui os aportes principais (estudados em outra parte nesta mesma obra) à desconstrução do totemismo, à compreensão da magia ou à teoria dos mitos, propor-se-á aqui apenas algumas críticas positivas e negativas. Lévi-Strauss tem razão em dizer que crenças e costumes, mais do que se fundarem nas emoções, apoiam-se na tradição, provenientes que são da atividade ritual e de sua transgressão, mais do que do conteúdo da regra. Ele bem ressalta que a religião e a magia exageram em sua pretensão de desvendar o que o universo sempre significou, enquanto a ciência diz o que o universo é e, com isso, o que ele pode significar. Voltando à tese de Eliade segundo a qual o rito advém do mito, Lévi-Strauss evidencia que o rito eventualmente precede o mito, que – mesmo para o Édipo – seria um sistema de classificação a dispor diferenças. O rito não é sempre a manifestação de um mito, nem o mito é sempre fundador do rito, mas, por meio de sua simbólica, esses dois elementos remetem como iconografia às estruturas equivalentes. No entanto, em Lévi-Strauss censurou-se o partir *a priori* de uma estrutura mítica idêntica à do espírito humano, invariável a seus olhos, e de um pensamento essencialmente classificatório e taxinômico segundo um procedimento de eliminação do sagrado, bem como do cultural (que no entanto esclareceria sobremaneira o conteúdo dos mitos e as adesões dos fiéis). Se o espírito impõe formas a um conteúdo, é arbitrário referir essas formas como idênticas para todos e afirmar que as formas eclipsam os conteúdos.

As pistas abertas por Dumézil e Eliade

Mais adiante se fará referência à fecundidade do pensamento mítico e simbólico, mas para mim é necessário sacrificar tudo o que há de original e estimulante nos numerosos estudos sobre a religião dos inuítes do norte do Canadá ou dos *sioux* de Dakota, sobre a religião dos hindus (Dumont) ou os da China tradicional (Granet)... Eu indicaria apenas, a título de complemento aos numerosos trabalhos dos antropólogos, as fontes e teorias das quais eles se valeram na história das religiões, ilustrada tanto por George Dumézil como por Mircea Eliade.

A comparação conduzida por Dumézil sobre os mitos, epopeias e ritos indo-europeus faz surgir estruturas semelhantes fundadas na ideologia das três funções hierarquizadas: a soberania de uma sabedoria mágica e religiosa, a força física do guerreiro chegando à dominação política, a fecundidade dos produtores, artesãos, camponeses e trabalhadores, indispensável às duas funções superiores. Resta se perguntar se a religião não seria mais que um travestimento das relações de classe. Jean Cuisenier mostrou que a trifuncionalidade de G. Dumézil só poderia ser validada de maneira aproximativa e isenta de dogmas. Nos Balcãs rebelados contra a organização do Estado, nenhuma figura divina ou sagrada veio ocupar a função de soberania — só o fez, na Bulgária, a figura guerreira do pio e devoto Marco, como ao modo de contra-sujeito o fez a virgem croata assassina — e enfim a função de provedora de bens e serviços cumprida por Mara!

Quanto ao romeno Mircea Eliade, que viveu na França e nos Estados Unidos, dirigiu a melhor enciclopédia de religião que poderia haver, após ter redigido escritos bem documentados sobre o xamanismo, o sagrado e as hierofanias, mitos, imagens e símbolos, e o ocultismo. Enquanto em seu *Tratado de história das religiões* é adotada uma apresentação temática dos símbolos (céu, sol, lua, água, terra, vegetação, espaços e tempos sagrados), na *História das crenças e das noção religiosas* ele procede por religiões distintas. De Jung Eliade retoma a ideia do arquétipo, focalizando especialmente as hierofanias e a experiência do sagrado. Sua concepção do sagrado já foi devidamente contestada. Quanto à do tempo cíclico do eterno retorno, com a repetição dos arquétipos originais, será possível sustentá-la sem negar a evidência dos efeitos erosivos da diacronia que tornam o homem responsável por sua própria história? Nenhuma sociedade, mesmo tradicional, pautou-se pelo modo arquetípico. Que a vida humana seja cópia da história dos deuses: eis aí uma questão de crença.

Observações sobre método

Em apêndice e sem repetir o excelente guia sobre L`enquête ethnologique de terrain de Jean Copans (Paris, Nathan, 1998), assinalaremos aqui somente algumas questões específicas à pesquisa em antropologia religiosa, tendo como inspiração as recentes obras de Erwan Dianteill e de Albert Piette.

E. Dianteill (*Theorising Faith*, Birmingham, University Press, 2002) introduz uma questão capital: é necessário pertencer ao grupo religioso que se estuda para compreendê-lo, ou será o caso de tentar insistentemente um olhar exterior? Uma resposta parece se evidenciar: se realmente a adesão se opusesse à objetividade científica, sem dúvida que hoje mais não se teria do que arremedos de sociologia do judaísmo, do catolicismo e do protestantismo; se, ao contrário, tal adesão fosse requerida, bem poucas coisas teriam sido escritas sobre as múltiplas religiões africanas, ameríndias ou asiáticas. Na verdade, não há oposição radical entre pertencimento e exterioridade, entre estatuto de *insider* e de *outsider*, e sim muito mais uma complementaridade, ainda que deformações possam provir de atitudes de proselitismo ou de uma desvalorização insensata do vivido religioso do outro. Graus de participação são reconhecidos pelas próprias organizações religiosas, que vão desde a do simples visitante até a do clérigo profissional, sem falar das crenças variáveis por parte dos aderentes e das crenças do mesmo aderente no curso de sua vida. O convertido potencial ou o pesquisador se situa não raras vezes em um limiar.

Aliás, não é preciso superavaliar a homogeneidade comunitária. Em um grupo, um falará francamente enquanto o outro se calará voluntariamente. Um fiel glorificará os ritos, enquanto outro buscará justificar suas convicções; um último, ainda, buscará em primeiro lugar exprimir o que sente com relação à sua adesão. Se alguns pesquisadores se fazem passar por *insiders*, eventualmente abusando da confiança das informações, na maior parte do tempo, sociólogos, etnólogos e historiadores têm uma atitude de simpatia e não agressividade devidamente reconhecida pelos entrevistados. Escuta e tolerância são qualidades requeridas para se praticar a etnologia.

São conhecidas as dificuldades de campo em antropologia religiosa: linguagens secretas de participantes, camuflagem de ritos raros, penas aflitivas ou infamantes, versões truncadas de mitos, impossibilidade de registro do canto das mulheres ou de seus ditos, distorção de traduções de intérpretes, racionalizações trazidas pelo entrevistado, substituição do escrito pelas tradições orais, das quais somente as verificações cruzadas de dados por diversos observadores eventualmente permitirão perceber e corrigir.

No *Le fait religieux* (Paris, Economica, 2003), Albert Piette insiste em outros pontos importantes: existe, muitas vezes, uma superavaliação da emoção no ato religioso: muitos ritos são realizados sem fervor, distraidamente e por força do hábito. Um defeito frequente do pesquisador está na tentação de superinterpretar: obsessão pela coerência, generalização abusiva, busca de um sentido oculto, sobrecarga de significação diante de simples metáforas, amplificação dos discursos catastróficos naqueles que analisam os novos movimentos religiosos.

Uma grande circunspecção se impõe quanto à firmeza do crer por parte do adepto: impressão cognitiva, saber crítico, hesitação quanto à ressurreição do corpo, ceticismo quanto à eficácia de trazer consigo tal amuleto ou medalhão, ironia quanto à grandiloquência das pompas ou do discurso. E A. Piette observa detalhes incongruentes em uma série de cerimônias ou um relaxamento nos comportamentos dos atores. Ele fala do sério que faz rir, dos excessos retóricos, dos comportamentos não acabados, das partes ambíguas na atividade religiosa entre jogo, realidade e ficção. "Crer pela metade, crer em coisas contraditórias, crer e ao mesmo tempo, ser cético, flutuar entre o maravilhamento e a credulidade, ser capaz de mudar de "programas de verdade", hesitar ou permanecer indiferente diante da alternativa da verdade e da ficção... designam uma pluralidade de atitudes e de modalidades de crenças" (58).

Segunda parte

A CRENÇA NOS MITOS

Capítulo 4

A decifração dos relatos míticos

As religiões monoteístas são dotadas de uma doutrina e de dogmas. A antropologia deixa ao teólogo o cuidado de defini-los e valorizá-los, e ao sociólogo a explicação de seu nascimento, de sua formulação e de sua aplicação segundo o contexto social de tal época. A antropologia das religiões se interessa particularmente pelo que precedeu as doutrinas, e isso quer dizer os mitos, relatos imaginados que eventualmente permitem, na sequência, uma formulação do caráter abstrato, ao mesmo tempo em que toma os mitos como crenças num sobrenatural expresso na maior parte do tempo por meio de metáforas e símbolos, não raro de forte influência afetiva. Ele se atrela à comparação sistemática de sua diversidade formal (cosmogonia, textos sagrados) e da universalidade de certos motivos (aparição dos homens, o pôr à prova, a origem da morte ou do mal).

Se o mito relata eventos fundadores visando explicar por que o mundo é como é, ele constitui uma forma de interrogação sobre o mundo, não representa a realidade empírica e se constrói segundo essa realidade. É de maneira imaginada que o mito fixa códigos religiosos, parentais, éticos e econômicos aos quais devem se conformar os membros de uma sociedade, trazendo em si valores e saberes aos quais um grupo se identifica. Tal como os *griots mandingo* do Oeste da África, os *bardos charan*, os *rajputes*, eles são os produtores da memória cultural de sua etnia. Participam da transformação da história em mito e emprestam sua força normativa e formadora a essa memória cultural.

Por mitologia, compreende-se um conjunto considerável de mitos pertencentes a uma mesma cultura, reunidos sem o cuidado necessário de coerência, pois mitos diferentes se contradizem do ponto de vista do seu sentido (mitos secundários não são passíveis de incorporação em um mito primordial), e muitos mitos têm sido elaborados em épocas diferentes por autores anônimos. Não há religião sem a crença em uma coletividade de mitos!

Características fundamentais do mito

O relato imagem

O mito se caracteriza por sua forma narrativa que põe em cena personagens extraordinários. Na narração, não comentada, interferem história, fábula, moralidade, sem explicação de sentido. Enquanto relato imaginado, o mito depende da linguagem, que impõe uma forma, e da palavra, que a usa. Também o pensamento mítico exprime-se não somente nos mitos, mas também nas glosas que acompanham as práticas. Nos poemas homéricos, o mito se apresenta como verdade de fato posta em palavra, enquanto em Platão ele é alegoria de significação filosófica – mas em ambos os casos ele se quer discurso persuasivo e paradigmático.

Não raras vezes de fonte oral, chegando a ser mesmo uma fé escrita, ele é repetido verbalmente nos ritos. Esse discurso meio esotérico e meio popular faz com que apareçam os deuses, os homens e as forças da natureza classificando-os em vastas teogonias, cosmogonias e genealogias. Apresentados geralmente sob a forma épica, os mitos da religião tribal são um reservatório de arquivos éticos e uma seleção de experiências didáticas.

O modo simbólico-metafórico

Ainda que o mito não se dê como alegórico, mas como tautegórico (os deuses existem e são o que são para o fiel), na condição de obra literária escrita ou moral ele demanda frequentemente uma exegese de sua bagagem poética e de sua sobrecarga de metáforas. Ele é um modo de apreensão do mundo por símbolos, figuras de estilo ou arquétipos ao modo de Jung, os quais agem sobre o paradoxo e sobre o "como se" como se houvesse ao mesmo tempo, segundo Lévi-Strauss falando do Édipo, superestimação e subestimação das relações de parentesco, tentativa de escapar à autoctonia e impossibilidade de chegar a ela.

Ainda que os símbolos utilizados não tenham sempre uma validade intercultural, pelo menos, no que diz respeito às formas, eles fundem números, cores, gestos, animais ou pontos cardeais e se vinculam a correspondências valorizadas. A lua remete à fecundidade, à feminilidade, ao regime noturno; o elefante real significa a potência e a longevidade; a cabeça é o chefe sagrado; no peito, a sede da força guerreira.

A polissemia

O mito certamente exerce um papel de explicação do mundo, mas isso quanto aos modos enigmático, simbólico ou normativo. Se o mito exprime tantas vezes uma verdade profunda cujas modalidades modificadas pelas situações vividas dão lugar a reescrituras, isso se deve aos rodeios da ficção, cujo equívoco se anuncia abertamente.

A dificuldade de decifração do mito provém de ali serem mensagem e metamensagem inseparáveis, de os sentidos cosmológicos, políticos e religiosos se inter-relacionarem e, enfim, de as variantes, as falhas e as contrafações embaralharem as exegeses. Em caso de inovação, é a novidade que confere sentido ao relato e não o inverso, e um mesmo mito pode tanto legitimar quanto contestar posições estabelecidas. Tudo depende do uso que deles se faz. Daí os cismas religiosos.

O fora de tempo

Atemporal, o mito transcende a história. Ele é de todo o tempo e pode se desatrelar de tal situação histórica. O mito romano é de pensamento providencial para esse povo, para Carlos Magno, para Maquiavel e para os revolucionários franceses. Ele opera um retorno às fontes heróicas e primordiais da cultura, e é o drama das origens que confere sentido ao trágico e ao banal das existências por um jogo de espelhos e de correspondências. Mas como veremos, uma leitura de fragmentos de história não tem nada de inconcebível.

O registro da incidência

Três pertinentes questões foram posicionadas por Roger Caillois: de que resulta a influência dos mitos sobre a sensibilidade? Recorre-se a qual registro de emoções, sentimentos, desejos e repulsas? E quais satisfações eles são encarregados de proporcionar? É possível responder a tudo isso invocando uma memória biológica. A sensibilidade se investe dos mitos porque ela teme os conflitos primordiais suscitados pelas leis da vida elementar e porque a estruturação significativa do mundo por imagens a reconforta. O mito, situado na origem ou alhures, seria como a memória da primeira animalidade do homem canibal, incestuoso e parricida.

Mas ele também teria por objetivo conjurar e exorcizar a angústia do porvir. Os mais resistentes entre os mitos são os que permitem explicar e afrontar os incidentes e dramas da vida. Sua potência é percebida pelo homem em referência a uma espécie de experiência primeira diante do cosmos (mito de Sisifo).

A orientação para a ação

Produto do inconsciente humano, o mito age como motor ou móbile de ação de maneira inconsciente (Freud, Lévi-Strauss). Ele torna a vivificar o que é contado. Locutores e auditores do mito através do rito fundem o que ele conta no que faz existir magicamente, a palavra ensejando-se mesmo acima das coisas e das forças enunciadas. No *Do Kamo*, em referência aos neocaledônios, Maurice Leenhardt havia já ressaltado o modo como o conhecimento, antes de ser especulativo, faz-se um — e não mais do que um — com a ação humana. Em todo culto, o rito não é mais do que o mito em ato, o comprometimento de certas crenças, a palavra-ação tendo uma eficácia mágica.

A racionalidade do imaginário

Aceite como real e verdadeiro, o mito que não responde à nossa lógica racional comporta, entretanto, uma racionalidade do ponto de vista da comunicação social e de sua instrumentalidade ética. O que é da ordem da fantasia e do impossível, ele o faz se tornar realidade controlando os paradoxos do viver sem muito sofrimento. Por sua economia trinitária e por sua cristologia, o monoteísmo cristão de um deus-homem coincidirá com transcendência e imanência, com imaginário e real, com impensável e dizível, assim como o voo visionário do xamã anuncia a elevação e o mérito do homem apegado a seu ambiente natural, mas a ponto de nele se apoiar para ultrapassá-lo.

Como o mostra com evidência Lévi-Strauss em '*O pensamento selvagem*', a imagem se mantém modo de conceitualização ainda presente no pensamento racional. De maneira análoga, Ernst Cassirer via no mito uma modalidade de aplicação ao real das categorias do pensamento humano.

Diferenças de objeto e níveis de apreensão

O mito, quer seja cosmogônico, explicando a criação e a estrutura do mundo (gênese bíblica), ou etiológico e de fundação, justificando uma ordem das coisas (origem da morte, instalação de uma dinastia, estabelecimento de um povoado, desigualdade de castas, necessidade de excisão), quer atinja dimensões impressionantes como entre os dogon do Mali, quer se dê por fragmentos como a invenção da forja ou da cultura do fônio, ou, ainda, que se mostre sumamente distinto nas civilizações de pastores nueres ou tuaregues, nas civilizações de guerreiros romanos ou astecas, nas dos horticultores e pescadores das ilhas oceânicas, ele apenas paulatinamente se permite diferentes níveis de conhecimento iniciático (33 entre os peules da África ocidental, cinco entre os karadjeris do noroeste australiano), do conhecimento suave de fragmentos significativos para o neófito até o estágio superior de certos sábios que de maneira vigilante guardam o saber profundo.

Algumas leituras possíveis

Leitura psicanalítica

Como o sonho exprime a libido individual, o mito, como sonho de um povo, traduziria segundo Freud as transformações da libido coletiva através de incestos divinos, da revolta dos filhos contra os tabus do pai, da dramatização das apropriações e agressões ou do deslocamento das pulsões para um objeto secundário. Pelo encontro de dois determinismos – o da libido e o das situações sociais —, a psicanálise daria conta de duas determinações: de um lado a geração de mitos por forças internas; de outro, segundo W. Reich, a potência dinâmica da geração dos movimentos coletivos como o hitlerismo ou a Ku Klux Klan. A mitologia seria então um sistema de projeção e de adaptação imaginativa de nossas pulsões às situações sociais.

Sabe-se que Freud, segundo a leitura do Édipo Rei de Sófocles em 1897 (cf. *O nascimento da psicanálise*), nomeia "complexo de Édipo" a rede de sentimentos confusos que, na criança, caracteriza uma pulsão incestuosa. Sófocles faria apenas confirmar, pelo mito, a descoberta do inconsciente por Freud. Em seu livro *Na terra das fadas*, Bruno Bettelheim insiste na contribuição dos relatos para a construção da personalidade infantil: a feiticeira ou a madrasta são uma projeção inconsciente da mãe feia e punitiva, mas, para além do possível ciúme da mãe, a Branca de Neve é tranquilizada quanto ao vindouro florescimento de sua beleza e de sua sexualidade. De modo mais geral, é graças à narrativa que haveria aqui uma estruturação da imaginação e do comportamento.

Criticando essa hiperfocalização dos psicanalistas no Édipo, os historiadores da Grécia antiga Jean-Pierre Vernant e Pierre Vidal-Naquet mostram que o herói do mito não tem o menor complexo de Édipo. Ele se defende contra um desconhecido que o atacou, sendo por acaso que mata o pai, em relação ao qual não há animosidade. Se desposa Jocasta para aceder ao trono, ele o faz por sugestão de Creonte. Essa união não foi algo que ele cobiçou, e ele não conhece sua mãe.

O confronto dessas duas versões de psicanalistas e de historiadores com o dado por Lévi-Strauss não é desprovido de interesse, e tanto suscitou críticas quanto interpretações freudianas.

Sem contar que Malinowski também dá aqui sua contribuição, a partir dos trobriandeses de estrutura matrilinear. Entre eles não há oposição ao pai, mais ao tio materno, detentor da autoridade. Ora na adolescência o que se quer é ter autonomia, e não se opor àquele que recebe o amor da mãe. Quer-se também satisfazer sua crescente sexualidade hormonal; a irmã é o objeto de desejo mais próximo na Melanésia, como a mãe o é em outros lugares. De fato, essas pseudofixações não passam de evidências para todos: busca de liberdade e de experiências sexuais quando se é adolescente.

Leitura estruturalista

Lévi-Strauss situa a tragédia de Sófocles em um relato mais amplo, antes da fundação de Tebas, após o massacre de Etéocles e Polinice, irmãos de uma Antígona indignada por seu tio Creonte ter recusado as honras fúnebres a Polinice e lhes ter atribuído a Etéocles.

Sem ser o caso de contar essa longa história neste pequeno volume, teremos de nos dar por satisfeitos com o quadro que apresenta Lévi-Strauss (*Antropologia estrutural*, cap. XI) já submetido à classificação, tendo no ordenamento horizontal e linear do relato os mitemas (passagens contundentes) e encontrando na ordenação vertical relações de tipo análogo.

Do mito de Édipo resulta, pois, como ideia essencial a oposição entre a origem ctoniana do homem (série natureza) e sua origem familiar (série cultura), os dois elementos sendo tratados por seus polos positivo e negativo: o homem tem as imperfeições que se tem sobre a terra (col. 4), mas pode também se confrontar com poderes sobre-humanos (col. 3); a parentela está a um só tempo dilacerada com o assassinato do pai (col. 2) e envolvida com um incesto (col. 1).

Os mesmos historiadores Vernant e Vidal-Naquet, que criticaram Freud, repreenderam a Lévi-Strauss por ele usar de maneira indiscriminada as versões mais heteróclitas dos mitos e operar ele próprio, ao sabor de sua fantasia, a seleção nesse magma. Na *Odisseia*, Homero deixa Édipo no trono de Tebas até sua morte. Se Ésquilo e Sófocles fazem dele um cego e exilado, é que eles tratam por tragédia a ambiguidade do rei bode expiatório na Atenas do século V a.C., momento em que se afirma a democracia. Lá mesmo onde a epopeia cantava o herói, a tragédia reflete sobre a dificuldade de ser homem no seio de um grupo.

Coluna 1	Coluna 2	Coluna 3	Coluna 4
Cadmos busca sua irmã Europa, encantada por Zeus		Cadmos mata o dragão	Labdaco (pai de Laio)
	Os espartanos se exterminam mutuamente		
			Laio (pai de Édipo)
	Édipo mata o pai, Laio	Édipo imola a esfinge	= "desajeitado"
Édipo desposa Jocasta, sua mãe			
	Etéocles mata o filho, Polinice		Édipo
Antígona enterra Polinice, seu irmão, violando a interdição			

Alain Testart objeta também da seguinte forma: a relação de Édipo com a mãe deveria se classificar como parentesco superestimado ou deveras subestimado por tratar-se de uma falta de respeito para com a mãe e o pai? A transgressão incestuosa não estaria sendo superestimada por Lévi-Strauss, que não ressalta seu vínculo com a calamidade que ela engendra: a peste sobre Tebas?

Michel Meslin, historiador das religiões antigas, corrige Freud e Lévi-Strauss: "O mito de Édipo pode se reduzir a três regras simples: é preciso expor as crianças anormais; mas se elas sobrevivem nessa exposição à natureza selvagem, deverão ser respeitadas, pois são as escolhidas pelos deuses. Um jovem chefe deve saber competir e lutar para vencer o velho rei. Além disso, ele poderia escolher a mais bela mulher e comandar seus companheiros [...]. O homem, paralisado ante os interditos, pode eventualmente transgredir essa ordem de coisas pela mediação mítica. Homem, Édipo seria criminoso e deveria ser punido pela cidade; herói mítico, ele é apenas culpável. Sua grandeza está em ter voluntariamente ultrapassado toda dimensão humana, sendo ela que de certo modo o justifica". (Meslin, 1973, pp. 227-228). O relato grego indicaria apenas as provas de habilitação para o poder real mediante uma série de situações características da iniciação.

Mas o Édipo é apenas um exemplo. Só se poderá bem compreender Lévi-Strauss aprofundando-se no estudo de sua metodologia e sua obra.

Uma vez que em suas *Mitológicas* ele propõe uma análise estrutural de muitas centenas de mitos, Lévi-Strauss as vê menos como reflexos de culturas e de relações sociais e mais como modos de pensamento. Dado que o pensamento mítico se empenha em encontrar soluções imaginárias às contradições reais e insolúveis, uma vez que, para fazê-lo, os mitos transmitem a mesma mensagem com o auxílio de muitos códigos (culinário, acústico, cosmológico...), e considerando que em geral eles se diversificam em variantes, até o esgotamento de possibilidades lógicas de mediação de oposições, é possível:

- Ler, para além das imagens, os conceitos e suas oposições. Considerado metalinguagem, o mito é talhado em unidades que constituem eventos sucessivos, ou mitemas, que são elas próprias empiricamente classificadas para evidenciar conjuntos de relações e para buscar as oposições pertinentes constitutivas da estrutura do mito;

- Estudar variantes e mitos similares em outras culturas partindo do princípio de que os mitos são inteligíveis por si sós, que eles se esclarecem e se explicam uns aos outros, e o seu sentido é função da posição que eles ocupam em relação a outros mitos. Estudar-se-á os fenômenos de redundância (repetição das mesmas sequências), estrutura estratificada do mito (o conjunto das versões podendo se superpor), a constituição dos grupos de transformação (intervalos diferenciais, inversão) e a lei (relação canônica) dos grupos de transformação.

Na *História de Lynx*, por exemplo, mitos esparsos das Américas do Norte e do Sul apresentam Lynx, ancião velho e doente, rejuvenescido após ter gerado um filho com uma jovem, assim como o seu falso duplo e inimigo, o Coiote. Lynx e Coyote casam com duas irmãs. Sobre seus relatos, inserem-se as figuras cosmogônicas do vento e da névoa e se entrelaçam o bestiário, a cozinha, a meteorologia, a caça e a sexualidade. A partir desses materiais, Lévi-Strauss deslinda os fundamentos filosóficos e éticos do pensamento ameríndio, que tem por elemento invariante a distinção dicotômica aplicada ao modelo ideal da qualidade do ser gêmeo. Ocorre que as organizações de caráter dual realmente são desiguais. Para o ameríndio, esse desequilíbrio garante o bom andamento do universo posto em movimento pelos intervalos diferenciais.

Lévi-Strauss é alvo de críticas por seu hiperintelectualismo (busca por leis de combinação) e por seu redutivismo interpretativo – fazendo jus ao qual ele omite referir o mito aos costumes e às técnicas da sociedade elaborada ou transformada por ele. Sim, o mito pode refletir os elementos fundamentais da sociedade de origem, os comportamentos-tipo de fabricantes do mito, ou, ainda, as oposições entre desejos e condicionamentos – que podem ser provenientes tanto da natureza como da cultura. As variantes e oposições entre versões são trituradas por uma única hermenêutica que supervaloriza os mecanismos de funcionamento do pensamento, negligenciando sobremaneira o conteúdo desse pensamento e a parte de adesão de tipo religioso (posto de lado pelo agnosticismo do autor). No entanto, este bem demonstrou como os mitos circulam, como são adaptados e adotados, como evoluem e morrem.

Leitura funcional

Por que os mitos? Se sua presença é tão generalizada, suas funções devem ser essenciais. Porém, só mesmo os funcionalistas como Malinowski para expor as funções do mito.

- Função psicológica
(ultrapassar contradições sublimando-as)

A razão suficiente do mito poderia residir em suas superdeterminações psicológicas: projeção de conflitos e resolução fantasmática na linguagem da afabulação e da fantasia. A esse respeito, pode ser o caso de distinguir na mitologia dois níveis: o das situações representativas de conflitos psicológicos e o dos heróis aos quais se confia o cuidado de transgredir o tabu que nos paralisa. Então, o herói se apresenta como aquele que encontra uma saída para as situações dramáticas, cristalizadoras de virtualidade psicológicas. Essa concepção do mito, modelo lógico para resolver uma contradição, Lévi-Strauss a sustenta da mesma forma que Freud. Os teólogos, também implicitamente: Deus é bom, mas a morte e o mal existem no mundo. Ah! Existe a serpente e o pecado original! Pois eis que é chegado um messias, e sua morte nos salvou, garantindo uma ressurreição à sua imagem.

- Função cognitiva
(dar um sentido à ordem existente com o intuito de formalização)

Extraindo seus materiais das imagens, das lembranças coletivas e dos sonhos, o mito a um só tempo incita uma anamnese (rememoração do passado) e a uma exegese (interpretação esclarecedora, eventualmente circunstancial). É fato que ele inclui uma reflexão atual sobre o ambiente cósmico, sobre o sentido da existência como participação do homem em um universo ordenado do qual importa respeitar as regras, sobretudo a da solidariedade social sacralizada pelo chamamento da origem das instituições. Certo, o mito não proporciona uma imagem objetiva do mundo, mas pelo menos ele explica a maneira pela qual o homem, no seio de uma religião, compreende-se em seu mundo e confere um significado à ação quotidiana.

- Função pedagógica
(proporcionar princípios e exemplos moralizantes)

Enquanto estrutura de existência reguladora do quotidiano (Deus fez o mundo em seis dias e descansou no sétimo: daí o *shabbat*, ou o domingo), o mito propõe um modelo a seguir em função de uma realidade superior e transcendente carregada de potencialidades. Ele indica regras de comportamento a se reproduzir ou evitar. É a um só tempo um ideal e um formulário exemplar de conduta. Ainda que toda uma série de mitos não comportem receitas práticas, salvo interditos sexuais e alimentares, eles supõem, no entanto, uma deontologia moral e técnica, uma vez que no gesto dos deuses, ancestrais longínquos e heróis civilizadores eles fornecem exemplos que guiam o vivido, ou arquétipos (imagens primordiais de carga energética segundo Carl G. Jung) que explicam o motivo pelo qual as coisas são como são. Tornam a se traduzir também nas liturgias que os vivificam e os tornam simbolicamente operatórios (iniciação africana, sacrifício da missa e comunhão).

- Função sociopolítica
(legitimar os poderes e a organização social)

Enquanto Malinowski vê no mito a carta ética de uma coletividade, Georges Balandier ressalta haver aí o fundamento da imposição condicionante das hierarquias e do poder. Toda uma série de mitos cosmogônicos vem responder à questão: quem são os mais poderosos (deus ou anjo, homem ou animal)? Muitos são os mitos etiológicos que legitimam a ordem de soberania, o mundo do começo (*archaï* como em arcaico) sendo também o mundo do governo (*archaï* como na monarquia, poliarquia).

Em suma, se o mito expressa de maneira disfarçada os conflitos do inconsciente, ele apazigua também a angústia do desconhecido.

Manifesta-se os arquétipos e símbolos primordiais, ajuda o indivíduo a melhor viver seguindo exemplos e máximas. Uma vez que ele produz a inteligência de uma mensagem sobre o mundo, sobre a vida e a morte, e uma vez que ele supõe a adesão à palavra ouvida, ele exprime simultaneamente o saber e o crer das sociedades orais. Entretanto, quem não tenta escapar às normas por reinterpretações e colagens de mito, por jogos de linguagem e desvios de comportamento? Mesmo as sociedades tradicionais, muitas vezes empíricas, nem sempre se deixam enredar por seus modelos míticos.

Leitura etnológica

A antropologia tenta múltiplas leituras do mito. Por exemplo:

- *No plano narrativo*: como se organiza o texto (estrutura do relato, recorte das partes, forma literária, variantes)? Qual a dimensão do relato e seu lugar em um *corpus* mais global? Segundo quais condições de enunciação se narra o mito: hora, local, identidade e talento do narrador?

- *No plano cognitivo*: o que o mito revela quanto às estruturas profundas do pensamento? Em que circunstâncias é aprendido, é desvelado, reproduzido em função de objetivos litúrgicos, lúdicos, educativos? Na maioria das vezes ele é conhecido por fragmentos e revelado por graus de iniciação. Como lhe restituir em uma cultura, em uma lógica interpretativa, em uma história?

- *No plano simbólico*: que significações revestem as imagens, as correspondências, as parábolas - por exemplo, quanto às atividades quotidianas, ao modo de produção, às condições de vida e às modalidades da organização social? Sal, sangue, saliva são frequentes vezes tomados como símbolos equivalentes de vida;

- *No plano religioso*: a quais divindades remetem o mito, e o que ele diz a respeito? O que ele releva quanto àsideias-forças da cosmologia e às relações do homem com o sagrado? Como ele justifica os interditos?

- *No plano sociocultural*: como funciona o mito enquanto explicação da constituição de uma sociedade? Qual o sentido de tal ou qual instituição, qual a razão de ser de um festejo, de um rito? A que correspondem as prerrogativas de tal sexo, família, faixa etária, casta?

De onde o poder extrai sua legitimidade? O que sustenta o sistema de valores próprio a um grupo (sanção dos espíritos e dos ancestrais)? De que modo, através do mito, a sociedade tenta resolver essas contradições?

O mito dogon da criação do mundo

"Na origem de toda criação encontra-se o deus supremo que habita as regiões celestes, Amma. O relato da criação do mundo comporta muitas versões — eis aqui a mais simples: Amma criou a Terra e dela fez sua esposa. Por ocasião de suas primeiras relações, o clitóris da Terra, representado por um termitário, alçou-se à condição de rival do sexo masculino. Amma abateu o termitário da Terra, que, excidido, tornou-se dócil a seu mestre. Nasceu um filho, Yuguru, raposa pálida. Amma de novo se aproximou da esposa, e a chuva, semente divina, fecundou a Terra, que deu à luz a gêmeos, os Nommo, um menino e a outra menina, que representam o casal ideal. Eles tinham as articulações lisas e um corpo flexível, coberto de pelos verdes, anúncio das vegetações futuras.

Yuguru, por sua vez, era uma criatura única, portanto infecunda, e seu nascimento introduzia a desordem na Criação (essa imperfeição era o resgate das dificuldades reencontradas por Amma junto de seu esposo ainda sem estar excisada). No entanto, Yuguru desejava uma companhia. Ou Nommo (pode-se empregar a palavra no singular ou no plural, pois o casal de gêmeos também é considerado uma entidade única). Então Nommo tinha vestido a mãe, nua, com uma saia de fibras vermelhas, e sua palavra úmida impregnara as tranças úmidas em que ele se empenhara. Yuguru aproveitou-se da saia de fibras e cometeu o primeiro incesto. Dessa união nasceram os gênios Yeban, que vivem no mundo da savana, e os gênios Andoumboulou, que são os filhos de Yéban. O gesto incestuoso de Yuguru se fez seguir à aparição do primeiro sangue menstrual, que lhe deu o conhecimento da primeira palavra, rústica tal como a saia, porém eficaz."

Viviana Pâques, "Les mythes de l'Afrique de l'Ouest", in André Akoun (ed.), *Mythes et croyances du monde entier*, Paris, Lidis-Brepols, 1985, t. 3, p. 87.

Para resumir as pesquisas de Griaule, esse mito justifica a excisão. Ele enuncia como se instaura uma distância mínima para se evitar o encontro do mesmo com o mesmo. Amma (a denominação pode ser influenciada pela de Alá) deve abater o termitário, clitóris da terra, antes de se unir a ela. Essa cosmogonia apresenta dicotomias fundamentais: céu/terra, homem/mulher, mal (Yuguru)/ bem (Nommo), desordem/ordem, infecundidade/fecundidade. Ela estabelece as relações entre sobrenatureza e natureza: o deus do céu copula com a terra, sua criatura, mas estabelece a ordem, uma vez que ele quebra a terra seca para favorecer a terra úmida, produtora de vegetação e de fertilidade. É onde podem ser lidas as figuras primordiais: a androginia inicial da Terra, a condição gêmea de Nommo macho e fêmea, as proibições essenciais: o incesto de Yuguru com sua mãe explica o mal representado pelos maus gênios da savana. Mas o homem é dominante porque o verbo masculino tece a palavra, como lançadeira da comunicação, submetendo a mulher cujo desejo pudicamente se oculta sob uma saia tecida.

A temporalidade dos mitos

Aspecto histórico

O mito conta uma história sagrada, e eventualmente remete a uma história real, que em suas transformações suporta os acasos da história vivida. Enquanto relato fundador, frequentes vezes o mito faz referência ao tempo meta-histórico do começo. "No início", "faz muito tempo", "naquela época", "era uma vez" são expressões que deslocam o relato metafórico da realidade atual e permitem engendrar a adesão, mesmo sabendo-se que atualmente um Júpiter não se metamorfosearia em cigana e não poderia engravidar a Leda, assim como um espírito, fosse ele sano ou santo, não poderia fecundar uma virgem Maria.

O mito tritura a história também de outro modo, rebaixando para o mesmo plano os pavimentos diferentes do universo: humano, animal, vegetal (nos totemismos australianos) e mostrando que escândalos lógicos, físicos ou morais (contradições com as leis da natureza ou da sociedade) podem ser tratados ou reduzidos num universo de exceção: androginia, incesto original, morte de um deus. A história fantasiada é como uma rejeição do impossível nas profundezas do imemorial.

No entanto, o historiador que examina o livro do Êxodo, a *Ilíada* ou a *Eneida*, é incitado a se perguntar se lenda e realidade não coincidiriam em alguns pontos. A hipótese de uma realidade subjacente à ficção fez com que, na Alemanha, Heinrich Schliemann descobrisse os vestígios de Troia na colina de Hissarlik, na Turquia, de 1870 a 1873, e na sequência as subestruturas das muralhas, dos palácios e tumbas reais de Micenas (1876), Ítaca (1878) e Tirinto (1884-85). Mesmo povoada de deuses e heróis, a tradição épica pode exprimir uma realidade. O estabelecimento de Eneias no Lácio, após ter fugido por mar de uma Troia em chamas, provavelmente só dependerá da imaginação de Virgílio, que poetizou o relato.

Acontecimentos históricos também geram, eventualmente, como observa Malinowski a propósito das ilhas Trobriand, uma manipulação dos mitos para justificar uma nova situação. A certa altura, o clã Lukuba, que outrora era dominante, tendo por totem o cão, foi subjugado pelo clã Malasi, representado pelo porco. Explica-se também a nova ordem social pelo emergir, no seio da terra, de um cão e de um porco, e por uma competição entre esses animais na busca de alimento. O cão, tendo consumido um animal tabu, foi desprezado pelo porco. Assim são doravante fixadas as relações entre dois clãs rivais identificados a seu totem. Então, após a crítica das fontes, é do interesse do pesquisador buscar no mito documentos ou testemunhos de época, elementos que digam respeito a acontecimentos fundadores, as migrações de um povo, as transformações de seus contatos. Para Edmund Leach, o mito é o precipitado de uma tradição história e não um eterno presente fora da história.

Mas se o mito como lenda pode ter uma ancoragem histórica, como diferenciá-los? Pode-se aqui referir a:

- Natureza de ficção: o mito sagrado se apresenta como metafórico e transistórico, a lenda profana como um construto mais ou menos inventado, mesmo se se tomar por pretexto um acontecimento ou um personagem desconhecido;

- Função: revelação carregada de potência para o mito justificando costumes, instrução e distração para a lenda;

- Forma: esotérica e iniciática no mito, popular na significação e na transmissão da lenda;

- Característica da crença: firme e de forte valência afetiva para o mito, mas de pouca credibilidade para a lenda. (cf. Victor Hugo, *La Légende des siécles*).

Aspecto dinamista

A análise histórica nos leva a fazer perguntas às quais o historiador certamente não poderá responder pela remissão a fatos precisos, que devem interessar, sobretudo, ao sociólogo e ao etnólogo. Como nascem os mitos? São produtos coletivos ou individuais? Segundo quais processos eles são gerados? Como evoluem e se diversificam seu conteúdo e suas interpretações segundo os grupos e o momento da história? Pode-se explicar a desfuncionalização e a dessacralização que afetam os mitos religiosos enquanto as sociedades não cessam, sob diferentes formas, de exaltar sua potência mitopoética?

Salta aos olhos o caráter ilusório das suposições de Friedrich Creuzer sobre a anterioridade do símbolo em relação ao mito, e do mito gráfico em relação ao mito relatado. Que o mito organiza símbolos sintaticamente, que ele se assemelhe às experiências oníricas, que por vezes esteja ligado a dramas sacros, isso não justifica as generalizações nem de Müller nem de Tylor, nem de Frazer. E a chave mestra dos difusionistas da escola heliocêntrica abriu apenas algumas portas. Pelo contrário, conhece-se a parte de Ovídio em seus improvisos de antiquário relativamente às *Metamorfoses* dos deuses, a parte de Píndaro na justificação do culto a Hélio em Rodes, e a de Callimaque, para explicar que uma mecha da cavalaria de Berenice se transformou em constelação (*Coma Berenices*). O mito é sempre uma invenção de uma ou mais pessoas (clérigo, sacerdote) tendo como base todo um amparo de crenças e de um meio natural que confere forma e significado às imagens e símbolos utilizados no relato, o qual, em seguida, passa por transposições em versos, adjunções, omissões, supressões, fusões de episódios, enquanto a organização social modela as figuras míticas: a realeza do Marduque babilônio e do Yavé judeu, a deusa-mãe de sociedades matrilineares, a cópula (por ocasião de eclipses) do sol e da lua que são marido e mulher nos algonquins, oposição do bom Aúra-Masda e do mau Ahriman na religião persa do Zoroastro. A cada qual também seu ofício e seu setor de habilitação. Entre os tongas da Polinésia, o deus encarregado da tatuagem não se envolve na construção das barcas, e o dos salteadores difere do dos comerciantes.

Entre os processos de gênese e de transformação dos mitos, podemos distinguir os seguintes:

- Associação: a água de vida trazida pelos brancos, os indígenas a chamam *fire-water* (água de fogo). Mitos elaborados sobre a origem do álcool passam a compor o quadro sobre a origem do fogo: um pássaro o teria trazido aos homens;

- Indução: as famosas muralhas ciclopianas de Micenas fizeram crer aos gregos que seus ancestrais tinham sido gigantes;

- Remodelagem temporal: existe a tendência de reduzir um processo lento em um acontecimento breve (ruína repentina da misteriosa Atlântida) ou a amplificar e generalizar os cataclismas locais (o dilúvio das tradições mesopotâmica e chinesa, erupção generalizada nas zonas vulcânicas da América do Sul);

- Influências iconográficas: as figuras feias de Górgona, inicialmente destinadas a aniquilar o mau olhado, deram origem ao mito da Medusa. A configuração de uma pedra faz pensar que a mulher de Ló havia sido transformada em estátua de sal ao fugir de Sodoma;

- Moralização: adendo tardio ao Gênesis na interpretação "sexual" da queda de Adão: "Seus olhos se abriram e viram que estavam nus, e, tendo costurado folhas de figueira, fizeram-se cinturões". Há sempre sacerdotes para expurgar os mitos do Zeus incestuoso em múltiplas camas ou do Odin raptor de filhas;

- Intercâmbios interculturais entre mitos de caçadores e de agricultores, entre mitos de dominadores e de dominados (Grécia, Roma, Oriente Médio): O mito indiano das agitações de um grande peixe que provocaria tremores de terra é emigrado do Japão. E, segundo Lévi-Strauss, o mito pawnee do moço grávido teria sido tomado de empréstimo dos vizinhos *hidatsa* e *blackfoot*, que o inseriram em seus ritos, ao passo que tais ritos em correspondência aos mitos não existem entre os *pawnee*. Essas migrações têm por consequência deformações do mito original, inversões de elementos de sedimentações com, eventualmente, fusão de dois mitos em um só;

- Simplificação poética: o trabalho dos contadores e transmissores consiste em eliminar divindades pouco conhecidas ou caídas em desuso, consiste em transpor para modernizar, em precisar ações e seus motivos para aí fazer entrar uma lógica rigorosa, consiste em estabelecer relações entre fatos míticos isolados, em construir ciclos (Homero organiza o mundo dos olímpios), em precisar a fisionomia de uma potência sobrenatural (adjunção pelos salmistas de um toque de grandiosidade ao Yavé taumaturgo dos livros históricos e proféticos);

- Perenidade de estruturas: comparando as numerosas variantes do mito ameríndio de Dog-Rib, Franz Boas interpreta como constante a seguinte sequência: cópula entre uma mulher e um cão, dar à luz a cãezinhos, expulsão da mulher por sua tribo, reencontro casual e imprevisto desta com os cãezinhos, revestimento com uma pele de cão pela mulher, metamorfose de cães em crianças, procriação de outras gerações, de onde sairia uma tribo indígena.

Como mostra George Dumézil, o índio védico, o édico escandinavo e a Roma clássica revelam, através dos agrupamentos de deuses e sua hierarquia, uma mesma estrutura original tripartite com classificação das funções. No cume da ordem sacerdotal, sábios, administradores e sacerdotes (Mitra, Odin e Júpiter), secundados pelos guerreiros dispondo da força (Indra, Tor, Marte), encontrando-se no ponto mais baixo da escala os produtores fecundos (gêmeos Nasatya, irmão e irmã Frey e Freya, Flora e Lares).

Havendo uma criação ou revivescência de mitos, mesmo no mundo moderno, existe também um processo inverso de obsolescência por desconexão entre o mito e a realidade social, desvitalização religiosa e usura de crenças, reinterpretações metafísicas ou científicas, perda de memória dos mitos orais da tribo por falta de transmissores. Como observa Alfred Sauvy, existem muitos mitos modernos que na verdade não passam de estados temporários de opinião.

Mitos modernos no cerne da ideologia

O exame dos mitos modernos confirma que houve transferência do religioso para o profano, com reorientação em razão da época:

- Os mitos revolucionários e de descontinuidade temporal predominam em relação aos mitos cosmogônicos e de continuidade histórica. Assim é com relação à descolonização, com o desenvolvimento, com a democracia ou com a greve geral, mas eles dizem coisa bem diferente do ato fundador: independência, *take-off*, instauração de um novo regime, advento de uma instituição desejada?

- Os mitos modernos proclamam o fundamento de um poder social: povo, nação, lei em 1790, construção do Estado no terceiro mundo descolonizado, estabelecimento do socialismo na União Soviética, que não seja o fundamento de uma ordem divina ou natural. Quanto ao poder da ciência, não estaria se mitificando na arte divinatória dos biorritmos e na espera dos extraterrestres?

- O mito moderno toma como suporte de enunciação não a narração épica, mas as mídias atuais: cinema, quadrinhos, ficção científica, computador — através de imagens e textos que remetem a sistemas de reconhecimento codificados. A leitura do receptor em geral difere, segundo as classes, saberes e opções do sentido que lhe foi posto pelo emissor. É inerente ao mito trazer a conotação de uma mensagem parasita;

- O mito moderno não raras vezes se funde num discurso abstrato e mobiliza por uma inflação de linguagem (a economia liberal) e de imagens (a apoteose do Grand Soir[1]). Um Dioniso telemático incita ao *frisson* por minitel, enquanto pequenos deuses do infortúnio, como o herpes e a AIDS, brincam com os apolos;

- Para valorizar um herói mais coletivo, que pode ser o povo, o proletariado ou a nação eleita, os mitos modernos eventualmente enunciam a ação decisiva de um salvador, podendo ser *ein Führer*, Lenin, Washington, De Gaulle, e fazem referência a um panteão de grandes homens nas sociedades que se afirmam, em geral, laicas. Respondendo a um apelo das massas para uma saúde individual, o ator-star se torna ídolo. Juventude, amor, beleza se concretizam em Marilyn Monroe ou em James Dean, em Madonna ou Michael Jackson, que desencadeiam um processo de identificação ao modelo;

- Em relação aos mitos religiosos, os mitos modernos parecem mais efêmeros e fragmentados porque manipulados por facções que querem garantir seu poder e se eliminar umas às outras (Mirabeau, Danton, Marat), ou então só conquistam audiência pela atualidade midiática, comportando uma rápida amnésia em relação ao acontecimento de anteontem;

- Idílio e utopia, enraizados em nossas aspirações à felicidade, atuam como motores de mitogênese. Contra a angústia e o

---

[1] **Le Grand Soir** é uma noção que define a ruptura revolucionária, onde tudo é possível. Trata-se uma noção compartilhada por comunidades marxistas e anarquistas. Ela designa o aniquilamento do poder precedente e a instauração de uma sociedade nova. É utilizada pela maior parte das organizações revolucionárias. Herdeira da cultura cristã, é uma noção visivelmente derivada do Apocalipse.

medo: a segurança da Icária de Cabet. Contra a miséria e a destituição: o Eldorado americano ou o País de Cocagne das revistas de Estado. Contra a propriedade e o roubo: a redistribuição das terras e o *kolkhoze*;

- Ao invés de moldar o presente nas categorias do passado, os mitos políticos atuais trituram o presente conflituoso para substituí-lo por um futuro ordenado e afortunado mediante a projeção da felicidade no fim da história, enquanto o presente quotidiano procura se mitificar no hedonismo, legível na escolha dos produtos naturais, na busca do prazer dos sentidos, na glorificação do fútil das aparências e na epifania do eu;

- Do ponto de vista formal, o mito se exprime, sobretudo, por aforismos, *slogans*, romances e produtos de ficção científica liberados das normas sensoriais (as leis gravitacionais são um exemplo) e do *continuum* espácio-temporal (telequinese inédita e inexplorada), mesmo se tratando de consumações obsolescentes filtradas pelos grupos de pressão e por nossas interpretações pessoais a partir de fragmentos de informações agenciadas segundo nossas aspirações.

Portanto, na modernidade se lê um processo de ideologização incorporadora de mitos: o mito da ciência, substituto da revelação, o mito da transcendência dos poderes, o mito do indivíduo como exaltação reacional e reciclagem de uma subjetividade durante muito tempo esmagada pelas exigências do superego, o mito da mudança perpétua, paródia da revolução, o mito da imortalidade, que sustenta as experiências de criogenização de cadáveres. A literatura clássica e romântica tinha preferido criar grandes figuras: Orfeu e Édipo, Don Juan e Fausto.

Ainda que o mito moderno apareça como simples efabulação sem grande relato fundador nem rito codificado, — e isso o diferencia do retrato-robô dos antropólogos — resta a ele a metáfora e o símbolo, a ambiguidade do sentido, o apelo ao sentimento, ao desejo, ao imaginário, e à esperança vivida. Se o mito admite contrafações na ideologia, isso não significa que sua era esteja terminada

Mitos e logos

Ao imaginário arcaico que se exerce no *mythos* (relato imaginado), o século XIX opôs as garantias da razão presente no *logos* identificado ao saber moderno. Como é vulnerável essa dicotomia radical! Na verdade, o mito comporta uma parte do *logos*, por sua enunciação verbal, pela ordem que ele define no cosmos e pela lógica que estabelece explicando as consequências atuais em função dos antecedentes originais. Inversamente, existe uma parte de *mythos* no *logos*. Sabe-se como o nosso "pensamento selvagem" traz a nossos conceitos uma mescla de imagens e de afetos, a ponto de muitas ideias que exprimem relações serem carregadas de conotações substancialistas. Além disso, é fato notório o modo como se hipervaloriza a ciência, atribuindo-se a ela confiança absoluta não obstante seus limites, já que dela nos servimos para elaborar e reelaborar ficções.

Da substituição do mito técnico pelo mito étnico, da alegoria da parelha alada ou da caverna no Platão do *Fedro* e da *República* até as hermenêuticas prudentes das sete pragas do Egito pelos teólogos católicos, não se deve se apressar em concluir a morte dos mitos. Mais mito, mais esperança!

Capítulo 5

As crenças religiosas: formas e conteúdos

Examinando aqui a crença, e não apenas no que diz respeito aos mitos, nós deliberadamente esvaziamos o seu sentido usual de opinião ("acho que ele não está com fome") para ressaltar o aspecto de fé, ou seja, de atitude mental de assentimento que acompanha uma convicção íntima. O objeto da crença é o que se toma por verdadeiro sem dele se ter prova absoluta. É um crédito atribuído a um conteúdo do pensado. Mesmo o mais agnóstico dos indivíduos crê, à medida que adere a certas proposições não demonstradas.

O fenômeno do crer

A convicção íntima

Segundo Kant, em comparação com a ciência objetivamente suficiente, a fé é apenas subjetivamente suficiente. É admirar as nuanças que há entre a atitude de credulidade, a presunção de verdade, a adesão a um além do sensível, o *credo* como formulação dos artigos maiores de uma fé religiosa e a decifração da realidade como história santa. Mesmo nesse último caso, pode-se ter versões mais quentes que outras, por exemplo, entre os pietistas da Alemanha, entre os metodistas da Inglaterra ou entre os pregadores de missões populares na França e na Espanha.

A fé, que não é posta em questão nas pequenas sociedades tradicionais, só vem a ser um problema à medida que muitos sistemas possíveis se afrontam, à medida que uma miríade de fiéis diversos propõe suas versões do fato religioso, sem contar as interpretação dos especialistas.

Max Weber não crê com os crentes, mas pensa a crença como dotada de valor, e a religião, de legitimidade antropológica. Rudolf Otto e Mircea Eliade dão crédito à realidade do religioso e à experiência psicológica da transcendência. K. Kérényi observa como a teologia é permeada por uma desmitização, já que ela transforma imagens em concepções e purifica escórias. O relato mítico, que tende a se fazer passar por moeda corrente, corre o risco de fazer crer na verdade da imagem em detrimento do que ela representa.

Ato de crer e objeto do crer

"Além de não haver religião sem sociedade, não há sociedade sem religião: uma sociedade de ateus seria indubitavelmente uma sociedade sem deus (x), mas não se segue daí que ela seria sem religião nem crença.

Então é o caso de separar claramente o ato de crer e o objeto de crer, e recusar a tentação, que é uma constante no pensamento corrente, de tornar um indissociável do outro. Sem dúvida porque a palavra 'crença' pode significar tanto uma atitude com relação a uma proposição dada como o conteúdo dessa proposição, imagina-se que o objeto da fé constitui o apoio da crença. Eis o motivo pelo qual, por exemplo, os missionários, ao queimar os fetiches, persuadiam-se de, ao mesmo tempo, estar aniquilando a 'superstição'. Se o conteúdo da crença é denunciado como ilusão, imagina-se ter suprimido o fenômeno religioso. Não é o caso. É preciso então reverter o raciocínio e fazer da 'crença' não o objeto do crer (um dogma, um programa etc.), mas o investimento dos sujeitos em uma proposição, o ato de enunciá-la tendo-a por verdadeira — em outras palavras, uma 'modalidade' da afirmação, e não seu conteúdo (M. de Certeau). Assim, a existência do fato religioso pode ser posta em evidência independentemente de todo reconhecimento, pela sociedade, de um objeto da crença, que se apresentaria sob a forma de um ou de muitos deuses, de um mito ou de qualquer garante metassocial. 'A hipótese durkheimiana apresenta então um interesse eminentemente heurístico. Ela convida a explorar a ideia do sagrado e a de seu princípio unificador como uma experiência humana de base, como uma experiência transistórica, que é anterior, contemporânea e posterior ao desenvolvimento da ideia de Deus. Ela convida a examinar a metamorfose e a persistência das coisas sagradas em todas as culturas, politeístas, monistas, panteístas, materialistas e outras, no Oriente e no Ocidente, entre os povos arcaicos, nas civilizações tradicionais e, *last but not least*, no seio da modernidade' (Pradés).

Aliás, mesmo nas sociedades consideradas 'explicitamente religiosas', o conteúdo do que se crê determina menos as práticas sociais que o fato mesmo de crer."

Marie-Dominique Perrot, Gilbert Rist, Fabrizio Sabelli,
La Mythologie programmée.

É peculiar à crença tomar um julgamento de valor por um julgamento de fato. Para o antropólogo, a crença é um fato, mas seu objeto é, em ampla medida, pertencente ao imaginário. Em outras palavras, a crença produz o objeto sobre o qual se funda. Ela se conforta com um revestimento lógico fatual e pelo fato de ser partilhada. E quanto a provas: sua verificação parece ganhar peso na proporção do número de aderentes; ela se torna mais visível a partir dos símbolos que engendra: figuras, estátuas, totens, objetos de culto, gestos rituais; parece se justificar por curas, milagres, fatos excepcionais atribuídos a um poder divino.

Com o intuito de resumir nosso pensamento, procedamos por aforismos:

- A crença é cega quanto a ela mesma, e imagina referir-se a fatos;

- Atributos imaginários são imputados aos objetos como se realmente pertencessem a eles;

- As cosmogonias são o relato de um acontecimento que ninguém testemunhou;

- Sacralizar é materializar o religioso, identificar o objeto da crença a uma realidade concreta: nomear um bispo, consagrar uma hóstia, sacralizar um lugar;

- Pode-se pensar uma coisa no nível consciente e saber que ela é falsa no nível inconsciente;

- A medida da prática religiosa realizada por sociólogos do cristianismo é apenas um instrumento muito aproximativo da solidez das crenças (investigação de Gabriel Le Bras, do cônego Boulard e sua equipe).

As variações da crença

Para o antropólogo e para o sociólogo moderno, a questão fundamental é a das relações entre crenças, comportamentos e estruturas sociais. Entretanto, nem um nem outro toma as crenças como reflexo dos interesses, bastante variáveis dos grupos, tampouco como produtos determinados pela organização social. Algumas vezes as crenças se enfraquecem ante conflitos de interesse; outras vezes elas são decisivas em uma revolução religiosa ou em uma efervescência ideológica; em outros momentos, elas obrigatoriamente devem se confrontar com dados objetivos, após a produção de dissonância cognitiva (Leo Festinger). O melhor é considerá-las como uma racionalidade subjetiva relativa a uma situação histórico-cultural particular, com o mito sendo considerado uma história verdadeira, e os contos, fábulas e lendas como uma história falsa, porém instrutiva.

Quando Paul Veyne se pergunta com ceticismo se os gregos acreditavam nos mitos, ele se interroga sobre a flexibilidade do crer e sobre o caráter equívoco da apreciação trazida sobre os mitos (verdade, alegoria ou sentido figurado). Existe pluralidade de modos de crença e pluralidade de critérios de verdade. A mitologia do socialismo é tão irracional quanto a do direito natural ou a do bom selvagem.

É frequente o investigador etnólogo, ao reagrupar a informação, cometer o erro de impor à realidade a obrigação de coerência e de não considerar devidamente o uso puramente retórico da mitologia. Antes de se impor o método histórico-crítico desenvolvido do século XVII ao XIX, o crer cristão subsume sem distinção o apego a uma pessoa considerada como Deus, a adesão a uma palavra inspirada por Deus e a interpretação eclesial da palavra divina.

Doravante passa a haver um divórcio entre fé cristã e razão histórica, crença religiosa e racionalidade científica, bem como uma fragmentação do crer, por exemplo, entre crença científica, política e religiosa. Mesmo as crenças religiosas se fragmentam quando se adota, por exemplo, a existência de deus sem aceitar o dogma trinitário, a imaculada concepção ou as consequências do, por assim dizer, pecado original. O agnosticismo contemporâneo se apresenta mais como uma pluralização do crer, como a ideologia do povo, da pátria ou do progresso ou do progresso substituindo-se — e aqui se tem o que Raymond Aron chama de "religiões seculares" — às religiões de saúde fundadas na transcendência divina. Alia-se a certeza do coração à satisfação com a razão! No sincretismo místico-científico, o acesso ao transcendente, interpretado como transcendência do homem por si mesmo, se orienta em direção ao desenvolvimento pessoal do potencial humano, em direção à bioenergia ou à terapia primitiva, pelo malagaxe verbal de teses filosóficas, de pesquisas científicas e convicções místicas, afetivas e emocionais bastante efêmeras. A necessidade de crer se atualiza também nos registros múltiplos: satisfações substitutivas, êxtases e transes, sublimações estéticas, idealizações, embriaguezes sagradas, fugas e buscas de experiências xamanísticas.

Por ora, limitemo-nos às religiões. Em todas elas, as crenças têm dois objetos: por um lado o que Le Bras chama "demografia do além" (espíritos, gênios, deuses); por outro, as representações da pessoa e de seus poderes (alma, duplo, sombra, espírito), que serão examinadas em seguida.

O conteúdo transcendente das crenças religiosas

Os deuses e o poder

A religião recorre a seres imortais, invisíveis ao homem, dos quais supostamente dependem os acontecimentos e os seres terrestres. Os monoteísmos, que concebem Deus como autor pessoal do cosmos, fonte de toda a vida, sentido último da história, se diferenciam dos politeísmos à medida que projetam no transcendente algum ideal, paixão ou necessidade do homem. Pode-se a bel prazer adotar ou abandonar deuses e ritos sem deixar sua religião nem seus comportamentos éticos. Para L. Feuerbach, toda teologia é uma antropologia dissimulada (*A essência do cristianismo*, 1841), e Pascal Boyer intitula *Et l'homme crea les dieux* a sua obra respeitável sobre a explicação da religião (Paris, Laffont, 2001).

Na África, podem existir deuses para cada clã. As divindades cujos mitos relatam as lutas e as uniões são frequentemente hierarquizadas e posicionadas sob a autoridade de um Deus supremo, do estilo do Zeus grego (*Nyambé* douala, *Imana* tutsi, *Wuro* bobo), ou de um deus que se afastou do mundo (porque, segundo os ewê, *Mawu* estava agastado — ele que habitava um céu recobrindo a terra como a cobertura de uma calabaça — de ser percutido pelo pilão das mulheres que reduziam a farinha os seus cereais).

Elaborado por nossa atividade simbólica, a transcendência é a imagem projetada de nosso desejo de potência e de confissão de nossa impotência. O deus, os deuses, são antes de qualquer coisa o poder, valor essencial e atributo da divindade, que simbolizam, por exemplo, a ira de Zeus, o tridente de Poseidon, a bigorna e o martelo de Hefaisto, a foice de Cronos, o capacete e as armas de Ares. Sem poder um deus não é nada. Sabem-no os africanos, dos quais Placido Tempels diz que privilegiam a ideia de força sobre a de ser.

Ainda que o pensamento chinês não se refira a uma potência criadora e ordenadora que será a providência do mundo, ele supõe a energia criadora e os princípios reguladores inscritos no universo, o que está mais para ritual do que para mitologia; os deuses não dirigem o mundo que se governa por si só, mas são funcionários de uma colossal administração à imagem da burocracia chinesa.

Nos monoteísmos judaicos, cristãos e muçulmanos, que não são nascidos de uma redução no número de deuses, mas da ideia de exigência ciumenta de um deus por povo ou seus fiéis, o Deus único é aquele da lei e da graça, todo poderoso e misericordioso (até mesmo a misericórdia é questão de poder), reagindo ao ato de piedade da pessoa. Os deuses tornam de fato ser possível a passagem da força biológica à legitimidade da ordem social, cujo aparelho político e eclesial se quer garante.

Temas míticos

Inerente ao poder divino é fazer qualquer coisa. E, além disso, os deuses em ação estão nos principais temas míticos a seguir:

- A origem dos deuses. A *Teogonia* de Hesíodo (século VII a.C.) conta a genealogia dos deuses e o advento do reino de Deus;

- A criação do mundo. Segundo a Bíblia, a partir do caos, magma inicial da geração espontânea, energia em potência de uma matéria inerte, tem lugar o movimento original. Os seres e as coisas emanam do querer do artista divino. Porém, muitas religiões não têm nenhum mito de gênese generalizada do mundo;

- A geração do espaço e do tempo: deuses guardiões das águas (ninfas gregas), deusa guardiã dos bosques (Alseíde), das montanhas (Oréades), grandes luminares reguladores de calendários (sol, lua, estrelas);

- A aparição dos homens e das mulheres sobre a terra: seja como Adão e Eva, por criação a partir do barro remetendo à experiência do nascimento como saído de uma cloaca, seja emergindo de uma cavidade do sol, de um termitário, de um pântano da floresta, ou descendo do céu por uma corda;

- A origem da morte, vinda ao mundo como punição por uma falta, ou com bem mais frequência na África como resultado de uma competição pela transmissão de uma mensagem: o Mawu ewê dá ao cão fiel a mensagem da vida eterna, e à cabra, a da morte. O cão se detém para comer um osso; a cabra chega primeiro: os homens morrerão. Como vingança, os homens comerão a cabra nos funerais;

- A criação da cidade ou da etnia. Entre história sagrada e lenda nacional situa-se uma série de relatos fundadores. Virgílio põe em cena as façanhas do herói Eneias: Alfred Adler expõe o gesto de Demba, ancestral do reino Moundang no Chade;

- O lugar atribuído ao homem: herói civilizador ou demiurgo tal como o Nyikang dos shiluk do alto Nilo, ideologia trifuncional de Dumezil, arquétipos de força (Hércules), de coragem (Prometeu), de celeridade (vencedores dos jogos olímpicos e nemeanos cantados por

Píndaro, 518-438 a.C.), de beleza, piedade, lealdade, além de modelos de espiritualidade, como Mahatma Gandhi, que ainda hoje é objeto de glorificação de uma ideologia da não violência por parte dos hindus, ou o pastor Martin Luther King, reverenciado pelos negros, em protesto contra sua sorte;

- Os malditos: os átridas, Tântalo, Sísifo, Medéia, Fausto;

- O além e a geografia dos infernos: um rio atravessado pelo barqueiro grego Caronte; no Egito, crianças do céu e da terra, Osíris, soberano do além, tendo por irmã a solar e mágica Ísis, e por irmão Set, que encarna as forças do mal.

Cosmogonias e tipos divinos

Dessas múltiplas cosmogonias, que tornam o mundo pensável, fazendo dele sair os seres e os acontecimentos da indistinção primitiva, classificando-os e ordenando-os, evocaremos brevemente alguns exemplos.

A cosmogonia egípcia, muito antes das sistematizações dos pré-socráticos, faz intervir quatro elementos principais: a água-oceano que veio ser divindade Tefnut, o fogo representado pelo sol Atoum, o ar figurado pelo céu Nout, e a terra Geb, irmã de Nut, nascidos dos amores do ar e da umidade, Chou e Tefnut. O panteão composto, cujo culto oficial é celebrado pelo faraó, comporta figuras mistas tomadas de empréstimo do reino animal: divindades com cabeça de gato ou de chacal, de abutres ou de cobra, de vaca ou de carneiro.

Dos astecas do México, dominados, segundo Jacques Soustelle, pela obsessão da predestinação, a noção da fragilidade humana, o dever cósmico de luta contra as forças do mistério e do nada, conhece-se a importância dos astros e do calendário. Uitzilopochtli, deus da guerra e do sol do meio-dia, vizinho do deus dos agricultores e da água fecundante Tlaloc. Tezcatlipoca, deus feiticeiro da Grande Ursa, luta vitoriosamente contra Quetzalcoatl, a serpente de plumas, deus venusiano das artes e da sabedoria.

Para o hindu, com seus inumeráveis deuses, que só na aparência pretendem a unidade da eterna substância divina, será esboçado somente a figura de Shiva. Esse deus do "Grande Tempo" domina os mundos e intervém no desenvolvimento. Representado com um terceiro olho e com uma abundante cabeleira ornamentada ou com vistoso penteado, existem é apresentado através de diversos avatares e denominações, tais como Shankara, o benevolente, Mahayogini, o asceta do poder de concentração espiritual, Satguru, o guru atento e caridoso, Bhairava, o terrível, presente nos fantasmas e nos cemitérios, Nataraja, o rei da dança representado no meio de um círculo orlado de chamas. No shivaismo medieval da Caxemira, ele é a única realidade absoluta, e a alma individual retorna para ele reconhecendo-se idêntica a Shiva, o si eterno e a energia *(shakti)* empregada no mundo. Nos templos, venera-se o símbolo do *linga*, eixo e suporte do mundo, e num sentido secundário: *phallus*, o *phallus* casto de um asceta cuja semente renegera somente o poder espiritual.

Nos índios da América, o *trickster*, deus travesso e ladrão, é chamado "décepteur" [do latim *decipere*: enganar] por Lévi-Strauss. No Peru, Ecaco aparece como mentiroso e ávido por fofocas. Representado sendo corcunda e coberto de produtos agrícolas e moedas, ele encarna a ideia andina de fortuna e boa aventura. Entre os *sioux* da Dakota do Sul, Iktomi, descendente bizarro do Rocher-Inyan masculino e do Oiseau-Tonnerre não sexuado, reveste formas variáveis de jovem misantropo ou de coiote. Hábil, porém cruel, ele gosta de ridicularizar suas vítimas, ainda que suas maquinações muitas vezes se voltem contra si próprio. Ele desposa o vento, seduz o sol na ausência de sua esposa, a lua, em mênstruos, mas então se mostra errante como um mau espírito *wakan*. As crianças ameríndias o consideram um ogro, mas também um curador graças às pedras e à Artemísia. O "travesso divino", estudado por Paul Radin, mostra como o equilíbrio do mundo é ambíguo no que ele comporta de extravagante, de ridículo e de canibal.

As concepções do homem

A pessoa

Como toda cosmologia traz em si uma antropologia, toda antropologia religiosa se refere ao *anthropos* em sua identidade própria e em suas inte-relações. Se os deuses saem do imaginário humano, o próprio homem imagina seu eu como composto de elementos materiais (osso, carne, sangue, esperma), mas também de elementos imateriais perecíveis ou imperecíveis. Ele se concebe como mais ou menos livre, mais ou menos inacabado, suscetível de se "desforçar" ou de se reforçar. A doença e o infortúnio o interrogam sobre o modo de ele governar seu destino em relação com as potências invisíveis.

Raramente a pessoa é vista como *per-sona* no sentido de máscara, e Mauss evoca a respeito a etimologia, mas muito mais como polo de um sistema de relações. Lévy-Bruhl, explicando a lei de participação, mostra as aderências do indivíduo, jamais concebido como isolado, [p. 93] com seu grupo social, seu ambiente natural, seus duplos, com as potências sensíveis. Meyer Fortes, a propósito dos tallensi de Gana, ressalta como o estatuto de pessoa só se adquire mesmo por graus sucessivos (desmame, nascimento de um irmão mais novo, casamento, sustento da família) e por ações rituais (níveis de iniciação). Edmong Ortigues, estudando os bambara do Mali, vê o lugar do indivíduo determinado pelas redes de parentesco, pois o princípio vital de um indivíduo associado ao sopro é o *dya* ou alma-sombra de um parente morto, esse *dya* sendo de sexo oposto ao sexo do indivíduo que de certa maneira lhe reencarna.

Um comentário em tom de brincadeira dirigido a Leenhardt tem muito de revelador: "sabemos já da existência do espírito, mas isso que você nos traz é o corpo". O autor de *Do Kamo* liga cosmomorfismo, antropomorfismo e crença no invisível, nisso em que o indivíduo canaque apreendia o seu próprio ser como uma série de fatos naturais idênticos, aos ritmos e substâncias orgânicas. Um cadáver *(bao)* faz parte da terra. Grotões, montanhas, árvores, animais vivem e formam o molde em que se funda a vida do personagem. O protestantismo modificou as concepções canaques individualizando sobremaneira os seres em relação à natureza, o que em compensação engendrou um desenvolvimento do culto aos ancestrais, identificados como protetores míticos. Na Nova Caledônia, o ancestral tem um componente masculino, enquanto o totem (que não se considera como um deus) é fortemente genitor e feminino.

Para mostrar como a noção de pessoa se enraíza no mito, utilizarei minhas próprias pesquisas. Nos *ewé* do Togo, que chamam *luvo* à alma que subsiste após a morte, e *gbogbo,* o sopro de vida, o indivíduo preexistente no estado de espírito antes de se encarnar se entende com seu criador supremo *Mawu-Sè*, para escolher seu destino. A escolha é considerada um operar no campo, *bomé*, lugar de existência pré-natal, espécie de reservatório de vidas estagnadas e inférteis onde a mãe primordial, *Bomeno*, talha com os ancestrais a argila para fabricar os recém-nascidos e enviá-los nos corpos de uma mulher. Os mitos de origem do indivíduo fazem intervir as noções de escolha inicial de seu destino (*gbetsi*), de reprodução de um tipo característico (*kpoli*) e de reencarnação de um ancestral (*dzoto*).

O essencial do corpo centrado na coluna vertebral comporta dois órgãos pareados, os rins, como dois pés de vagem colocados na terra. Haurido desses rins, o pensamento sobe ao reservatório que é a cabeça, centro de comando pairando na esfera do visível. Entre os dois polos, o coração, que bate como o grande tam-tam da dança é a sede da atividade e da coragem. O crânio aberto é símbolo de dignidade, rapado ele significa humildade e arrependimento. "Quanto às orelhas, elas são duas, mas ouvem uma coisa de cada vez". A boca deve ser enxaguada para expulsar as palavras da querela, mas um pai cuspir sobre seu filho ou um sacerdote sobre seu fiel, é sinal de bendição. O esperma é a água do filho (*vitsi*); a cólera, o fogo das entranhas (*domefafa*).

Alma e espíritos

Em Platão e Aristóteles, a alma é o princípio do movimento, mas corpo e alma são distinguidos por abstração, enquanto os pós-cartesianos (Malebranche, Espinosa, Leibniz) se interrogam sobre a união dos contrários, dos contrários que eles próprios definiram como tais.

Enquanto no contexto monoteísta, a alma única é pensamento e supervalorizada em relação ao corpo humano, na maior parte das sociedades tradicionais reconhece-se não apenas no homem, mas nos seres biológicos, a existência de uma potência imanente de um princípio vital, de um dinamismo individualizado. Do que é vivo supõe-se ocultar uma ou mais almas, e, além disso, existem outros espíritos considerados poderosos, mas sem realidade material. Força, alma e vida se tornam categorias intercambiáveis, mesmo que as concepções relacionadas não sejam nem totalmente homogêneas nem sempre precisas. Mas a noção de sobrevida após a morte de qualquer elemento espiritual da pessoa é quase geral.

Na maior parte das sociedades estudadas pelos antropólogos, crê-se na existência de muitas almas para um mesmo indivíduo, identificadas por meio de amparos e manifestações, das quais a potência pode variar de um indivíduo para outro e num mesmo indivíduo no curso de sua existência. Segundo o padre Trilles, entre os fang do Gabão haveria sete tipos de almas figuradas pelos suportes funcionais (cérebro, coração) das imagens (sombra, fantasma), dos símbolos (nome, signo, característico) ou mesmo como princípio de atividade. Entre os chineses, segundo Henri Maspero, são animadoras dos corpos singulares três almas superiores *hun* e sete inferiores *po*. Ao tratá-las em grupo, Marcel Granet diz: "O *Houen* e o *Po* não são duas almas, uma material e a outra espiritual. É preciso ver nelas rubricas de dois lotes de princípios de vida que dizem respeito umas ao sangue e a todos os humores do corpo, e as outras ao sopro e a todas as exalações do organismo. Umas são *yang*, pois o pai proporciona o sopro e o nome, as outras, *yin*, pois a mãe proporciona o sangue e a alimentação" (*O pensamento chinês*).

À ideia de variedade das almas acrescentam-se a da origem segundo os mitos e a do destino *post mortem*. Os índios do Brasil concebem a morte como o abandono do corpo por três almas: a alma benéfica, a alma perigosa e o espírito protetor. Muitos povos pensam que uma "alma exterior" do indivíduo pode deixar o corpo durante o sono e realizar longe dali atos de feitiçaria. Um pouco por toda a parte se tem que a viagem das almas após a morte supõe uma purificação gradual por uma série de provas (atravessar um rio ou subir ao céu por uma corda, como entre os wiradjuri, da Austrália) para chegar ao país dos espíritos: espaço celeste ou lugar subterrâneo, clareira ou deserto.

Essas crenças e mitos eventualmente se traduzem em variadas práticas de rituais.

Mito e rito

Pode-se conceber os ritos como representação cênica de paradigmas contidos nos mitos (Eliade) ou então os mitos como justificações imaginadas de rituais preexistentes. Na verdade, as relações entre mitos e ritos permanecem complexas e variadas. Quando às iniciações no mundo grego arcaico, os historiadores das religiões demonstraram que os mitos comentavam *a posteriori* e justificavam as práticas. Aliás, o mito se apresentava como discurso convincente e exemplar e continua a ser transmitido pelo curso de gerações, seja sem ritual correspondente ou mesmo que o ritual se modifique ou mude de sentido.

Segundo Lévi-Strauss, ritos e mitos já não devem ser explicados uns pelos outros, mas é preciso buscar os elementos de estrutura sincrônica e diacrônica que podem ser postos em relação, ainda que não haja homologia sistemática entre eles.

Se não é falso reconhecer que muitas vezes o mito religioso confere autenticidade ao rito e o legitima fornecendo-lhe significados, que muitas vezes o rito atualiza o mito repetindo-lhe, indo ao encontro da origem no nível motor e afetivo, não é razoável enunciar uma constante dependência do rito em relação ao mito. Muito raramente, mito e rito se correspondem sequência por sequência. Um pode dizer mais, o outro menos. O mesmo mito pode ser celebrado por diversos ritos, e ritos idênticos se referem a mitos diferentes. Mitos não têm ritos que lhes correspondam (Narciso, Leda e o cisne). O sentido de um mito não necessariamente legitima um ritual realizado. Ritos sobrevivem como necroses comportamentais, uma vez que se esvanecem as crenças fundadoras. As sociedades vizinhas tomam fragmentos de mitos ou de ritos emprestados e acabam por modificar-lhes os significados. E, muitas vezes, o referente do rito não é da ordem do *logos* arquetípico, do relato de atos iniciáticos, mas da valorização coletiva, da ideologia, da esperança de uma satisfação simbólica ou de uma eficácia social ou individual.

Terceira parte

A PRÁTICA DOS RITOS

Capítulo 6

O rito em teoria

O rito, que em outro momento fora estudado num contexto religioso, no século XIX tornou-se para os etnólogos um assegurador do mito no que diz respeito a sociedades ditas primitivas, até que ser considerado, no último quarto do século XX, um analista do contemporâneo sobretudo por uma teorização das liturgias políticas e dos ritos profanos. Segundo uma tradição materialista, pode-se julgar o rito como ato irracional, forma de invocação vazia e fútil, com certas pessoas se dizendo alérgicas ao ritualismo (daí o essencial e a observância formalista das regras).

Se nas sociedades formadas pela modernidade a prática dos ritos religiosos tradicionais tende a se enfraquecer, opera-se ao mesmo tempo um deslocamento da ritualização rumo a outras espiritualidades, do que se concluiria um eclipse de ritos ou a depreciação do gesto em benefício da ideologia e do puro e simples pensamento. O homem, de modo algum, é desencarnado, e toda uma série de movimentos religiosos, antigos ou novos, se desenvolvem no mundo, o motivo sendo mesmo a sua carga ritualística. E como buscam combater o desencanto do mundo pelas ritualizações deliberadas, seja tanto de ordem terapêutica, quanto espetacular, ou do domínio da política! A perspectiva segundo a qual a ritualidade secular seria um mecanismo de compensar a perda do religioso só teria pertinência se ritos profanos não houvessem existido todo o tempo e se a etologia animal e humana não revelasse que a ritualidade é uma atitude pertencente ao que há de mais arcaico e de mais corrente nos comportamentos entre seres viventes, mesmo se os pontos de aplicação diferirem a respeito, segundo as sociedades animais e as culturas humanas.

Definição e classificações

Segundo Benveniste, etimologicamente as palavras *rito* e *ordem* têm a mesma raiz indo-européia védica: *rta*, *arta*, que remete à ordem do cosmos, à ordem das relações entre os deuses e os homens, e à ordem dos homens entre si. A palavra latina *ritus* designa o que é ordenado, o que é preciso fazer. Ela concorda com a palavra cerimônia, vinda do sânscrito: *kar* = fazer, *môn* = a coisa, a coisa feita, a coisa sagrada. Mas em seu uso atual, a cerimônia significa esplendor e pompa: casamento na prefeitura de Paris, abertura teatral dos jogos olímpicos, sessão solene de um tribunal. Uma oração interior, ao contrário, depende tão somente do rito.

Em suma, o rito se define como um conjunto de atos repetitivos e codificados, não raro solenes, de ordem verbal, ou gestual, de forte carga simbólica, fundados na crença, na força efetiva de potências superiores com as quais o homem tenta se comunicar tendo em vista obter um efeito esperado. Certas práticas místicas dão a impressão de imediaticidade de uma relação entre as forças sobrenaturais e os homens como, por exemplo, os oráculos e as possessões. Ritos profanos ou políticos se dispõem segundo alguns valores relativos a escolhas sociais tidas por importantes, e cuja eficácia esperada não depende de uma lógica puramente empírica. Por extensão ao mundo animal, o termo designa toda conduta estereotipada, repetitiva e compulsiva (ritos de sedução, de submissão, de marcação de território).

As tipologias são frequentemente estabelecidas de maneira dicotômica: rito solene ou doméstico, religioso ou mágico, manual ou verbal, ocasional ou periódico. Mauss distingue ritos positivos de ação participante, tais como a oração, a oferenda, o sacrifício, e os ritos negativos: os tabus sexuais e alimentares, o jejum ou a ascese, que proíbem o contado com um poder perigoso. Durkheim acrescenta aqui os rituais expiatórios e de purificação que visam se libertar de uma impureza contagiosa ou de conjurá-la, os ritos apotropáicos sendo práticas de proteção contra os maus espíritos.

Gluckman diferencia os ritos de inversão (incesto real, transgressão temporariamente permitida das normas) e os ritos de conversão para transcender a desordem ou oferecer um fiel aos poderes sagrados. Turner opõe os ritos de aflição, que se tem na ocorrência de uma desgraça (secas, guerra, doença, esterilidade) aos ritos *life-crisis*, que marcam as etapas da vida (nascimento iniciação, casamento, morte, comemoração). Ritos de forma relativamente semelhante podem visar diferentes finalidades: pedido de chuva ou de fecundidade, interrogação do transcendente na adivinhação, ação de graças após um nascimento ou uma vitória, "dessacralização" para tornar profano um objeto de culto, vingança, propiciação, regeneração etc.

Porém, convém temperar o rigor das distinções tipológicas:

- A maior parte dos rituais globais e mesmo elementares costuma entrar em muitas categorias. Impressiona a frequência com que ritos são ao mesmo tempo manuais, verbais, gestuais e posturais! Procede-se a uma libação como ação de graças, pedidos de proteção por ancestrais, adivinhação a partir das formas do líquido lançado ao planeta Terra;

- Nem sempre é possível definir as fronteiras entre o sagrado e o profano, nem é fácil especificar se tal rito é religioso ou secular. A investidura real dos capetianos (ritual primordialmente político) comporta um desfile-parada (rito secular) e um desfile sacro por um poder eclesiástico (ação religiosa) com aclamação dos Grandes do reino (ação civil), que lhes confere o poder (mágico) de curar abscessos ganglionares;

- Mesmo se, num rito, for possível notar muitas sequências diferentes, como separação, marginalidade, agregação, como o faz Van Gennep para os ritos de passagem, será observado que existe não raras vezes miscelânea e superposição. A separação de um grupo é agregação num outro, o ritual de saída do mundo profano é introdução no sagrado, na fase de margem observando-se ainda separações em relação a objetos usuais e à linguagem comum;

- Cada cultura, segundo as tradições e mitos, seleciona um tipo de ritual em detrimento a outros. São muitas as religiões que não praticam o sacrifício. O ritual *jiao* de renovação entre os taoístas começa, segundo o mestre ensina, com uma purificação do espaço que comporta encantações canônicas, danças, queima de incensos, vinte e quatro golpes de tambor, *mudrâ* (posição das mãos), veneração de dez direções;

- Finalidades semelhantes podem ser realizadas por formas diferentes de ritos. Para expulsar os gênios que atormenta o doente, os mesoamericanos procedem a sangrias rituais. No Mali, os bambara lavam com água corrente o paciente dos *jiné-don*.

Interpretações

Que os ritos mágicos sejam fundados em leis de similitude e de contágio, como sustenta J. Frazer, ou sobre a lei de participação própria à mentalidade primitiva como avalia L. Lévy-Bruhl; que os ritos religiosos sejam regras de conduta a prescrever o modo de se comportar com relação a um sagrado que seria a hipóstase da força coletiva do corpo social, como pensa Émile Durkheim; que os rituais trobriandeses descritos por B. Malinowski recorram às emoções fortes e manifestem desejos poderosos e irrealizáveis; que o papel ritual comporte o uso de uma máscara em uma encenação para evitar que os participantes percam a face, segundo E. Goffman; ou ainda, que se considere, com V. Turner, o rito como drama expressivo de desnudamento de uma crise e mecanismo de reposta às mudanças e conflitos, eis toda uma série de pontos de vista particulares menos generalizáveis que a ideia segundo a qual todo rito supõe uma alteridade com a qual se dá uma troca de mensagens codificadas, como ressalta E. Leach. Mesmo com A. Van Gennep tendo isolado três grandes momentos nos ritos de passagem e, sobretudo a iniciação, pode-se aplicar com rigor essa sequência a todas as passagens ritualizadas.

Sobre o fundamento original do rito, já ninguém se pronunciaria com segurança. Segundo Frazer, os ritos religiosos advêm de ritos mágicos. Os etólogos julgam o ritualismo inscrito no limiar da animalidade. Para René Girard, a violência é fundadora; corrompida pelo mecanismo do bode expiatório, ela seria sublimada e transcendente no sacrifício.

A exemplo dos universitários de seu tempo, Freud considera que o sacrifício é o modelo inicial do rito, e Robertson Smith julga existir filiação da morte do animal totêmico até a eucaristia. Quanto aos psicanalistas, eles explicam o rito como mecanismo de sublimação com base na libido, e como próximo da neurose obsessiva. Se é falso dizer que todo ritual faz reviver o tempo da gênese, é verdade, ao contrário, como assinala Lévi-Strauss ao final de *O homem nu*, que o rito arma cilada e captura o pensamento, incita mais à crença que à análise do sentido.

Estrutura, função e dinâmica

Com um objetivo heurístico, o rito será analisado como:

1. Sequência temporal de ações sendo que o rito global compreende ritos elementares, e estes, por sua vez, as liturgias;

2. Conjunto de papéis assimétricos segundo a posição dos atores e as formas de teatralização do drama instituído;

3. Estrutura teleológica de valores primordiais partilhados por um grupo, tendo uma tripla responsabilidade cognitiva, afetiva e ativa;

4. Meios simbólicos e reais ordenados para os fins a realizar: tempos definido e periódico, lugar santuarizado, objetos significativos (pão asmo, bandeira, máscara, adorno), atitudes gestuais (genuflexão, pôr-se em estado de atenção), que são metáforas catalisadoras da imaginação e dotadas de um objetivo integrativo; e

5. Sistemas de comunicação e de sinalização valendo-se de códigos culturalmente definidos tanto entre os homens, quanto entre ele e os espíritos.

Se o rito tem por função renovar e revivificar crenças, com isso esboçando a personalidade, trata-se também da integração do indivíduo no grupo, como mostra Durkheim no que diz respeito ao *corrobori* australiano. Ele rememora e legitima as tradições reforçando as ordens religiosas ou culturais (sobretudo a identidade). Ele desempenha um papel tranquilizador, ainda que a aparelhagem excessiva e esotérica de prescrições e interditos possa criar uma ansiedade. A um só tempo comovente, mobilizador, sério, eventualmente lúdico, traz em si um dinamismo naquele que catalisa as energias em direção às ações a realizar para um melhor ser individual e social.

Ainda que aparentemente sejam repetitivos, os ritos nascem, desenvolvem-se, morrem ou recobram ânimo no curso da história. É de admirar como se mantêm mutantes, variáveis segundo os grupos e menos codificadas do que se pensa. O casamento só veio a se tornar sacramento no século XII! Por abandono ou indiferença, certos ritos declinam progressivamente por desamor ou carência do crer, como a confissão no catolicismo. E é de admirar em que medida pseudotradições festivas são inventadas porque um criador midiático as sugere, ou para o puro e simples fomento do turismo.

Ritos religiosos, políticos e profanos

Toda religião comporta, além das crenças, práticas de culto reguladas e administradas por um corpo sacerdotal ou por pessoas reconhecidas e competentes: profeta, curandeiro, adivinho, xamã. Entre o sacrifício de uma galinha no vodu, girar um moinho de orações budista, as formas de purificação do *brâmane*, os referentes sacros permanecem tão variados quanto os hábitos culturais e quanto os modos de funcionamento da ritualidade. Entretanto, existe sempre uma espera de uma eficácia da relação entretecida com um poder espiritual distribuidor de energia. Não raro inserido num ciclo litúrgico e mais geralmente em um culto homogêneo, por exemplo católico ou protestante, o rito passa a ser tomado como equivalente do ritual, ainda que, por ocasião da publicação do *Ritual romano*, em 1614, durante o pontificado do papa Paulo V, o termo "ritual" tenha designado somente o livro litúrgico contendo a ordem e a forma das cerimônias católicas com as orações que os devem acompanhar.

Por que a política tende a se sacralizar? Porque o rito representa a atitude fundamental pela qual qualquer um se reconhece inferior ante a manifestação de um poder, e porque, do lado do poder que se manifesta, o rito é o meio teatral de acreditar em uma superioridade, e, portanto, de se obter respeito e honra pela ostentação de símbolos de dominação, riqueza e poder, o que permite um condicionamento sem violência real, criando a aspiração a um estado superior. Para fixar uma identidade, mobilizar uma coletividade, e desenvolver um legalismo, não existe regime que não intente se celebrar: fazer a corte ao rei-sol, uma recepção a um embaixador, uma parada militar de 14 de julho... Celebrações cívicas da ordem instaurada tomam de empréstimo mesmo os esquemas de tipo religioso. A investidura real dos capetianos (rito primordialmente político) comporta um "desfile" (rito secular), um rito sagrado para um poder eclesiástico (ação religiosa) com aclamação dos grandes do reino (ação civil), que tem como dom adicional o poder (mágico) de curar feridas.

Nossa vida quotidiana é pontuada por microrrituais com alguns lampejos de festa. Sem projeto outro que não seja a sua própria realização, com apego tão somente a valores socialmente importantes, o rito profano, ligado a uma tradição familiar, regional, a um ofício ou à moda, encontra sua lógica ao realizar-se e se legitima pelo encantamento que produz o seu ritmo, sua simbologia e sua realização num quadro social que lhe elaborou as sequências, os códigos e as obrigações (jogos olímpicos, concerto de rock, caçadas). A atribuição cerimonial de uma medalha pelo trabalho gera emoção, suscita um campo de atração e estimula a atividade. No trote aos calouros da escola militar de Coëtquidan, a perturbação das posições age de maneira definitiva em benefício da ordem estrutural restaurada e como que purificada após o tempo de inversão. Ainda que seja difícil determinar os limites entre o uso aqui e o rito acolá, evitar-se-á tratar os hábitos culturais e as rotinas técnicas como ritos à medida que não respondem a todos os critérios de definição.

Capítulo 7

Purificação e propiciação

A título de hipótese, pode-se pensar que não haveria um problema do mal, que não haveria religião, e que o tabu da impureza entra como estratégia num sistema de poder religioso. Ao modo de um feixe de observações ele faz com que classifiquemos entre os atos mais importantes os ritos de expiação e de purificação.

Ritos de expulsão do que é imundo

Onde está o mal?

Já dissemos como Frazer, Durkheim, Freud e Webster ressaltaram os tabus e a impureza que resulta de sua transgressão. A metade da Sociologia do rito, obra de Cazeneuve, trata do puro e do impuro. Mary Douglas dedica obra capital à pureza e ao risco de conspurcá-la (Purity and Danger: An Analysis of Polution and Taboo), bem como às diversas poluções, mesmo na vida profana. Filósofos cristãos têm por obra maior um Ensaio sobre o mal (Nabert) ou Finitude e culpabilidade (Ricoeur). Louis Dumont desenvolve a ideologia da pureza como fundamento da religião hindu. No início da missa, o cristão confessa seus pecados (Confiteor); antes de entrar na mesquita, o muçulmano realiza ritos de purificação. Na índia, as fezes da vaca são purificadoras. Não há religião que, ligada a uma moral, não defina as faltas ou os pecados e não proponha meios rituais de eclipsá-los, de evacuá-los, de se proteger deles.

É verdade que não se fará referência à distinção que se tem por universal entre bem a praticar e mal a proscrever, mas cada religião

— enquanto sistema de poder, implicando deferência e submissão — define o que ela julga bem ou/e mal. É proibido matar, salvo os inimigos em tempo de guerra. É proibido cobiçar a mulher do próximo, mas os nuer e muitos outros não associam adultério a algo assim tão grave e abominável. É proibido mentir, mas seria melhor mesmo expressar uma verdade ofensiva ou que envenenasse as relações sociais? O gourmet diz: não há mal em se fazer o bem, e o luxurioso pensará que tampouco haverá mal em se fazer o mal a outrem! O divórcio é autorizado pelo judaísmo e condenado pelo catolicismo. Fora do puro vegetarianismo o brâmane se sentirá poluído. O grande rabinato nos dirá se é bom ou mau para a cozinha *kosher* empregar cozinheiros árabes. A mulher sem véu é Iblis (Satã) para o aiatolá! Tal como o hinduísmo, cada religião pensa existir em graus de pureza. Agora cabe a Deus julgar...

Onde está a mácula, e quem a define? Diz-se ser Deus, mas com outros porta-vozes que também sabem diferenciar o venal do mortal. Os exemplos precedentes nos mostram que o problema da pureza diz respeito a todos os registros do quotidiano: a alimentação, o corpo e suas secreções (impureza e mênstruos), a sexualidade (como se não provocasse tanto ou mais paixões do que desgostos), as circunstâncias excepcionais da vida (o dar à luz, os tabus envolvendo o cadáver), a natureza (animais ou plantas permitidos ou proibidos), os elementos (água lustral/água diluviana, fogo purificador/fogo devastador, terra fecunda/terra estéril, ar puro/gás fétido), a cor ou a temperatura. "Meu Deus, por que tantas proibições?", título do n° 11 da revista *Panoramiques*.

No entanto, os interditos rituais são um problema crucial na história das religiões. No início de tudo: a árvore e o pomo da discórdia, ou o desafio orgulhoso do homem bradando a proibição divina. A proibição importa menos enquanto tal do que a mácula originada na transgressão. Alegremente se lança no mesmo saco: o mal, o pecado, a falta, a vergonha, o desgosto, o ignóbil, o desprezível. Tudo se passa como se toda religião não pudesse deixar de criar a culpabilidade e de inspirar o medo. Para o cristão, o pecado, mácula da alma, é ameaça de danação; para o nuer, a doença não significa nem impureza, nem micróbio, mas talvez tão somente o ataque de um espírito vingador.

Das concepções da mácula e do mal dependem tanto a conduta do evitar do ritual como a do furtar-se a doenças contagiosas. Pasteur, assim como Moisés, afirmou a utilidade das abluções antes das refeições, e o islã determina que as refeições sejam feitas com a mão direita, enquanto a esquerda serve para se lavar após a defecção.

Toda violação de tabu é considerada geradora de infelicidade. Assim os tonga da Polinésia pensam que a transgressão de um tabu de propriedade provoca o inchaço do fígado ou de uma víscera; os *tlingit* da Colúmbia britânica atribuem o mau tempo, a derrota na guerra, o insucesso nas caçadas à desobediência dos costumes recebidos; os bantos das África central julgam *gag* seca provocada pelo fato de uma mulher ter dissimulado um aborto. Uma transgressão individual, dependendo da impureza mais do que do pecado no sentido cristão, ameaça o grupo em seu conjunto, a ponto que sanções civis eventualmente se acrescentem a eventuais sanções sobrenaturais. Enfrentar um tabu clânico pode ser perigoso sem que se considere o fato como repreensível se tiver sido cometido involuntariamente. Em muitas sociedades tradicionais, admite-se que uma vítima inocente possa arcar com os custos de uma ofensa cometida por outros. Em geral, a mácula é mais fácil de apagar do que uma falta moral. Quanto à ofensa social, ele se deixa apagar por qualquer rito de reconciliação, assim como simbólica e ritualmente se enterram expectativas de infortúnio que provocam ansiedade. Não obstante, toda religião prevê ritos de anulação dos eventuais maus golpes de sorte.

O acesso à pureza

Quando um risco pesa sobre a comunidade, multiplicam-se os ritos negativos, como o imperativo de castidade antes de uma guerra, que se poderia interpretar como a necessidade de uma plena posse das forças físicas à medida que uma obrigação temporária de jejum pode acompanhá-la. No Havaí, a doença grave de um chefe paralisa a atividade do país: é preciso prender os animais domésticos para que seus gritos não sejam ouvidos, não se deve lançar canoas ao mar nem fazer o fogo, e só pode sair de casa para as cerimônias religiosas.

Percebe-se que o que se chama de ritos negativos é comumente confundido com dois outros tipos de ritos: os expiatórios e os de purificação, encontrados também em todos os ritos de passagem dos quais tornaremos a falar.

Durkheim, que se refere ao termo em latim *piaculum* que dá a ideia de expiação, ressalta que, na felicidade ou no mau augúrio que provoca a angústia, os ritos expiatórios são celebrados na inquietude e na tristeza. É de maneira magistral que ele desdobra o exemplo do luto entre os warramunga da Austrália, o do voo por um inimigo de um paladino religioso coletivo (o *churinga* entre os arunta), o da escassez entre os *urabanna*.

Dos ritos de purificação, só se poderia dar uma estimativa sumária, tamanha é sua variação segundo circunstâncias, pessoas, culturas ou símbolos. A purificação se opera o mais das vezes pela água lustral, pelo sopro, pela fumaça de plantas entre os aborígenes australianos, pela fumaça de incensos na Ásia, pelo vapor de água quente entre os Índios da América fria, pelo extrato de yuca e pela fustigação entre os índios zunhi do Novo México. O sangue só tem efeito purificador e regenerador se espalhado voluntariamente enquanto estiver impuro nas menstruações, em decorrência de abortos ou de feridas no decorrer de um combate.

O testemunho e a confissão, enquanto palavras saídas do corpo, simbolizam o ato de evacuação de um mal interno. A evacuação de uma impureza coletiva ou de uma doença se dá por transferência sobre plantas na Nova Zelândia, sobre um animal que se expulsa nos ritos do bode expiratório, por banimento definitivo ou provisório, por condenação à morte de uma pessoa marginal que pareça encarnar a desordem. São postos temporariamente em quarentena os enlutados, os guerreiros que retornam de um combate, os caçadores que tenham apanhado uma grande presa. Antes de ser adulado em uma cerimônia final, o guerreiro *orakaiva* da Nova Guiné deve trocar a lança que matou um inimigo com a de outro combatente, sob pena de que seu braço seja queimado e deformado. O guerreiro marquisiano deve, durante dez dias, evitar todo contato com o fogo e praticar a abstinência sexual após a morte de um adversário.

Na África, é comum que uma mulher seja impedida de cozinhar ou que seja enclausurada durante as menstruações, o que evidentemente marca, além de uma inferiorização em relação ao homem, o medo de contágio pelo sangue ruim. Os interditos de contato dizem respeito muito particularmente aos chefes e aos mortos, mas variam segundo as sociedades: após a morte, procede-se a uma toilette e se expõe publicamente o corpo do chefe akan, na Costa do Marfim. Mas nas ilhas Fiji, o cabeleireiro do chefe, ao qual é proibido usar as mãos para se alimentar, deve recorrer a alguma ajuda. A maior parte desses ritos destinados a expulsar ou a evitar a impureza adquire bastante sentido com relação à operação que virá em seguida, de sacralização — tornada possível justamente em razão desses ritos — sobretudo por oração, oferenda e sacrifício.

A oração

Diversas formas

Denominador comum da oração em todas as religiões (*prex* em latim significa demanda), implorar é o aspecto predominante nas relações entre, de um lado, os homens buscando satisfazer seus interesses vitais e suas necessidades concretas, e do outro, deuses, gênios, e ancestrais a quem se invoca. A comunicação entre potências assimétricas é avaliada como mais eficiência pelo fiel à medida que ela se opera pelo intermediário de um padre ou de um adivinho conhecedor das fórmulas consagradas. A palavra interior de tipo cristão e a meditação transcendental búdica nada têm um modelo ideal. Danças, oferendas, prosternações, a cabeça abaixada, mãos levantadas, pano branco, rosário, moinho de orações formam uma unidade de oração de tal sorte que a oração oral não poderia ser tratada isoladamente. Dizem a mesma coisa que a palavra na religião africana: a possessão, a libação de álcool sobre a terra dos ancestrais, o fluido de sangue fresco sobre o pedestal do vodu.

A oração que se analisa isoladamente se inscreve de fato em um ofício do qual se tem aqui a sequência para o que diz respeito a dois cultos de Heviesso, que assistimos entre os ewé do Togo:

- Anúncio público da intenção para a qual a oração e o sacrifício são feitos, e depois o despertar do vodu por sinos, lançando sobre seu "ninho" finas gotículas de álcool que o padre tinha posto na boca;

- Série de encantações para caçar os maus espíritos perturbadores que poderiam prejudicar o desempenho do ritual sagrado;

- Apresentação de pessoas em favor das quais o rito será executado e anúncio de suas boas disposições;

- Invocações repetidas do deus, e depois dos grandes adivinhos (*boko*) e sacerdotes (*huno*) da região, mortos ou vivos;

- Longa exposição das súplicas acompanhadas do desejo de que nenhum mal sobrevenha e de que as orações sejam ouvidas;

- Apresentação ao vodu da vítima e libações seguidas de uma breve oração para que os benefícios do vodu sejam recebidos;

- Bênção dos solicitantes e maldição de seus inimigos;

- Imolação da vítima (galinha, carneiro, etc).

A oração que acompanha todo rito coletivo importante e alguns momentos particulares da vida familiar ou individual (insucesso, esterilidade, difamação, oferenda dos primeiros inhames da estação aos ancestrais, inauguração de uma moradia), seria o caso de estudar suas circunstâncias, as forças objetos de súplica (Alá, Santo Antônio de Pádua) bem como as suplicantes (pai de família, adivinho), os conteúdos, as formas e atitudes (cf. nossa *Anthropologie religieuse des Évé du Togo*, cap. VI). Aqui nos limitaremos ao exemplo da prece de um agricultor *ewé* e à análise de algumas táticas para que a oração seja ouvida, e depois proceder a algumas reflexões sobre o significado da oração:

"Ó ancestrais, aqui outrora haveis trabalhado, laborado, semeado e colhido em abundância. Vós haveis deixado essa herança a seus filhos. E prodigalizado essa riqueza neste lugar [libação]: e tu, mãe Terra, é de teu seio que devo extrair meu alimento! Faça com que nenhuma espátula ou facão venha a me ferir, que nenhuma árvore se espedace e caia sobre mim nem sobre minha família! Faça com que, se eu topar em uma pedra, seja para encontrar ouro. Eis aqui teu vinho [libação]. Que deixe ébrio todo aquele que vir a colheita deste campo com olhos de cobiça. Que a paz esteja conosco."

Nesta oração, serão ressaltados os seguintes temas:

- A importância da veneração dos ancestrais num contexto de valorização do filo social;

- A representação feminina da potência telúrica e fecunda numa religião de agricultores;

- A preocupação essencial da vida (alimentação, evitar acidentes) e da propriedade manifestada pela "sorte com dinheiro" e pela conjuração das catástrofes que tenham origem na feitiçaria (mau olhado);

- A sequência habitual do tratamento medicinal: aquecimento (*dzodzo*), resfriamento (*fafa*), evocados pelo vinho de palma e pela água de paz;

- A finalidade preventiva do tratamento ritual precedendo o ato técnico do trabalho na terra.

Como fazer com que as preces sejam ouvidas?

Entre as técnicas para que as preces sejam ouvidas, serão observadas:

- As repetições. Quem seria surdo aos apelos repetidos, como no rosário cristão;

- A autojustificação: jamais matei ou roubei; não há razão para que não me ouças;

- A confissão de um pecado a um membro da família ou a um sacerdote vodu para a cura de uma doença, para que um nascimento seja facilitado, para que se evite uma enfermidade;

- Barganha pela oferenda de um sacrifício. Qual deus não se deixaria seduzir pela promessa de comer bem;

- A adulação: testemunhos de submissão, saudações lisonjeiras, evocação das bênçãos de deus, enumeração de seus títulos honoríficos devem se revelar frutuosos;

- A excitação pela inveja: aquele que ora compara a eficácia medíocre de seu deus à de outros, mais atentos ao lamento de seus fiéis;

- As ameaças: reprovações e injúrias contribuem para flexibilizar o deus que pareça surdo. Chega-se a privar de sacrifícios e vaticinar para ele o esquecimento dos homens.

Palavras significantes

Diante de filósofos que justificam a oração como homenagem à beleza dos deuses (Epicuro) ou por sua função ético-metafísica de elevação da alma a valores superiores (Kant), ou ainda como efusão de sentimentos generosos (Comte), outros vêm lhe contestar qualquer caráter bem fundado fazendo apelo à razão (Deus não saberia ser provedor para as concupiscências humanas) ou por seus efeitos opiáceos (a oração acomoda as pessoas em sua impotência em vez de lhes fazer reagir por um meio adequado e técnico).

As coisas poderão ser percebidas de outra forma, ressaltando-se:

- **O poder da palavra:** Supõe-se que a oração efetivamente realiza graças ao poder vital que reside no verbo, como na magia cujas fórmulas liberam forças numinosas contidas no universo, mas também como em toda súplica que se dirija a qualquer outro que não seja um deus, na linguagem corrente;

- **A linguagem de evocação:** A função lírica da oração como linguagem invocativa, evocativa e exclamativa depende da evidência dos clamores de dor, temor ou alegria que, eventualmente, são relevados por cânticos;

- **A aspiração à participação:** A perseverança marcada pelo apelo sucessivo a diversos poderes, o acúmulo de práticas, a justificação da oração pela antropopatia das divindades, seu acompanhamento habitual pelas oferendas, libações e sacrifícios fundam-se na ideia de solidariedade participativa entre ordem humana e sobrenatural, e de homologia entre o aqui em baixo e o além.

- **O efeito de sublimação e de consagração:** Ao tranquilizar o indivíduo que expressa sua miséria e sua confiança, a oração acentua a familiaridade com o numinoso e com isso também a "consagração" daquele que ora, pelo reencontro ou comunhão com o sagrado.

O sacrifício

Confrontação de teorias

Na linhagem de um tylorista, que julga o sacrifício como um dom que interessa aos espíritos que ligam contratualmente homens e deuses, Van der Leeuw teoriza sobre "eu te dou, tu me dás, deixe-me em paz". Muito próximo das ideias de Mauss, Jan van Baal opõe o sacrifício como dom sacralizador de magia maléfica. Edmund Leach vê aí um símbolo de reciprocidade, e Georges Gusdorf, o dom simbólico de si mesmo, tendo em vista um contato mais estreito com o divino. Mas essas teorias englobam tanto a oferenda como o sacrifício e se apoiam em um modelo de estrutura igualitária entre comunicantes, enquanto o sacrifício, em vez disso, se inscreve no modelo dominação/submissão.

Segundo Robertson Smith, a insistência incide muito mais no repasto pós-sacrificial, e Freud fantasia sobre o pai primitivo assassinato e comido por seus filhos, como se um pseudocanibalismo primitivo explicasse, no que quer que fosse, as diversas manducações comunais.

Na antropologia britânica, a explicação dominante para os sacrifícios é de tipo funcional. Para Westermack, o sacrifício é expiatório e apotropaico (desviando as influências maléficas), porém outros ritos fazem a mesma coisa! A mesma resposta poderia ser dada com relação a Turner, que finaliza o sacrifício pela purificação e restauração da comunidade, e com relação a Evans-Pritchard, que, em suas pesquisas entre os *nuer* ressalta os efeitos da comunicação com o mundo sobrenatural, da socialização e da regulação da comunidade de purificação contra espíritos patógenos. Focalizado na função catártica de conjuração da morte humana, René Girard erra ao pensar que o bode expiatório é o mais das vezes sacrificado, que a impureza é o contato com a violência e que a menor violência desencadeia uma escalada.

Quanto à ideia maussiana de uma vítima que venha a substituir o sacrificante, sucumbindo no domínio perigoso do sagrado onde ela penetrou e de pronto resgatando o sacrificante que continuou no abrigo, ela supõe uma espécie de sacrilégio que deveria se chamar mais punição do que satisfação, a menos que o sagrado não fosse menos separado do profano do que pretenderam Durkheim e Mauss. Aliás, existe sempre imolação ou destruição completa da vítima? Não diferirá o sacrifício de um dom interessado ou de um contrato, e não implicará uma troca em desigualdade admitida como tal? Afinal, o que é tornar sagrado? E por qual processo de passagem do mundo profano ao transcendente? Por que motivo hipervalorizar a significação latina de *sacrificium*?

Com Griaule, fundando-se em casos africanos, o que se evidencia é a ideia de redistribuição de energia. A imolação libera a força vital contida no sangue da vítima. Nutrida desse sangue, a divindade, em compensação, beneficia o homem com uma parte de sua força. Nesse caso, resta saber como se realizam as trocas energéticas, se a oração que acompanha a oferenda guia a transferência desejada, e de qual maneira se concebe que a circulação das forças místicas restabelece a ordem social e a ordem cósmica.

Examinando essa literatura, Luc de Heusch afirma que o sacrifício "não se reduz à sua aparência de oferenda alimentar, tampouco a um rito de passagem que se utiliza da vítima como lugar de uma obscura *sacralização* de um ser vivente *profano* que tem em vista garantir a comunicação com os deuses" (Heusch, 1986, p. 15).

Na ação de contato com o sagrado, parece inadequado supor uma identificação entre o sacrificante e a vítima. Não existe uma animalização do homem nem a divinização da vítima. Mauss e Bataille se limitam a se aferrar ao significado do sacrifício por meio de imagens, o primeiro afirmando que o animal sacrificial supostamente transfere ao sacrificante a marca divina que ele recebeu da consagração; o segundo, supondo que o sacrifício opera como a morte ao restituir um valor perdido por meio de um abandono desse valor.

Além da análise teórica e da contextualização cultural dos ritos sacrificiais, impõe-se um exame de variáveis como, por exemplo, o espaço (quais zonas geográficas não conhecem o sacrifício?), o tempo (por que uma concentração de sacrifícios em determinados períodos? A história das religiões não se apresentaria como uma evolução da forma do sacrifício?), as sociedades e culturas (existe correlação entre poder centralizado e dominância sacrificial nos ritos?).

Além da análise teórica e de se proporcionar a cultura dos ritos sacrificiais, impõe-se um exame de variáveis tais como, por exemplo, o espaço (quais zonas geográficas não conhecem o sacrifício), o tempo (por que um acúmulo de sacrifícios em certos períodos). A história das religiões acaso não apresenta uma evolução da forma do sacrifício; além das sociedades e culturas (possível correlação entre poder centralizado e dominância sacrificial nos ritos).

A não universalidade do sacrifício

Não se poderia afirmar que o sacrifício é o rito central de todas as religiões. O budismo nibânico o exclui. Segundo Alain Testart: "Os dados etnológicos são perfeitamente claros, tanto na Oceania quanto na América, amplas regiões jamais praticaram o sacrifício, como na Austrália, em Nova Guiné e na Melanésia, além do Alasca, quase a totalidade do Canadá, toda porção oeste dos Estados Unidos, as terras amazônicas baixas, os pampas e a Patagônica até a Terra do Fogo. De fato, fica-se impressionado pela correlação muito clara entre a indiferença do sacrifício e da natureza ética da sociedade" (Testar, 1993, p. 29).

— isso é algo a se examinar! Nas sociedads tradicionais espalhadas por toda a África pratica-se o sacrifício; A maior parte dessas sociedades não conheciam a conformação estatal. O inverso da asserção já parece bem mais plausível: a presença do sacrifício nas realezas, nas chefarias* e sociedades fortemente estratificadas (Polinésia, impérios astecas e incas, algumas tribos do sudeste asiático e chefarias indígenas dos Estados Unidos e do Canadá). Entretanto, o autor não chega a provar o que ele sugere: "Deve-se considerar que a adoção da prática sacrificial é um desses traços que preparam a sociedade para a sua vindoura transformação em Estado?" (ibid., p. 29).

*Designa-se chefaria ou cheferia o sistema social baseado na autoridade e no estatuto superior de um chefe consuetudinário, geralmente o patriarca de uma família. (Nota do Tradutor).

Os papéis hierarquizados

O sacrifricante, indivíduo do grupo, priva-se de uma parte de seu ter. Ainda que o comandante da operação nem sempre seja aquele em benefício do qual o rito é executado, pelo menos alguém pertence à mesma unidade de culto.

O sacrificador, reconhecido em sua função de manipulador de um sagrado eventualmente perigoso (que por vezes lhe impõe proibições), costuma ter na Índia, na China, no mundo greco-romano, um lugar social, político e religioso, que lhe torna apto a, para o rei, manter o equilíbrio cósmico, e para os sacerdotes, fazer reviver o sacrifício primordial. Na África, o chefe de família pode ser a um só tempo sacrificante e sacrificador.

A vítima nem sempre é um animal. Trata-se, por vezes, de um dom abandonado na China antiga e na África. Sacrifícios humanos tiveram lugar entre as etnias africanas até o século XIX. Os *fon* e os *ashanti* sacrificavam escravos reais, os bambara sacrificavam albinos, os *rukuba*, recém-nascidos; o *nuer* pobre secciona um pepino no lugar da cabeça de um pombo.

O destinatário é uma divindade única ou múltipla: gênio, demônio, ancestral, conjunto de espíritos da floresta. Na renúncia hindu, o renunciante é ele próprio destinatário do sacrifício, mas somente à medida que seu Si (*Atman*) se identifica com o Si supremo, o *Brahma*.

Entre os componentes do sacrifício, circula uma mensagem que espera resposta, mensagem esta que eventualmente encontra apoio na alma libertada do corpo do animal sacrificado. Porém, trata-se apenas de incitação a uma troca em um ato de submissão às potências sobrenaturais.

As sequências rituais

Considerando as fases do sacrifício, distinguir-se-á: oferenda, invocação, consagração, imolação, repasto comunal (independentemente de se consumir deus, ou de deus ser considerado conviva e receber parte da refeição) ou ainda: fase de entrada purificatória (às vezes, um apartar-se do mundo por ocasião de sacrifícios iniciáticos ou pela ordenação de um sacrificador), o drama envolvendo matar e então partilhar a vítima, saída do rito e retorno à vida profana (*Bouphonia* atenienses).

> **O sacrifício da missa é um sacrifício?**
>
> Diante da teologia cristã do sacrifício, a socioantropologia das religiões expressou o seu ponto de vista:
>
> "Ao tratar do sacrifício, elas (as ciências religiosas e a história comparada das religiões) marginalizaram massiçamente uma produção teológica cuja base empírica dificilmente lhes seria válida. Como então eles conseguiriam reconhecer um caráter paradigmático a uma execução pronunciada em virtude de um juízo e ao termo de um processo no qual nada, nem do lado judeu nem do lado romano, autoriza a ver um sacrifício humano do qual se mensurava já bem qual lugar, durável e extenso, esse rito sanguinolento teria tido na vida dos povos antigos? Aliás, quais razões teriam justificado que disso se fizesse ponto de partida e referência obrigatória de uma investigação de fôlego sobre o sacrifício? Ao contrário, elas postulavam uma inversão no modo de proceder; a teologia do Salvador divino morto e ressuscitado é uma interpretação pela fé cristã, leitura doutrinal de um episódio político-religioso que, no que diz respeito à história, não apresenta nenhum caráter propriamente sacrificial e cujo 'povo deicida' é um corolário, se não legítimo, pelo menos lógico. O problema é muito mais o de compreender por que o cristianismo nascente se inscreve nesse quadro sacrificial, carregado de uma pesada hereditariedade e para o qual esse mesmo cristianismo abre uma segunda carreira, em vez de fazê-lo se embrenhar em uma via nova, em uma teologia do martírio — do testemunho — por exemplo."
>
> Émile Poulat. "Le sacrifice", in *Archives de Sciences sociales des Religions*, 1981, 51/52, p. 155.

Na impossibilidade de transferir a noção de sacrifício para a morte do Cristo, que não é nem suicida, nem ritualmente sacrificado, o dito sacrifício eucarístico mais não poderia ser que a rememoração ou reatualização simbólica da morte e da ressurreição de Jesus, o repasto sagrado permitindo, ao admitir a transubstanciação, a comunhão com Deus, de natureza a um só tempo humana e divina, por seu Filho feito carne. Aqui não se coloca nenhuma questão de teofagia entendida como absorção da força vital de Deus, que constituiria uma espécie de negação da morte! No entanto, eis aí um paradoxo de uma religião do amor, de eventualmente ser mostrada cruel e intolerante com relação aos ditos infiéis, às pseudofeiticeiras ou aos crentes tidos como heréticos.

As modalidades circunstanciais e técnicas

O circunstancial se refere aos códigos divinatórios na China antiga, em certos lugares privilegiados: altar grego, templo de Jerusalém, espaço reservado para períodos específicos, recorrentes em um calendário litúrgico ou particulares em certos ritos *life-crisis* ou de aflição, com regras definidas que digam respeito à abstinência sexual de sacrificadores, ao silêncio quando se tem de matar por sacrifício etc.

As modalidades técnicas são aquelas, por exemplo, da escolha do animal ou dos objetos a sacrificar, das formas de assassinato sacrifical: degola ou estrangulamento, afogamento sem derramamento de sangue. Por vezes animais ditos "sacrificados" podem ser guardados vivos para a divindade. Trata-se de modalidades, não obstante os instrumentos rituais (o fogo na Índia, a navalha asteca de obsidiana) ou o uso do corpo (corte, partilha, cozinha, consumo, consumação). Mas a se julgar pela maior frequência de sacrifício/oferenda, o assassinato sacrificial não é um elemento essencial do sacrifício.

As finalidades e motivações

Os diversos benefícios esperados pelos comanditários e participantes não diferem dos de outros ritos, ainda que se possa distinguir entre os seguintes modos de sacrifício:

- Expulsão de um mal (purificação, cura, reparação, conjuração, exorcismo);

- Propiciação para o êxito de uma empreitada para a obtenção de um favor ou de uma vantagem;

- Sação de graças, aqui não raro ligados aos precedentes nos sacrifícios votivos ou de oferendas de primícias de colheitas;

- Sacralização de um lugar ou de um indivíduo por ocasião de sua iniciação.

As significações atribuídas

Além da intencionalidade da operação atribuída pelos sacrificantes, será útil consultar as interpretações fornecidas pelo teólogo ou pelo antropólogo. Entre o sacrifício védico e o sacrifício *dogon*, Luc de Heusch percebe certa comunidade de espírito. O mundo hindu se explica pelo sacrifício primordial do homem gigantesco Purusha-Prajâpati. Tal como o Nommo dos *dogon*, Prajâpati "tem por auxiliar a Palavra. O sacrifício cria (e mantém) a ordem do mundo, criando (e mantendo) as diferenciações" (Heusch, 1986, p. 496).

Também Evans-Pritchard faz sua exegese do sacrifício nuer, não raro extrapolada por outras em toda a África. Mas resta ver em que medida, apesar das metáforas linguísticas, haverá uma identificação homem/vítima, e se o sacrifício não opera por obliteração das faltas e doenças de maneira diferente daquela admitida nas religiões de salvação e de responsabilidade pessoal, uma vez que a África adota uma concepção persecutória de um mal vindo de fora.

Princípios de definição

O sacrifício é uma ação simbólica de separação, desapego e oferenda de um bem ou de si mesmo, em sinal de submissão, obediência, arrependimento ou amor que nutre, de maneira dinâmica, as relações assimétricas entre as instâncias sobrenaturais solicitadas e a comunidade humana por meio de um sacrificante e de uma vítima.

Ele supõe um ato custoso, uma privação em homenagem a uma entidade espiritual, portanto um desejo de comunicação que se traduz através da oferenda abandonada, pela mortificação pessoal e, frequentemente, pela imolação de uma vítima animal seguida de um repasto comunal ao modo de conclusão dos procedimentos rituais que comportam purificações e orações, e, a título de ato unificador, o homem sendo no repasto o anfitrião convidado de seu deus.

Para terminar, ressaltaremos que a lógica sacrificial se esclarece por uma série de cumulados e não isoláveis princípios:

- Reconhecimento de uma troca desigual, não mercantil e sem equivalência absoluta;

- Substituição de um homem por todos (redentor cristão), de um animal no lugar de um homem (sacrifício de Abraão), de um objeto por outro (óleo de palma vermelho no lugar de sangue), de um destinatário por outro (o vodu *Fa* tido como mais clarividente que o terrível *So*);

- Disjunção (a morte de uns proporciona a outros um acréscimo de vida) e de conjunção (do profano e do sagrado, dos homens e dos deuses);

- Dívida jamais extinta, dos lugbara de Uganda com relação a seus ancestrais, dos astecas em relação a seus deuses sequiosos de sangue;

- Incerteza do resultado em razão de impurezas, de realização incorreta do rito ou da animação por demais lenta de um deus;

- Ético de espiritualização através de jejum e abstinência do renunciante hindu, mortificação do cristão cujo Deus lhe exige essencialmente um coração puro.

Portanto, o sacrifício é uma troca entre os homens e as potências sobrenaturais, mas uma troca desigual com reconhecimento pelo homem de uma dívida que jamais se extingue e de uma incerteza quanto ao resultado.

Capítulo 8

Festas da vida e celebrações do céu

Há mais de um século, os folcloristas, sem necessária referência a uma religião estabelecida, têm se mostrado deveras interessados nas festividades que acompanham as grandes etapas da vida familiar, nas maneiras de exprimir por ritos de calendário a renovação da natureza e da sociedade, bem como na decifração de mensagem que se tem como provenientes de outro mundo nos fenômenos de adivinhação e de possessão.

Ritos do ciclo de vida

Os ritos de passagem têm sido estudados desde 1909 por Arnold van Gennep, que os decompõe em três fases: separação e ruptura com o mundo profano; marginalização num lugar sagrado e formação em um novo modo de ser; ressurreição simbólica e agregação na comunidade com um estado superior.

A iniciação pubertária

No que diz respeito, sobretudo, à iniciação, após uma morte simbólica, as noviças, encarregadas por instrutores, são submetidas a uma ascese e a provas, fazem aprendizagem de ritos e recebem a revelação de um saber sobre a sociedade que as acolhe (por exemplo, entre os arunta da Austrália: a utilização do rombo considerado como a voz dos deuses). A mudança de estatuto dá lugar a cerimônias e se traduz pela atribuição de um novo nome, por adornos, por marcas corporais (escarificações, circuncisão) e eventualmente por uma nova língua, própria aos iniciados. A iniciação marca uma transformação memorável na vida do indivíduo e requer uma fidelidade às normas da comunidade em que os postulantes são introduzidos.

Esse esquema bastante geral demanda numerosas observações e reservas em sua interpretação.

- Como observa Eliade, é preciso diferenciar: a iniciação de jovens púberes que estejam passando à idade adulta; a iniciação eletiva de sacerdotes, adivinhos, magos, xamãs ou pessoas devotadas a uma divindade; a iniciação voluntária a uma sociedade secreta, a uma confraria profana ou a uma instituição familiar;

- Os ritos de puberdade são mais importantes (para os rapazes, raras vezes para as moças) nas sociedades fortemente coesas, que dramatizam a solidariedade masculina e a aplicação de certos papéis adultos;

- Não se poderia reduzir ao modelo de Van Gennep todos os ritos religiosos, ainda que estes, de qualquer maneira, separem o fiel de seus papéis profanos e quotidianos, pondo-lhes temporariamente à parte e diante de seu Deus e reforçando, segundo Durkheim, uma reincorporação social;

- Nem único, nem generalizável, o modelo tripartite separação/liminalidade/incorporação deve ser corrigido como o faz Victor Turner, acrescentando, entre liminalidade e incorporação, uma fase de ação reorientada *(redress)*, isto é, de comprometimento firme em uma via revelada pelo rito e da qual se aceitam os direitos e deveres;

- Segundo Pierre Bourdieu, a fase mais importante é a da passagem, considerada pela perspectiva da enfatização e da visibilidade de um limite que marque a descontinuidade. Mas trata-se de um só dentre dois estatutos distintos (iniciados/não iniciados, criança/adulto) que se pode superar, ou mesmo de uma linha entre dois grupos preexistentes (homem/mulher), esta que simbolicamente não se pode transpassar por ablação do prepúcio e do clitóris interpretados como passagem da bissexualidade à unissexualidade? Por que motivo se tem superações reais, outras simbólicas e algumas delas possíveis?

- A psicanálise evidentemente encontra outra coisa importante. Theodor Reik insiste no desgarramento da criança de sua mãe e na supressão da agressividade com relação ao pai (embora pai e filho possam às vezes ser iniciados juntos!). Bruno Bettelheim vê nesses partos simulados (couvade), na subincisão do pênis imitando a menstruação na Oceania, no aleitamento por ingestão do esperma por parte dos iniciadores entre os papuas, a monopolização mimética das propriedades do outro sexo — só vendo!

- Já ressaltamos que é difícil ler em toda parte a ordem sequencial. Como estabelecer se um rito de purificação ou uma vexação tem o caráter de separação, marginalização ou agregação? É algo que as iniciações ao modo de trote nos mostrarão diversas vezes no mesmo rito de sequências, separação, margem e agregação;

- Em minha obra sobre os ritos profanos (cap. IV), são elaborados muitos princípios diretores que merecem atenção. A teatralização: encenação, bastidores, espetáculo, papéis, dramatização, autorreferencialidade: especificidade do rito fora do uso comum, marca única de identidade na carne e na memória; reiteração identitária: reprodução social de especificidades grupais operada pelos já iniciados; a descontinuidade estatutária pela aprendizagem e barreira do secreto; a complementaridade dos atores e espectadores, as mulheres sendo as respondentes e garantes da iniciação dos homens; a simbolização. Aqui nos limitaremos a algumas indicações sobre esse último tema.

Vexações e sevícias subvertem os esquemas de ação correntes (vomitar, deitar sobre espinhos, estar nu e de cabeça raspada para uma morte dos sentidos).

Insultos e agressões são suportados em silêncio, em uma atitude de penitência.

Uma rica simbologia se aproxima da invisibilidade, do retorno às entranhas: imersão na água (líquido amniótico) entre os *nandi* do Quênia, refúgio na cabana (útero e óvulo) entre os *sara* do Chade, arrastar-se num subterrâneo (túnel-vagina) entre os *ewondo* dos Camarões, ser devorado por uma besta mística entre os *lobi* do Burkina... Toda uma simbologia das cores (corpos untados e pincelados, pano branco) ou dos objetos, dos pontos cardeais ou de números de voltas aí se faz acrescentar.

Ritos de nascimento

Como a liminalidade é a fase capital da iniciação, a integração marca, sobretudo, o nascimento e o casamento, com a separação mostrando-se significativa nos funerais. Para uma pincelada em alguns ritos de nascimento, falarei brevemente sobre algumas ideias essenciais de *Union et procréation em Afrique*, obra de minha autoria, partindo de exemplos *ewé* do Togo:

- **Integração do recém-nascido em um território:** Enterrada na matriz da terra úmida, a placenta é como que chamada a voltar a germinar para gerar novos descendentes. A árvore plantada onde o cordão umbilical estiver enterrado crescerá ao mesmo tempo em que a criança que ele representa e à qual pertence;

- **Integração no espaço cósmico:** Durante sete dias, a criança é enclausurada com a mãe, para evitar sua morte, já que é tida como vulnerável às intenções maléficas dos feiticeiros e dos espíritos errantes. Ao sair, ela é apresentada ao sol e algumas semanas mais tarde à lua;

- **Integração em uma temporalidade:** A criança traz inscritos em seus diferentes nomes: o dia em que nasceu (Kodjo nasceu numa segunda-feira), a sua posição em uma série de irmãos e irmãs (Anani, o quarto filho do sexo masculino), as circunstâncias de seu parto (Aliposi, filha nascida no caminho, no curso de uma viagem da mãe) etc;

- **Integração na família:** A acolhida no clã é um batismo. Joga-se água no telhado da casa, e algumas gotas caem sobre a criança que, em sua saída da reclusão, é apresentada a todos por uma de suas tias. Cumprimenta-se a mãe por ter "trabalhado bem". O pai atribui os nomes. As pessoas da casa participam da cerimônia;

- **Integração na linhagem ancestral:** Para os ancestrais, servem-se libações e são rendidos sacrifícios. O adivinho é assediado várias vezes para que se saiba qual ancestral modelou a criança;

- **Integração na religião tradicional:** Seguindo o exemplo dos gêmeos considerados uma bênção para um lar (2% dos nascimentos contra 1% na Europa), o *Tohosu* mongólico é considerado vodu mensageiro dos deuses, e a *Heviesso*, vodu do trovão, consagra-se o pequeno *Amuzu* (rosado do céu), filho de um adepto desse mesmo vodu. Mas não existe no Togo o rito oceânico da couvade, que é a simulação pelo pai (repouso, isolamento, período de cama, interditos a respeitar) da gravidez e do parto da mãe como forma de participação no vir ao mundo da criança.

Ritos de morte

Remetendo aos *Rites de mort* de Louis-Vincent Thomas, será suficiente ler as finalidades da maior parte dos rituais funerários:

- **Para o defunto:** apaziguamento por ocasião do morrer, sentimento de honra manifestado por ocasião de sua partida. Na África, sacrifícios são oferecidos para lhe servir de extrema unção no além;

- **Para a paz dos sobreviventes:** regras para o trabalho de luto e tristeza expressa pelo choro, orações, mensagens durante os funerais, restabelecimento da ordem perturbada após a expressão codificada da angústia e após homenagem ao desaparecido;

- **Para a comunidade:** freio na irrupção do numinoso impuro (na África, especificando por adivinhação os culpados, tranquilizando os gênios em fúria, dando satisfação aos ancestrais dos quais se demanda saúde e prosperidade) e renovação da sociedade por dramatização litúrgica (muitas vezes lúdica) que reforça as relações entre indivíduos e clãs.

Que a inumação seja feita em posição fetal, para destinar o cadáver a um novo nascimento, como entre os esquimós do estreito de Béring, ou que se proceda à cremação, simbolizando o retorno ao cosmos na Índia, o rito de passagem tende a eliminar as perturbações que sucedem à mudança. Em geral, os primeiros funerais na sequência da inumação garantem a separação do morto em relação aos vivos; os grandes funerais, após um período de luto carregado de tabus, fazem o morto tomar parte no outro mundo. Em Madagascar, promovidos às categorias de intercessores privilegiados, os mortos do ano anterior são exumados de sua tumba e exaltados em uma mortalha branca por ocasião da festa do *Famadihana*. Seus espíritos devem fazer prosperar seus descendentes.

Festas de renovação social

O dionisíaco não universalizável

Ao evocar o *Thanksgiving Day* dos americanos, o Natal cristão, o *Aït-el-kébir* muçulmano, a *Deepavali*, festa hindu das luzes, a festa tamoule das colheitas *Pongaal*, o solstício de verão dos ameríndios ou ainda o carnaval, de certos ritos se tem por derivação os festejos, que em geral comportam celebrações profanas, graças às quais uma comunidade simbolicamente reafirma sua identidade cultural, religiosa ou política, durante certos dias faustosos (*dies festus*), amparados por danças, desfiles, trajes especiais, músicas de ocasião...

Segundo o polo dominante, que pode ser de cerimônia ou de folguedo, distinguir-se-á, por um lado, a *festa-celebração* valorizando uma crença religiosa (Páscoa, Todos os Santos) ou a proteção local de um santo (festa patronal bastante estudada pelos etnólogos franceses), em comemoração a um acontecimento nacional (o 14 de Julho francês, o *Trooping the Colours** britânico) ou a título de celebração da memória de grupo (dia das mães, dia do trabalho) e, por outro lado, a *festa-transgressão* reduzida à lógica do desfrute e do transbordamento paroxístico (saturnais, carnaval, interregnos africanos).

*O *Trooping the Colours* é uma cerimônia militar que celebra o aniversário oficial do soberano do Reino Unido. É uma cerimônia que acontece desde o início do século XVIII, quando a bandeira ("colours") de um batalhão do exército era mostrada às tropas ("trooped") para que os soldados a reconhecessem nos campos de batalha. (*Nota do Tradutor*).

Qualquer que seja a sombra de Dioniso, que de lugar algum aponta para toda a parte, importa ressaltar que se os festejos relacionam-se muitas vezes ao rito destacado do sagrado, os esquemas de transgressão e paródia do poder nada têm de generalizável. Com isso, reprova-se a Roger Caillois ter visto exageradamente a festa com base no modelo de certos frenesis e orgias primitivas, como a reatualização do caos primordial, a ressurgência da idade do ouro e a inversão que vem remediar o desgaste. Não importa que a festa não remeta à origem do mundo. Mas Georges Bataille teve razão em perceber na festa o que há de dom e de economia oblativa, cuja lei é trocar as perdas. A destruição suntuária se produz sobre o fundo de excedente simbólico acrescentado à vida corrente. Válvula de certeza, a festa serve de mecanismo de renovação de uma sociedade. Mas muitas festas há, não particularmente lúdicas, que não comportam mais que uma parte de ritual eventualmente regulado com felicidade interior ou coletiva e emoção.

Coletando em diversas culturas

Ilustraremos brevemente começando indo do popular ao religioso. É certo que o carnaval aparece como a liberação precedendo a austeridade da abstinência cristã, mas originalmente ele se encontra ligado ao culto de Baco (bacanais), na linha da reconciliação do homem com a natureza pela via da embriaguez e da exuberância sexual, e à inversão das saturnais, uma vez que os escravos tomavam o lugar dos mestres e vice-versa. Por ocasião do *carrus navalis*, no quinto dia de março, quando se retomava a navegação interrompida no inverno, os romanos acompanhavam o cortejo adornado de personagens disfarçados, seguido de sacerdotes escoltando o barco votivo montado sobre uma carruagem. Máscara e licença permanecem durante toda a Idade Média, com o concurso de mentiras ou de fórmulas obscenas, manequins grotescos, busca de toucinho e de ovos, bicho papão mascarado que vem corrigir as falhas, por ocasião da terça de carnaval.

Após os quarenta dias da quaresma, a Páscoa cristã introduz a ressurreição e a salvação. Entre os judeus, a Páscoa, *Pessah*, comemora a saída do Egito e a libertação dos hebreus; ela é celebrada pela refeição familiar do *Seder*, o mais sagrado do ano.

Na França, do dia 1º a 11 de novembro é tempo de lembrar os mortos. Do Natal, festa familiar em que a criança é o rei, até o Primeiro do Ano, festa entre amigos, até a folia de reis na Epifania, o júbilo prevalece no coração mesmo do inverno. E entre os gregos e romanos, na época do ano em que os dias eram mais longos, ou seja, no solstício de verão, começava o que hoje chamamos de festejos de São João, ligando pela dança, durante cinco ou seis horas, o crepúsculo de um dia à aurora do dia seguinte. Esse culto solar tinha significações de afastamento dos malefícios pelos odores do timo, do orégano e da camomila queimados, e também um significado de fertilidade: quanto mais elevados fossem os saltos sobre o braseiro, mais o trigo cresceria alto.

Na Índia, os solstícios estão muito mais ligados a comportamentos austeros de jejum e vigília, ou às peregrinações. E, pelo contrário, entre os tamoul da Índia, a festa agrária do fim da colheita, chamada *Pongaal* (transbordamento, prosperidade, crescimento), associa as orações e oferendas aos deuses durante três dias, quando se cozinha arroz com leite e se distribui cana-de-açúcar da nova colheita. Sobre as festas na França, a literatura etnológica é abundante. As sociedades sábias e as agências de turismo sabem tirar proveito disso.

A exemplo de muitas festas de caráter religioso e/ou profano, certos ritos envolvendo a clarividência apresentam um caráter profano na vidência moderna, ou então um viés mágico-religioso. Após ter tratado mais especialmente da mântica ou da adivinhação, falaremos da possessão que diz respeito tanto à magia quanto à religião, à qual ritos diversos se incorporam no contexto de outras liturgias mais vastas. Esses ritos não são obrigatórios e são interpretados como signo seja de eleição, seja de impureza, seja de advertência.

Ritos compreendidos como signos

A adivinhação

Sem ter a pretensão de em algumas linhas elaborar uma enciclopédia da adivinhação da qual se encontrará um compêndio na obra de Joseph e Annick Dessuart, intitulada *La Voyance* (PUF, 1980), e após ter distinguido a mântica dedutiva, tendo um apoio material, e a mântica inspirada num médium que fale em nome de um terceiro suposto (deus, espírito) em virtude de uma faculdade supra-humana ou de um saber adquirido, bastará aqui desembaraçar algumas ideias mestras, tomando como exemplo, sobretudo, a gemoancia por *Fa* dos fon do Benin, sem se pronunciar sobre a percepção extrassensorial nem sobre as profecias da Pitonisa de Endor consultada pelo Rei Saul, do astrólogo Teógenes assistente do imperador Augusto, ou de Nostradamus, chamado por Carlos IX em 1564.

- Toda adivinhação supõe um cosmos codificado, carregado de significantes a decifrar, seja em leitura direta nos sonhos, nos presságios, na pelagem dos bovinos, seja na leitura suscitada pela interrogação do cadáver, pela ordália, pelo oráculo, pelo transe ou pela interpretação sábia de signos diversos: cartas, linhas da mão, astros ou por um compactado de grãos;

- Muitos procedimentos inegavelmente complexos costumam coexistir num mesmo grupo social. Apelam a adivinhos diferentes e se ligam estreitamente às condições de existência coletiva. Assim, nas civilizações coletivas de agricultores, é mais frequente ver utilizados grãos, nozes de palma, e de ver interpretadas as convulsões de uma galinha que morre, enquanto a

pássaros já é dominante numa cultura de caçadores e no exame das entranhas de animais nas culturas de pastores;

- O lugar do adivinho na sociedade depende de muitas variáveis: sua *especialização técnica*, isto é, sua função de intérprete sábio de um oráculo decodificado segundo um procedimento intelectual (adivinhação indutiva com base em um saber) ou segundo sua própria inspiração, ele se apresenta como médium e mensageiro de uma potência invisível (adivinhação intuitiva com base de misticismo); seu *grau de tecnicidade* na interpretação das mensagens: competência e notoriedade se adquirem no curso do tempo por iniciações, memorizações, ritos, experiências múltiplas de relação com os clientes que julgam êxitos e fracassos; o *estatuto social* atribuído ao detentor da função. Ainda que a conjuração do mal, o afastamento de eventuais ameaças e o acúmulo de certezas agradáveis sejam essenciais ao grupo, situação social reservada ao adivinho pode permanecer modesta entre os *moundang*, ao passo que o adivinho *fon* ou *iorubá* desfruta de um prestígio compatível com o de sua clientela habitual (adivinho de aldeia, região, de chefe ou de rei);

- A interpretação divinatória articulada ao significante cultural procede de mitos fundamentais de uma cultura. Assim como a raposa pálida, cujos traços sobre a areia são interpretados, tem uma significação mítica na aparição da desordem entre os *dogon*, da mesma forma o *Fa*, mensageiro de deus e hipostasiador das leis do destino, é a garantia dos sentidos, de estrutura e de validade das operações geomânticas entre os *fon*;

- A geomancia *fon* confere significação à duração uma vez que supõe a um só tempo o caráter predeterminado da pessoa e seu aspecto inacabado. O *Fon* só pensa poder realizar seu ser futuro à medida que conhece seu programa de vida inscrito em seu *kpoli*, espécie de dublo que expressaria as linhas-força do destino para ter vivido a vida anterior do consulente;

- A adivinhação serve para reduzir as zonas de incerteza no que diz respeito ao futuro individual ou a um projeto coletivo, servindo também para apreender as possibilidades de operar uma escolha judiciosa nos momentos difíceis (morte, doença, feitiçaria, infortúnio, rito de passagem), mas ela pode desvendar também o que é produzido ou o que está em via de ser produzido com o intuito de ajustar a conduta em função de contextos favoráveis ou desfavoráveis ao consulente. Ainda que a ordenança dos acontecimentos individuais pareça aleatória, a mântica os classifica segundo categorias em número limitado (256 *kpoli* entre os *Fons*);

- O geomancista não somente é encarregado, na maior parte do tempo, da detecção dos elementos que constituem o universo sociocósmico em que o consulente está integrado, mas ele deve fazer seguir daí um diagnóstico clínico da formulação de um prognóstico de conjunto, e, portanto, de uma prescrição indicadora das modalidades de acionamento de um procedimento terapêutico de caráter muitas vezes ritual;

- De ressonância mais cognitiva que emocional, os símbolos divinatórios que servem para discernir os acontecimentos confusos e obscuros têm sentidos múltiplos dos quais somente um pertence a uma configuração de símbolos dados, diferentemente dos símbolos rituais que, por sua vez, sintetizam pluralidades de sentidos operando uma fusão de acontecimentos aparentemente disparatados. Mas o aspecto analítico dos símbolos divinatórios se funda nas regras de mutações linguageiras de diversos referenciais posturais, sociais e mentais. Então, para ser adivinho, é preciso não só conhecer intelectualmente os códigos de linguagem divinatória, mas também comandar a psicologia de um grupo social, suas técnicas do corpo, seus modos sociais de comunicação, e suas crenças religiosas.

Isso equivale dizer que, mesmo especulativa em certo sentido, a geomancia resvala para o dramático à medida que é produto da súplica e da imploração. O consulente, diante de uma escolha, busca legitimar ações que para ele se configuram um problema. Isso só lhe é possível estudando as relações de forças entre os deuses, o cosmos e seu próprio círculo pessoal, o que põe em jogo de uma só vez um sistema de valores e um jogo de tensões sociais, a ponto de que quanto mais o campo das relações humanas é perturbado pelas catástrofes naturais, mutações tecnológicas, doenças, ódios ocultos ou acusações de feitiçaria, mais se observa uma recrudescência dos atos divinatórios. Por esse ângulo, a geomancia *fon* poderia ser apreendida como um instrumento de análise social.

Cultos de possessão

A literatura helenística sobre os cultos dionisíacos (menadismo), os relatos judaicos (Flavius Josèphe) e evangélicos sobre exorcismo testemunham casos de possessão. Estes, atribuídos a espíritos malignos (ao contrário do êxtase) são abundantes na Idade Média. Após o período compreendido entre os anos 1590-1620, durante o qual se vê a multiplicação dos fenômenos de bruxaria, sobretudo no norte Europa, já no século XVII se desenvolvem as epidemias de possessão nos microgrupos conventuais (Loudun, Louvier, convulsionários de são Medardo) onde os possuídos já não são considerados culpáveis, e sim vítimas.

Se esses fenômenos praticamente desapareceram nas sociedades ocidentais (exceto o tarentulismo no sul da Itália), eles continuam a existir no terceiro mundo: *gnawa* marroquino, *jine-don* mandingue, *zar* etíope, *bori haoussa*, bem diferentes por seu contexto simbólico e religioso dos cultos de possessão em Bali, no Vietnã e nos xamanismos asiáticos (o transe visa sempre uma partida da alma). Eles se multiplicam tanto nas novas igrejas pentecostais como nos sincretismos brasileiros, tipo *candomblé* ou *macumba*.

A possessão é o estado de um indivíduo que se supõe estar sob o poder de uma força sobrenatural, que faz dele o instrumento de sua vontade, seja por um objetivo terapêutico pessoal, seja como medição pela posse de uma mensagem divinatória para a sociedade. Distingue-se o transe, favorecido por técnicas (tambor, jejum, substância psicotrópica), acompanhado de automatismos em uma situação de tensão psíquica, mas sem invasão do indivíduo por agentes extra-humanos, da possessão por um espírito, não implicando necessariamente transe, ou fazendo-o somente no curso do exorcismo. Entre os *mofus* dos Camarões, por exemplo, as mulheres clarividentes entram em transe por ocasião da consulta divinatória; os homens clarividentes, em estado de permanente possessão, não entram em transe.

Distinguir-se-á, também, mesmo se os dois estados dependerem de uma mesma sintomatologia (desordens psicossomáticas, sobressaltos, tensão das mãos, estremecimentos, estupor, mutismo ou logorreia):

- **Adorcismo:** chegada de uma alma nova benéfica, ou eleição do corpo de uma pessoa como receptáculo de um espírito benéfico (por exemplo, *holley* dos songhai do Níger);

- **O exorcismo:** extração de uma potência ou de uma alma estrangeira perigosa ou maléfica (espíritos agressores dos inimigos *zulu* entre os *tonga* do Malawi). Entre os *teké* do Congo, a possessão das mulheres por um gênio da água e segundo uma hereditariedade matrilinear culmina com a crise, seguida de reclusão terapêutica, durante a qual se domina o espírito responsável pela infelicidade ou pela doença. A possessão pode funcionar como meio terapêutico individual ou como sistema, codificado pela iniciação e institucionalizado, de comunicação com os espíritos (*vaudou* haitiano, *N'doëp* wolof).

O possuído haitiano por um *loa*, do qual ele imita os atributos e a suposta voz, antecipa o que ele pode vir a se tornar, maquinações contra esse ou aquele, as medidas de proteções a se tomar. Mas ele também contrai uma dúvida de oferenda e de sacrifício para com seu *loa*, que é muito suscetível e por vezes terrível a ponto de punir uma indisciplina com a loucura ou com a morte.

O possuído por um espírito, um deus ou um gênio é considerado por sua sociedade como o engaste do deus que a cavalga, ou como seu esposo. Antes desse violento estado alterado de consciência, inconscientemente ele já aprendera, como espectador e por meio de relatos, os papéis culturais e os signos codificados que permitem identificar o gênio que o possui e fala por sua boca. Ao final, ele esqueceu por com-

Deve-se observar que um culto de possessão encontra-se geralmente incluso em um sistema ritual mais vasto (sociedade de máscaras, culto dos ancestrais, sistema divinatório, procedimentos xamanísticos ou antifeitiçarias), o transe não sendo nem central nem absolutamente necessário, mas simples uma forma particular e acidental de relação com as potências sobrenaturais.

Lá onde as mulheres são possuídas (*bori* haoussa), terão de se haver com um poder místico contrabalançando o poder real masculino, assim como no filme *Os mestres loucos* de Jean Rouch sobre os hawka de Accra, a possessão é uma saída simbólico-religiosa pela qual excluídos e manobras se valorizam na adoção de papéis modernos prestigiosos (a locomotiva, o governador, o secretário geral), no Haiti ela constituindo uma linguagem dos oprimidos ou uma válvula de segurança, que de resto é considerada fenômeno de resistência ao cristianismo importado (*Tromba* de Madagascar) ou de contra-aculturação nos pontos de encontro entre a África branca e a África negra; trata-se aí apenas de interpretações válidas para o caso estudado, e não generalizáveis. Por vezes, a possessão é incluída no sistema ritual dos grupos dominantes; outras vezes, ela revela apenas o transe, mas se manifesta por um ligeiro transtorno nosológico: o curandeiro nyoro de Uganda persuade então o espírito menor, que incita seu cliente a deixá-lo. Simbolicamente ele encerra o espírito em um pote de cerâmica que se vai lançar na brasa. Em uma possessão forte, os médiuns, como ressalta John Beattie, admitem abertamente seu "jogo" de simulação inicial no qual eles se deixam enredar, como o *xamã kwakiutl Quesalid* descrito por Lévi-Strauss. Em Madagascar, o povo um tanto quanto participativamente lúdico, um tanto quanto crédulo, folclorizou o *Tromba* na brincadeira de criança, em uma espécie de ir-e-vir entre modernidade e tradição.

Com o propósito de nos fazermos imbuídos do espírito da antropologia, leremos neste final de capítulo o cenário do filme etnográfico: *N'doëp, tam-tam de la guérison* [*N'doëp, o TAM-tam da cura*].

Cenário do filme Le N'doëp, tam-tam de la guérison

"Entre os pecadores lebous, a 30 quilômetros de Dakar, as mulheres se preparam para realizar o N'doëp. A cerimônia começa à noite. Kane Thioune, adoentado já há muitos meses (ela já tinha feito um N'doëp dez anos antes) vai novamente participar da cerimônia, assim como uma pequena mongolesa e uma poliomielítica de três anos.

Em um compartimento que não se podia ver, sob a condução de Daouda, grande curandeiro, e de seus assistentes em trajes violeta, começa o ritual. Os assistentes de Daouda vão expectorar leite coalhado sobre o corpo da enferma (retorno à infância), tomar medidas com a ajuda de sorgo e de fios de algodão para fazer um amuleto e um altar na concessão. Depois se posiciona sobre as mãos da doente um cesto de palha no qual serão postas raízes de plantas medicinais: o sorgo lançado no cesto será destinado à realização do altar, e o que cair no chão será destinado aos mendicantes. Ao som dos tam-tams em fúria, Daoula deposita um lençol branco sobre Kane e, ao agitá-lo, pergunta-lhe os nomes dos *Raps* (espíritos) que a enfeitiçaram. A jornada termina com danças que vão até tarde da noite, e, após numerosos transes, todos se deitam.

Pela manhã, conduz-se o boi até a mesa para lhe apresentar ao *rap* do mar e purificá-lo: dança do mar...

Por ocasião do retorno à concessão, Kane Thioune se deita ao lado dos animais que serão sacrificados para lhes passar a doença. Ela é coberta com sete panos, e em seguida as mulheres dançam ao seu redor.

Antes de sacrificar o boi, a paciente e sua família farão votos. Após o ter sacrificado, os assistentes recuperam o sangue e lavam o que houver desse sangue nos pacientes depois de terem sido cercados com as vísceras do animal que elas guardarão até o dia seguinte.

Pela manhã, lava-se a doente (sempre tendo em mãos as raízes das plantas medicinais) mergulhando uma galinha viva em uma bacia d'água e lançando-a sobre a doente. Depois que Daouda se vestiu diante do altar com um grande bubu de mulher e um chapéu colonial, a grande dança final se inicia diante do vilarejo inteiro reunido para a ocasião. É com real prazer que Kane Thiourne dança novamente. Ela está curada..., ao contrário da mongoliana e da poliomielítica, que sem dúvida terão um mal a ser curado pelo N'doëp, mas nunca se sabe..., como este lhes é confiado pela mãe das enfermidades.

Misturando o universo dos *Rap* com a alma da comunidade, eles têm, pela magia do verbo, da dança e do tam-tam, aplacado os males de Kane Thioune, e a curaram."

Segundo François Perri, éd. Cosmos.

Quarta parte

AS MARGENS DA RELIGIÃO

Capítulo 9

A magia reinterpretada

A magia seria uma forma desviada de religião? Falsa questão, pois tudo depende de quem edita as normas e dos que delas desviam. A magia se limitaria a um arsenal de práticas para desbaratar, por meios ocultos, as leis da Natureza? Mas qual efeito se segue daí efetivamente? E a descrição do arsenal impede uma teorização da gramática da magia, de seus interventores, de suas condições de execução?

Isso nos remete às interpretações da magia, aos sujeitos e grupos implicados, aos ritos, práticas, objetos ou fórmulas que constituem a ação mágica, esta que se refere aos saberes e às experiências, individuais, por certo, mas também institucionalizadas de maneira mais ou menos difusa e muitas vezes vividas emocionalmente pelos consumidores de serviços mágicos como, no mundo moderno, as artes divinatórias, o ocultismo, o espiritismo, o transe, a mediunidade, já que o pensamento mágico não é uma especificidade dos povos primitivos. A partir daí, perguntar-se-á como se entrelaçam magia, religião e ciência, e por que motivo os recursos à magia se amplificam num mundo por demais desencantado para não ser ávido por esoterismo e ritualização.

A palavra "magia", derivada do persa *mag*, significando ciência, sabedoria, remete a uma grande diversidade de sentido, de crenças e de ritos que supõem a manipulação não científica de forças imanentes ao mundo, e extraordinárias, para o benefício do homem.

As circunstâncias de sua produção e as finalidades da operação permitem distinguir entre:

- Magia protetora ou preventiva fazendo uso de encantos e de talismãs, e magia ativa seguindo um ritual preciso, que eventualmente é ofensiva, uma vez que desencadeia um mal no inimigo ou rival;

- Magia cerimonial indireta agindo sobre os espíritos (espiritismo) e magia natural direta agindo sobre as forças da natureza;

- Magia pública, de controle do tempo, da chuva, dos recursos, da guerra, e magia privada de caráter amoroso ou terapêutico, de erotismo ou de exorcismo;

- Magia divinatória e magia sacrificial selando um pacto com os deuses ou com os demônios, se tomar-se como critério as formas de ação;

- Segundo o objetivo da operação, opõe-se uma magia branca ao efeito benéfico tal como uma cura ou o êxito de uma empreitada, a uma magia negra que faz intervir maus espíritos para empresas maléficas;

- Magia voluntária maléfica (*sorcery* em inglês) é bem diferente do encantamento próprio à feitiçaria (*witchcraft*);

- Feitiçaria como responsável por doenças, mortes, pragas, enquanto o xamanismo resumido em uma forma de magia curativa.

Classificações somente de valor indicativo, das quais os critérios se interseccionam parcialmente, e que dependem do ponto de vista: o benéfico para uns se revela maléfico para os outros! O próprio Mauss comete o erro de conceber o malefício como ato específico da magia, enquanto o sacrifício seria próprio da religião.

Interpretações diversas

Entre os antropólogos, a magia sempre foi um problema à medida que:

- Se a toma, a exemplo de Frazer, como uma pseudociência da mentalidade primitiva associando causa e efeito de maneira equivocada antes que a religião, e depois a ciência, lhe sirvam de intermediário segundo um esquema evolucionista;

- Com os funcionalistas, como Malinowski, se considera que ela tem os mesmos fundamentos epistemológicos que a religião, com a diferença de que a magia é uma arte prática que responde às necessidades individuais, enquanto a religião dependeria de um sistema cultural complexo que afirma valores sociais;

- É confundida, como é o caso de Mauss, na mesma teorização, os fatos de magia, xamanismo e feitiçaria.

Teorias intelectualistas

James Frazer, em *O ramo de ouro*, situa a magia como anterior à religião e à ciência; ele a disse pré-ciência, à medida que ela supõe um determinismo sobre o qual o mágico se apoiaria em suas manipulações e a diferencia fundamentalmente da religião que supõe que o fracasso da magia incita ao recurso ritual a poderes sobrenaturais especificados.

Para explicar a magia, Frazer posiciona o princípio da simpatia, familiar ao pensamento primitivo, segundo o qual o semelhante convoca o semelhante (salpicar a terra de água para fazer chover), e o do contágio, pelo qual as coisas uma vez em contato continuam a agir uma sobre a outra (enfeitiçar alguém se servindo de cortes de unhas).

A teoria frazeriana da magia parece vulnerável à medida que se encontram modos de ação por simpatia no seio da religião e também porque certos ritos mágicos não respondem aos princípios nem de afinidade, nem de contágio. Para Hubert e Mauss, as cerimônias *intichiuma* dos *aruntas* da Austrália, às quais Frazer negava todo caráter religioso, claramente dependem do sagrado religioso por sua referência às espécies e ancestrais totêmicos.

Além do que uma forma de agir sobre a natureza, a magia não seria muito mais uma forma de se opor à feitiçaria e às forças místicas que impedem os homens de realizar seus objetivos? De um modo ou de outro, a teoria de uma evolução magia/religião/ciência carece de provas justificadoras.

Em uma ordem diferente de ideias, e sem elaborar uma teoria da magia, Jean Piaget tem razão em ressaltar que o pensamento pré-lógico da criança, correlato de seu realismo egocêntrico, depende da crença mágica garantindo a ela um domínio sobre o extra-humano por ações simbólicas.

Terias do afeto

A firmeza da crença na eficácia sugere a Freud, em *Totem e tabu*, que a fonte do fenômeno estaria em procurar na autossugestão, como se observa nas neuroses obsessivas, a imposição do objeto visado engendrando a fé em um resultado positivo das práticas rituais. O meio produz o fim, este sendo atraente ainda que, na magia negra, possam ser aterrorizantes os meios utilizados que não respondam às leis racionais. O erotismo congênito reprimido luta contra a má consciência e a censura. A substituição do imaginário pelo real é uma forma de defesa contra a angústia. Tomar esses desejos por realidades expressaria a lei mesma do funcionamento da magia.

Sem a trilha deixada por Lacan, pode-se pensar que a crença na magia segue uma lógica do todo-poderoso desejo, fundamento de nossos jogos de cassino, de nossas apostas embaladas pela miragem da fortuna, das esperanças de êxito do preguiçoso em seu exame de formatura em Lomé graças à caneta de Madame Miller, que o poria inspirado.

Tendo o freudismo como pano de fundo, Géza Roheim resvala para a ideia (e não haveria quem aqui a dissesse fora do lugar) do feiticeiro, entendido como projeção da potência fálica do pai da tribo operando sobre a vítima um coito sádico à distância, castrando seus inimigos potenciais.

Que a água se identifica ao esperma do pai celeste, que a sucção de cristais de quartz ou de insetos seja extração do pênis do feiticeiro na vítima, quem há de provar? A cada qual suas imagens e seus fantasmas!

Teorias do sociocultural

Durkheim e Mauss, sem mais provas do que as têm os psicanalistas, adiantam que a magia, procedendo a esse respeito como a religião, supõe a crença no *mana*, força sobrenatural, impessoal, manipulável para quem é receptivo, dotado, informado ou hábil. Enquanto a religião apresenta as forças espirituais como transcendentes, a magia as concebe como imanentes à natureza, precisa George Gurvitch, e Jean Cazeneuve acrescenta que, em oposição ao numinoso da religião, a magia é afetada por um tabu, tanto que, para manipular esses poderes, o mágico se põe em condição extraordinária, como se também o taumaturgo religioso não violentasse as regras (ainda que o fizesse por resultado de intercessão) da natureza física e social.

Mais do que essas generalidades, algumas correlações nos parecem interessantes:

- A de J. William: magia e feitiçaria se desenvolvem tanto nas sociedades acéfalas como nas chefarias e reinos, a ordem política agindo como regulador das tensões que, de outro modo, se expressariam na linguagem da magia;

- A de A. I. Hallowell: inversamente, nas sociedades acéfalas, o igualitarismo, produzido pelos riscos de acusação de feitiçaria e pela magia, bloqueia a constituição de um poder forte. Assim, nas sociedades individualistas, como a dos índios *ojibwa* do atual Estados Unidos, o atomismo social é elemento que instiga à feitiçaria.

Sugerindo outras correlações, entre a diminuição das crenças mágicas e o aumento das neuroses, por um lado, e entre o crescimento das crenças mágicas e o desenvolvimento dos profetismos e messianismos como técnicas de exorcismo, por outro, Roger Bastide propõe apenas uma hipótese da qual ele deseja a verificação por meio de pesquisas aprofundadas.

Segundo Lévi-Strauss, que une perspectivas intelectualistas a uma base sociológica, a *comunidade* crê profundamente em um universo espiritual e na eficácia invisível do encanto mágico. *O paciente* nutre fé pela ação dos objetos e dos ritos nos quais ele busca uma proteção, *Le magicien*, enfim, é persuadido a dominar os espíritos por ter negociado com eles à custa de dinheiro ou de sacrifício. Ele tem a consciência de se alçar à condição pela qual os interditos sejam bem observados pelo paciente, e as fórmulas, bem pronunciadas. Quanto a isso, basta uma dúvida para justificar o fracasso de um rito, sem que seja alterada a fé na eficácia do mágico.

Magia e religião

Recorrente na maior parte das teorias examinadas é a ideia de uma diferença radical entre magia e religião. Mas as pseudo-oposições elaboradas com o objetivo de esclarecimento e de pedagogia devem ser relativizadas:

- Uma vez que se considera a natureza das ações às quais elas dão lugar, a magia aparece como condicionante, e a religião, como relacional. "Uma pretende forçar o consentimento da natureza, enquanto a outra implora o favor de Deus", diz Bergson seguindo Frazer. No entanto, é preciso admitir que a automaticidade do efeito aparece em toda uma série de sacramentos dos quais os teólogos dizem se tratar de *ex opere operato* enquanto, inversamente, na magia, a eficácia de um encanto pode ser atribuída à força de um espírito personalizado do qual se demandou a ação;

- A propósito de sua finalidade, Malinowski opõe o rito religioso dirigido a um fim e o ato mágico que é um fim em si. A réplica a ele será que, em muitos casos, a proteção mágica visa os mesmos objetivos que a oração e o sacrifício: proteger o homem das desgraças que o ameaçam. A adivinhação, aliás, articula o religioso e o mágico para prever as desgraças possíveis e indicar os meios (sacrifícios ou amuletos) de evitá-las;

- Do ponto de vista da socialidade, Durkheim pensa a religião como essencialmente social e a magia como absolutamente individual — por vezes até antissocial. Na realidade, porém, os interesses coletivos e individuais se misturam. O mágico pode ter como colaboradores uma família, um clã ou uma tribo. Ritos mágicos podem unir todo um vilarejo. Não há magia sem crença coletiva!

- Segundo Hubert e Mauss, a magia tenderia ao ilícito. Na religião, o uso dos poderes sobrenaturais, ao contrário, seria aceito. Ora, só mesmo a feitiçaria poderia revestir um caráter verdadeiramente proibido e sancionado. Com relação aos inimigos, o malefício mágico não contém nada mais ilícito que a maldição divina evocada pelas religiões;

- Enfim, a orientação pragmática seria considerada dominante na magia, no extremo oposto da religião a mais ideológica. Mas os rituais religiosos mostram a parte importante do prático e da prática. Quanto à magia, ela inclui todo um apoio de crenças, e desse apoio Marg Augé demonstrou o quanto dependia do elemento ideológico.

Convém então perceber essas diferenças mais como polos tendenciais, com a história revelando uma imbricação frequente entre magia e religião. De fato, é a instância religiosa monoteísta, hebraica, cristã ou islâmica que se autoriza a decidir quanto sobre o que é mágico e sobre o que não é. No saber muçulmano, sete vias são definidas pelos sábios, vias que outras religiões tendem a considerar mágicas: as ciências dos números, dos quadrados mágicos, das letras (magia literal), dos quatro temperamentos, dos astros, horóscopos, das normas.

Se as crenças na magia não têm por efeito ligar em uma Igreja os que aderem a ela, ao menos elas reúnem mais praticantes que os ritos religiosos por todo o curso da história e em todos os povos. Nos novos movimentos místico-esotéricos, quem esboçará a fronteira entre o mágico e o religioso?

> **O invisível fundamento da magia camaronesa**
>
> "Nosso mundo visível se multiplica em mundos visíveis: mundo da feitiçaria, dos sonhos, dos mortos, e dos seres divinos, que, com toda certeza, se comunicam entre si da mesma forma que o nosso mundo com o deles, constituindo, pois, com relação a nós, um reino ou gênero global do invisível a que se pode chamar muito simplesmente de mundo invisível em geral. Da mesma forma que as manifestações do invisível se miniaturizam neste mundo de cá, este em seu conjunto pode ser considerado uma espécie de miniatura do mundo invisível em geral: o que se vê aqui nada mais é que um pálido reflexo do que se tem lá; as hierarquias, as organizações e os acontecimentos daqui são meras aparições imperfeitas do que existe no invisível. A diferença é indicada por este simples fato de que o vizinho que aqui não possui nem mesmo bicicleta ou carro, lá possui o seu avião (e até mesmo ele pode ser chefe, não obstante a aparente pobreza).
>
> Portanto, no espírito da etnia beti, o mundo invisível não é um "mundo do além", mas um "mundo do antes", constitutivo da realidade visível; daí a obsessão dos meios protetores e dos que vão comandar a riqueza e o sucesso: toda técnica se apoiava antes inicialmente sobre eles como sobre seu fundamento, independentemente de se tratar de técnicas de guerra, de agricultura, do ferro etc. A asserção pela qual é possível se abster desse fundamento ocasiona espanto e incredulidade [...].
>
> Para ser mais exato, não seria o caso de dizer que esses mundos 'de trás' duplicam nosso mundo, mas, em vez disso, que esses mundos de antes constituem a essência ou armadura deste mundo de cá, que não passa de aparição ou emergência fragmentária — como a do iceberg do qual nove décimos podem estar ocultos sob a água."
>
> Philippe Laburthe-Tolra, *Initiations et societes secrètes au Cameroun*, Paris, Karthala, 1985, p. 119.

Dos especialistas e dos ritos

O mágico iniciado

O retrato do mágico tal como nos forneceram Hubert e Mauss não provém de observação ou análise científica, e sim de crenças do senso comum e tradições populares. Os autores alegremente misturam as suspeitas de feitiçaria, o mau olhado, o xamanismo com espíritos auxiliares, eventualmente animais, a *striga* medieval lasciva e cortesã, a atribuição da magia à etnia numericamente mais fraca. A realidade é bem diferente. Nem todos os corcundas são mágicos. A maior parte dos mágicos não tem nenhum dos caracteres citados por Mauss, que produz — por superimposição de suspeitas populares — uma imagem extremamente intimidadora (cegos de um olho, epilépticos, ventríloquos, crianças anormais, estrangeiros não assimilados e as corporações fabricantes de dejetos humanos: médicos, verdugos, coveiros ou barbeiros, marginalizados sociais).

Mauss, ao contrário, é bem mais pertinente na análise da vocação do mágico e da transmissão de poderes. Essa transmissão se opera por:

- **Revelação:** seja através de um sonho, um contato tido como direto com algum espírito, ou por uma possessão como entre os *sioux*. O kikuyu do Quênia, inquietado por sonhos insistentes, chama um adivinho que lhe indica a sua futura vocação. O xamã siberiano, como o zulu, toma por sinal uma doença refratária aos cuidados habituais, a qual um curandeiro mágico chegou a conter;

- **Consagração:** iniciação de um postulante por um mágico em exercício, no curso de cerimônias complexas; ordenação solene do *pawang* malês;

- **Tradição:** comunicação do pai ao filho (ferreiros, pastores) ou do mestre ao aluno, de segredos, fórmulas, feitiços, informações sobre plantas, sobre o tratamento ascético do corpo e sobre os ritos. A tradição não é uma questão microssocial, uma vez que feiticeiros, no Benim, por exemplo, se reagrupam em confrarias.

Os ritos: circunstâncias, taxinomias

Mauss aborda cerimônias e ritos mágicos, mas é importante notar que sua variedade não permite que se faça deles uma síntese adequada. O autor procede a um reagrupamento de dados de leitura e de senso comum a partir de categorias empíricas:

- **Tempo:** à meia-noite ou no alvorecer, por ocasião de um período astrológico singularizado, como o solstício ou o equinócio;

- **Lugar:** cemitério, floresta, pântano, limite de aldeia ou templo particular;

- **Materiais:** ervas medicinais a ser colhidas em dado momento, ervas maceradas dos filtros hindus ou africanos, fetos, pedaços de unhas, excrementos, esperma, substâncias de amálgama;

- **Instrumentos:** varinha mágica, bússola divinatória, bonecos de feitiçaria, máscaras de pérolas, lâminas, fusos, espelhos;

- **Prescrições físicas e as disposições mentais do mágico:** jejuns, maquilagens, abluções, fumigações, oferendas.

Mas qual é a pertinência de uma listagem onde se acumula "tudo e mais um pouco" (extraído, sobretudo, do folclore europeu) é colocado na mesma cesta segundo o princípio de analogia, que é precisamente o que se critica na magia? Cada cultura lida apenas com alguns objetos e meios simbólicos ordenados segundo suas próprias opiniões, valores e mitos: voar sobre um tapete persa, caminhar em brasas ardentes.

As obras sobre magia não costumam fornecer taxinomias coerentes de ritos, tanto que esses variam segundo os mágicos. Essas obras apresentam somente listas: adivinhação, transe e possessão, faquirismo, dança de máscaras, ação figurada por símbolos como o enrolamento da serpente ou o círculo em que se encerra a vida...

No curso da história de diferentes culturas, podemos colecionar as receitas para atravessar o espaço, comandar o fogo, captar poderes sobre-humanos. Na forma de unguentos, óleos, pós e fumigações são empregados subprodutos da vaca, pele de serpente, olhos do camaleão, gordura de alguns animais, mas também pérolas, pedras preciosas e metais. Nefastos são muito mais os pelos, os pedaços de unha, o fato de andar na sombra de alguém! Um fragmento de objeto ou de imagem basta para que se chegue ao conjunto da pessoa. Tomar a parte pelo todo é o princípio mesmo da metonímia.

Significação do ato mágico

Assim como a ciência, a magia visa uma transformação do mundo. Ela supõe, além disso, a aquisição de um conhecimento que diga respeito ao controle das forças vitais, ao desenvolvimento dos sentidos captores de energia, à fixação dessas energias nos talismãs, nas receitas, em escritos, fórmulas em ou selos mágicos.

- Antes a magia defensiva servia para proteger contra seres hostis (ressuscitados, animais perigosos, mau olhado). Hoje, recorre-se a um mago mais para arrumar emprego, obter um diploma, recobrar a saúde, ter sucesso e, é claro, atrair a pessoa amada. O sucesso depende do grau de qualificação e do poder do operador. Um mágico melasiano anuncia tempo bom para aquele dia. Por infelicidade, uma tempestade desaba sobre a própria cabana dele. No entanto, ninguém duvida de seu poder. Supõe-se que outro mágico tenha mais *mana* do que ele;

- Enquanto linguagem significativa, a magia se reveste a um só tempo de um caráter simbólico e de um aspecto operatório. Como o expressivo se mescla ao instrumental, a crença se mescla ao saber empírico. Sabe-se que técnicas (metalurgia, caça) ou ciências (astronomia, farmacologia) nascem num contexto de crença na magia, e que a nossa racionalidade moderna não exclui vestígios de "pensamento selvagem";

- A magia é também a ritualização de uma situação na qual um desejo se exprime em termos simbólicos. O resultado supõe a ação ritual, e é o rito como um todo que se considera como eficaz, e não essa ou aquela substância que se utiliza — é bem como se pensaria a respeito, se a atitude fosse científica;

- Os ritos (e não somente as fórmulas, que são dominantes na Melanésia) encarnam crenças que dão crédito a fatos que de outro modo seriam inexplicáveis. Eles realçam, sobretudo a importância do que uma sociedade tem como valor: o vínculo parental, o poder político ou o consenso;

- Magia como um modo de enfrentar situações de adversidade ou de perigo para as quais não existe solução conhecida e eficaz;

- Modos de agir para atenuar uma adversidade ou esconjurar uma ameaça, os ritos mágicos nem sempre têm o que se poderia chamar de "efeito desconto". Por vezes criam a angústia (o fogo do inferno), e, no entanto, costumam trazer uma mensagem de reconforto e de segurança.

O mundo moderno do oculto

Variáveis sociais, formais e causas

O que se fez da magia no mundo contemporâneo? Por que ela se reativa, e que novas interpretações lhe são dadas? Enquanto os ocidentais, tendo-se aí um emaranhado envolvendo todas as classe sociais, deixam-se atrair pelo esoterismo, pela vidência ou pelo ocultismo, o espiritismo encontra ampla aceitação nas camadas populares da sociedade brasileira; porém, no seio desse movimento se desenvolveu uma dissidência espiritualista mais conservadora, antifeminista, antissocialista, beirando o esoterismo. Na América do Norte, ao contrário, os sociólogos observaram que os apaixonados pela magia se encontravam muitas vezes à esquerda, por vezes sendo militantes feministas ou ecologistas, em busca dos princípios da natureza ocultos em certo primitivismo.

Quatro aspectos da magia se desenvolvem na França de nossos dias. Pode-se apreender em termos de percepção extrassensorial:

- Esoterismo fundado em uma simbologia, e o ocultismo, de caráter já bem mais prático;

- Clarividência (eventualmente pelo marabout africano) chamada vidência ou premonição (graças, por exemplo, ao horóscopo);

- Vodu ou a psicocinese que depende da feitiçaria ou da magia negra;

- Necromancia ou comunicação com as almas dos mortos como técnica do espiritismo.

A adesão moderna à magia ou à parapsicologia produz, em bloco, todo um conjunto de crenças e superstições: casas mal-assombradas, levitação ou reencarnação, todas as certezas parapsicológicas sendo inflacionistas por sincretismo. Qual "nova era" não exalta a espiritualidade búdica, o lamaísmo tibetano, a sofrologia, enquanto Moon é a lua dos que perderam o dia?

As causas da diversificação das imagens do sagrado e da transformação dos mundos ocultos podem ser, segundo François Laplantine, atribuídas a alguns fatores essenciais:

- Crise da modernidade incita a uma recomposição das formas de crenças, práticas e organizações, mais ou menos desconcertantes;

- Misto de culturas deriva certa decomposição das imagens de Deus;

- Desenraizamento urbano provocando mudanças de crenças: converte-se a uma seita, ao passo que se nasce em uma Igreja;

- Dúvida generalizada quanto às certezas da tradição e às promessas da modernidade implica um novo trabalho de pesquisa sobre o sentido da vida e sobre a reconquista identitária.

Ingredientes para um sincretismo

Entre os panos de fundo às crenças do esoterismo, observar-se-á que:

- A natureza é concebida como viva, e o cosmos como complexo, plural e hierarquizado; a magia se apoiaria no conhecimento das redes de simpatia e antipatia que ligam as coisas e os seres;

- Correspondências podem ser apreendidas entre macrocosmo e microcosmo, passíveis de serem decifradas nos textos de diversas religiões, o público moderno estando em busca de alguns denominadores comuns;

- Todo conhecimento esotérico no tocante às mediações entre natureza e sobrenatureza se transmite seja por tradição institucionalizada, seja por uma relação iniciática entre mestre e discípulo, o que faz o sucesso dos gurus;

- A ideia subjacente de melhoria do homem e da natureza leva a crer na experiência e na transmutação sustentada pela alquimia medieval, que se transporia ao homem; redenção do homem e da natureza, possibilidade de metamorfose, de transmigração das almas e de segundo nascimento.

De onde provêm esses amálgamas sincréticos? Possivelmente das profundezas históricas, de uma matriz pré-cristã, de sensibilidades populares, de tradições regionais, de mitos escandinavos, germânicos ou célticos que fizeram o "gênio do paganismo", de cultos do candomblé ou da umbanda que "selvagizam" a vida, mas também de espiritualidades cósmicas (corpo astral, desenvolvimento ecológico esperado durável e sustentável).

Há também um servir-se a bel prazer do pano de fundo judaico-cristão, da religião popular, do *yoga*, da meditação transcendental, da espiritualidade gnóstica e da simbologia das religiões comparadas.

Além disso, uma pequena dose de imaginário do cinema fantástico, de ficção científica, de extraterrestres, de telepatia, de sofrologia (estar bem em seu corpo), de desenvolvimento do potencial humano, de paranormal e de extrassensorial acrescenta um aspecto pseudocientífico aos atraídos pelas margens das religiões. Na cultura *underground* dos anos 1960, o psicodelismo alucinógeno atraiu apenas parte da juventude, e pelo menos ele pôde fazer os telespectadores acreditar nas mediações específicas para Eros ou Tanatos, ainda que por vezes se pague caro por experiências imprudentes no mundo do oculto.

O interesse atual pela magia indica uma busca do sagrado fora das religiões, vistas como decepcionantes por não terem resposta imediata diante das demandas dos indivíduos que desejam atingir a felicidade na vida terrena sem atingir a vida eterna. Por não obter técnicas médicas e os deuses que ele deseja, o homem procura agir sobre as forças da natureza. Esse mundo da magia de modo algum parece desconcertante ao *homo religiosus* que encontra, na magia como na religião, as três estruturas componentes a seguir:

- **Gnoseológica:** crenças, tradições, textos antigos;

- **Semântica:** símbolos, nomes, propriedades;

- **Motriz:** atividades, fórmulas, ritos.

Mesmo se a grande parte das adesões falte firmeza, e mesmo que sejam apenas transitórias, o exercício mágico apresenta a vantagem de uma experimentação possível à la carte, de tão numerosas e eventualmente contraditórias que são as vias propostas.

O recurso moderno à magia explica-se em parte por uma busca de sentido e de ritos quando se dissimulam as crenças e práticas religiosas. Nesse albergue espanhol, a palavra de ordem é tirar partido: da luz de um guru, do alívio do corpo após a imposição das mãos, de uma excitação do espírito pela fé na parapsicologia. A cada um seu *Ersatz** de bênção ou de psicanálise!

*Palavra alemã cujo significado literal é "subsituto". (Nota do Tradutor)

Capítulo 10

A feitiçaria reexaminada

Comparando situações europeias e africanas, passaremos a esclarecer os quadros de análise, os dinamismos modernos e as teorizações mais pertinentes no que diz respeito à feitiçaria. Quaisquer que sejam suas modalidades, o fenômeno exprime por toda a parte os desejos recalcados, o defrontar-se com situações de adversidade e de conflitos intragrupais. Se na França parece significativa a luta entre duas forças individuais, a do suspeito de feitiçaria e a daquele que desfaz o feitiço agindo sobre a vítima enfeitiçada, segundo condições de proximidade topográfica, social e afetiva, o esquema africano atribui menos lugar àquele que desfaz o feitiço. Não se atribui a uma ação precisamente diabólica o prejuízo grave provocado e, evocando tanto os *shabats* canibalísticos como as festas orgiásticas transgressivas, não se lhes concebe como inversão radical do religioso, uma vez que é a institucionalização mesma do cristianismo na Europa que marginalizou a feitiçaria como antirreligiosa, enquanto a mentalidade africana politeísta, em sua concepção tradicional do sobrenatural, não faz alusão à ideia de forças nocivas lutando em igualdade de forças contra os poderes do Bem. Logo, na Europa, ao contrário do que se passa na África, a feitiçaria não faz parte da religião.

Ilusão, simulacro, subversão, império dos sentidos, tal é a hermenêutica cristã da feitiçaria, enquanto a África vê aí somente um mundo noturno, paralelo e nocivo, segundo uma concepção generalizada da doença e da morte como resultados frequentes da perseguição.

A questão subjacente à feitiçaria é a questão do mal, ligada à morte. Na Amazônia, o xamã segue a rota do jaguar com o intuito de se tornar predador de seres humanos. Essa relação é mediatizada pelo tabaco, que tem por função desfazer o odor do sangue. Na África negra, a feitiçaria se explica pelas relações de força e de poder. Supõe-se que o feiticeiro seja manipulador de forças ocultas para prejudicar a outrem, em particular aos parentes. Entre os *bakongos* matrilineares, o suspeito de feitiçaria é não raras vezes um parente, por exemplo, o tio uterino. Na Amazônia, quando cessam as guerras intertribais, as relações de hostilidade são transferidas mesmo para os afinados à parte contrária. Na região andina, a substância enfeitiçadora é considerada introduzida pelo xamã; ela crê no corpo da vítima e termina por corroer suas entranhas.

Referências descritivas

Figuras da feitiçaria

De modo geral, na feitiçaria, espécie de combate entre poderes ocultos, três figuras parecem cruciais:

- O enfeitiçado, que adere a uma concepção persecutória do mal;

- O suspeito de feitiçaria, que serve de bode expiatório no processo de *catharsis*, libertando-se de psicopatias mais ou menos frequentes nas sociedades em crise; e

- O desencantador que supostamente possui um papel ativo no restabelecimento da ordem: a ordem da natureza, a ordem pessoal da saúde, a ordem das relações de boa vizinhança com os semelhantes.

Identificação das feiticeiras

Segundo o imaginário popular ocidental dos contos e lendas, os feiticeiros viveriam em um regime noturno: lugar sombrio, antro cavernoso, e cercados de frascos de alquimista e de "livros maus". Eles agirão sobre os eventos atmosféricos, comandarão o vento, as chuvas e os temporais, comunicar-se-ão com as almas dos mortos danados, conhecerão o uso de plantas nefastas como a mandrágora, de propriedades narcóticas, produzirão males incuráveis pela medicina, transformar-se-ão em lobo (licantropia), em gato preto, em bode, em sapo, em morcego... Teriam, por lei, que se ajudar mutuamente em caso de perigo, mas acredita-se, também, que o que um lançador de sorte faz outro mais forte pode desfazer.

Provas supostas de feitiçaria: marcas diabólicas ou zonas de insensibilidade descobertas pelos juízes no corpo dos suspeitos, descrições de *sabats* dos quais os supostos feiticeiros dizem (muitas vezes sob tortura) ter participado, debilitamento de seres vivos, animais ou pessoas, em seu entorno, particularidades estranhas (olhos vermelhos, manchas de vinho, corpo débil ou inválido), ou certos ofícios como o do açougueiro isolado, o do plantador de *cannabis* fabricante de laços de forca, o do ambulante à margem da sociedade local, o do pastor em relação com os lobisomens...

Sobretudo na África, mas também na Oceania, em meio aos critérios de identificação dos feiticeiros, figuram os desvios das normas: os excessos de afeição, de pobreza e de riqueza, a esterilidade, o encarniçamento na luta pelo poder, o rancor tenaz contra um membro da família.

A predisposição a se tornar feiticeiro pode se transmitir por hereditariedade parental, por ingestão de certas substâncias: beber o leite de uma feiticeira, segundo a lei de propagação das forças espirituais, ou, como se acredita que seja possível, iniciação e experiência adquirida de alguma nocividade. Entre os *samos* do Burkina Faso, estudados por F. Héritier, o destino individual *(lepere)* permite que se absolva o feiticeiro, que é considerado o simples instrumento do *lepere* da vítima.

Entre os *azandês* do Sudão, estudados por Evans-Pritchard, os membros das linhagens reinantes são isentados de acusação, graças ao seu estatuto. Esses mesmo azandês creem que a feitiçaria esteja ligada a uma substância presente no tubo digestivo de certos indivíduos e que se herda do genitor do mesmo sexo. Ninguém sabe, a menos que se faça autópsia *post mortem*, se ele possui essa substância, e o feiticeiro é considerado inconsciente de suas ações nocivas.

Prevenção e punição

Para se proteger das feiticeiras, há quem consulte oráculos ou interprete sonhos. Os *azandés* praticam o oráculo do veneno sobre uma galinha: havendo alguma ameaça, a galinha morre. Outros se dedicam coletivamente a cerimônias periódicas de afastamento dos esquemas maléficos, por exemplo, entre os nyakyusa da Tanzânia e os *ewê* do Togo, lançando solenemente fora as imundícies, e dedicam-se também aos sacrifícios para expulsar a doença concebida como punição dos ancestrais. Fetiches, encantos, amuletos, máscaras aterrorizantes e purificações preservam também contra as agressões místicas, assim como os curandeiros-adivinhos solicitados por meio de finanças, mesmo se se recorrer a um mago-desencantador mais poderoso em caso de fracasso.

As acusações eventualmente produzem, sob a égide da opinião pública, a organização de um juízo. O suspeito é condenado, apedrejado, morto, ou então eximido de toda suspeita, eventualmente purificado pela via do ritual após confissão e arrependimento. Sal, água benta, crucifixo, medalhas, servem, pois, ao exorcismo europeu. Entre os *ndembus* da Zâmbia, bane-se da aldeia o suspeito de feitiçaria, e tudo o que ele possui lhe é confiscado, ou então é posto a morrer no fogo em sua cabana, ou então envenenado por ter semeado a inveja, o ressentimento e a discórdia.

A feitiçaria na Europa
O período dos processos

O século XVI, por ocasião das guerras de religião, foi a época mais terrível dos processos de feitiçaria na Europa, sobretudo na Alemanha. A teologia daquele período, quando se tratava de bruxas (as mulheres eram três vezes mais acusadas que os homens), misturava o delírio do espírito, a heresia e o frenesi sexual. A obsessão pelo diabo favorecia a caça às bruxas, e o sacrifício ritual da fogueira visava acalmar os medos resultantes dos problemas de um período que era de mutação (crise agrícola de 1477 a 1486, fome de 1530 no oeste da Alemanha, e depois, em 1625, no Eleitorado de Colônia, convulsão das imagens de mundo com as descobertas, mudanças culturais, econômicas, políticas e religiosas). Não seria a teologia cristã dos inquisidores que teria endiabrado a magia e a feitiçaria do século XV ao século XVII? Reforma e contrarreforma endurecem a morosidade da imagem do mundo e o sentimento do apocalipse. Os miseráveis "puxam o diabo pelo rabo", e Deus não parece responder a suas criaturas inquietas.

Muitas vezes, na caça às bruxas, os interesses das populações concordavam com os dos princípios ambiciosos em tensão com o papado, e os religiosos carreiristas sabiam tirar vantagem fazendo as vezes de rigorosos acusadores... Das mulheres, claro, porque são solteiras frustradas, dos excluídos da sociedade que eles tanto marginalizam, e da elite da população aldeã, que pode lhe roubar a influência.

Que tenha havido discrepâncias cronológicas entre Europa ocidental e Europa central, na qual os efeitos foram retardatários, diferenças de severidade judicial (muito forte na Suíça e no império germânico) e consequências diversas segundo o país e as épocas, o Concílio de Trento tendo povoado os conventos com mulheres, e proliferando-se, como em Loudun e em Louviers, os casos de possessão e de diabruras (pensemos também nas bruxas de Salem: 1692), isso não significa que protestantes e católicos não tenham partilhado a mesma mitologia bruxística nutrida de crenças populares de que se refestelam, ainda no século XIX, Francisco Goya e Gustave Doré.

Não obstante, em fins do século XVII e início do *século* XVIII, as penas capitais para bruxaria diminuiram de maneira incontestável, paralelamente à:

- Regulamentação mais estreita e mais severa do procedimento legal;

- Extensão do direito de apelação;

- Abandono progressivo da tortura. Com a era das Luzes, a crença no diabo diminui gradativamente. E a Revolução Francesa varre a sociedade de então e com ela a vassoura como montaria do diabo, uma vez que a burguesia das cidades já não se sente ameaçada, e à medida que os médicos e juristas se alçam em corporações contra os charlatães.

Rumores contemporâneos

Assiste-se atualmente a uma desintegração ou à manutenção das crenças na feitiçaria? Esta, por certo, perdeu parte da coerência doutrinal que tinha outrora, com o enfraquecimento da crença no diabo, com a instrução generalizada, com o progresso da medicina, mas se mantém como variante de um sistema de crenças, de representações e de práticas, como demonstram, por exemplo, Marcello Bouteiller, cuja atenção se volta para os feiticeiros do Berry, Jeanne Favret-Saada, em sua pesquisa sobre os enfeitiçados da Mayenne normanda, Dominique Camus sondando na região de Rennes e Dinan as crenças nos dons e poderes dos feiticeiros pela perspectiva de sua clientela André Julliard associou tais ações juntas a diversos males. Ao se autonomizar e perder seus aspectos realistas (sabat, arsênico, dança de guimbarda, grande bode negro, especificação das ações de Hirão, de Magogue, do Leviatã ou de Belzebu), a feitiçaria ainda suscita o rumor e circula sob a forma de relato.

Deve-se, sobretudo, a Favret-Saada, as insistências nas acusações no interior de comunidades onde são conhecidas as histórias pessoais e as herdadas. A feitiçaria seria um complexo de ideias que inclui uma concepção persecutória do infortúnio pessoal, com práticas de adivinhação, de enfeitiçamento suposto, de desencantamento, dos afetos paroxísticos (doença, ruína e morte ocasionando uma crise entre feiticeiro, enfeitiçado e adivinho contrafeiticeiro) apoiados na experiência da infelicidade repetida e do restabelecimento da situação normal por ação do desencantador.

O problema essencial para o autor é o da força vital. De fato, a feitiçaria se relaciona ao que se poderia chamar de circulação da força vital, ou seja, às capacidades de o indivíduo garantir a sua sobrevida econômica e sua reprodução social num espaço dado: exploração agrícola, empresa artesanal ou comercial. Contra um lançador de sorte do qual se supõe que seja o causador da ruína do potencial de outrem, o desencantador se serve de seu poder excedente para se tornar de certa forma o feiticeiro do feiticeiro. O mérito dos etnólogos franceses é ter mostrado a extensão na cidade e nos homens, por razões econômicas, do que se pensava encerrado no universo rural e feminino.

O neossatanismo

Diabolos se opõe a *symbolon*, como o que divide se opõe àquele que reúne. Da mito-ritologia medieval do satanismo não haveria em nossas sociedades reativações urbanas? A meu ver, o satanismo atual afirma, de maneira mais provocativa do que real, uma adesão à magia negra, segundo intenções mais antissociais do que anti-individuais, mais imaginárias do que reais.

É bem verdade que terapeutas e juristas perceberam cerimônias blasfematórias, homicídios rituais, abusos sexuais de menores, por vezes nas seitas. Mas não se trata de um movimento satânico organizado, trata-se tão somente de fatos pontuais explorados por grupos fundamentalistas ou carismáticos para provar, na abordagem do segundo milênio e de um pretendido fim do mundo, a ameaça satânica que viria à tona. Nos Estados Unidos, existem o "Templo de Set" e a "Igreja de Satã", fundadas pelo cineasta e diretor, autor de Hollywood Babilônia, Kenneth Anger, que deixou as seitas em 1966.

Os medos antissatânicos

"Em nosso tempo cético e laico, os perigosos satanistas são definidos fora de toda e qualquer referência sobrenatural. Fora do núcleo dos cristãos integristas, os satanistas são descritos pelos grupos sociais como disseminando os medos antissatânicos para que possam ser aceitos pelos ateus. A acusação de satanismo só vai aparecer sustentada por um conjunto coerente de descrições de crenças e de práticas. O apelo ao Maligno e a submissão ao inimigo de Deus — que estavam no coração da concepção da feitiçaria demoníaca dos séculos XV-XVIII — encontram-se praticamente ausentes das descrições contemporâneas. A viagem fantástica ao Sabat, onde os feiticeiros maléficos encontravam seu Mestre, cedeu lugar às descrições de atos atrozes que parecem movidos tão só por uma vontade de potência nietzschiana e pelo sadismo, mas de onde desapareceu toda dimensão sobrenatural. 'O movimento antissatânico chegou a impressionar um grande público, redefinindo o problema em termos não religiosos. As alegações públicas do movimento mostram os satanistas como um perigo criminal, muito mais do que espiritual ou religioso. Vivemos uma idade laica, na qual grande parcela da população não crê na existência de demônios e feiticeiras. No entanto [...], apresentado como um problema criminal, o satanismo amedronta. Não por acaso, os antissatanistas têm como objetivo ligar o satanismo aos assassinatos em série, aos suicídios de adolescente, aos raptos de crianças, abusos sexuais e à pornografia infantil. São ameaças do mundo real [...]. Se o satanismo está ligado a esses crimes, a preocupação com ele se justifica. O movimento antissatânico mantém seu foco, sobretudo, nos crimes dos satanistas contra crianças. Assim, ele se encontra ligado a outros movimentos de salvaguarda de crianças, de ampla base social e bastante visíveis [...]. A imagem da criança sob ameaça é particularmente poderosa num tempo em que muitas pessoas se interrogam sobre seu futuro' (Best, 1991, pp. 95-96).

O movimento só pode ser assimilado em razão das angústias difusas presentes na sociedade. Esse clima de angústia é amplamente alimentado pelo sistema de ressonância das mídias e pelo seu tratamento sistematicamente alarmista da atualidade. A violência generalizada parece estar no coração da sociedade contemporânea de tal modo que ela é descrita pelas mídias, e a sociedade parece violentas."

Véronique Campion-Vincent, "Descriptions du sabbat et des rites dans les peurs antisatanitques contemporaines". *Cahiers internationaux de sociologie*, vol. XCVIII, 1995, pp. 54-55.

No seio da Igreja estabelecida da Inglaterra, presa, como todas as Igrejas cristãs, de uma forte secularização, grupos pentecostais e dos *Christian Fellowship Groups* interconfessionais fazem suas as doutrinas pré-milenaristas americanas e praticam exorcismo, "guerra espiritual", "ministério da salvação", contribuindo para criar um pânico entre os profissionais do ensino e da assistência social. Histórias absolutamente falsas passaram a circular, sob a forma de rumores, no que diz respeito a rituais sacrificatórios e blasfematórios que têm por origem grupos pararreligiosos e as obras de ficção de Dennis Wheatley. Com isso, alguns dirigentes fundamentalistas e carismáticos podem desenvolver um crédito moral para sua habilidade sob ameaça oculta e atrair para si uma clientela insegura por um medo apocalíptico.

Exemplos franceses de profanação de túmulos atraíram a atenção do grande público para os pseudoadoradores de Satã comungando em ritos obscuros, repugnantes ou pueris, nos quais se mesclam sacrifícios, drogas e pornografia. São conhecidos os clichês de referência: apocalipse de São João, diferentes denominações de Satã, história das discussões da Cúria d'Arte com o "Grappin"*, evocação de Charles Manson, assassino de Sharon Tate, rock satânico, *Heavy Metal*, ACDC, cadáveres violados, procissões secretas, cruz invertida com um casal fazendo sexo sobre ela, cuspir no sacrifício, zoofilia, sacrifício de animais, vandalismo, venda de hóstias consagradas, oferenda de fetos, profecias de Nostradamus... E os articulistas na imprensa não cessam de inflar alguns tablóides: pulsão de morte, delírio macabro, furor dos anticristos, dança impura num cemitério, maquilagem mefistotélica ao modo punk, vilanias e grafites...

---

*Era o nome com que são João Maria Vianney costumava se referir ao demônio. (Nota do Tradutor).

Aliar uma psicopatologia satanizante a um fundamentalismo evangélico é também um procedimento conhecido por certos cristãos, para quem o diabo representa o desafio necessário para o homem em seu processo de libertação. O satanismo entra, pois, em três formas de estratégia de:

- Defesa inspirada por advogados, segundo a qual, esperando o reconhecimento de circunstâncias atenuantes, os criminosos declaram atividades ou inspirações satânicas;

- Ataque contra potenciais inimigos: (partidários de Satã) do ponto de vista ideológico, podendo ser as seitas, os mórmons, segundo o sistema do bode expiatório, assim como em outro momento os comunistas e sua ideologia de subversão do capitalismo;

- Sugestão (mais ou menos consciente) do terapeuta desempenhando o papel do grande inquisidor e ávido por apressar a catarse do paciente: a terapêutica adotada sendo uma espécie de laicização do exorcismo, de luta contra as pulsões recalcadas para que Eros domine Tanatos.

A feitiçaria africana antiga e moderna

A feitiçaria, enquanto poder de prejudicar os outros por uma ação espiritual, distingue-se, na África, do vodu produzido por um lançador de sortes que utiliza elementos materiais. Condenada como ato ofensivo, maléfico para o grupo social à medida que é tido como responsável por doenças, morte, má colheita ou fracasso nos negócios, a agressão feiticeira é supostamente empreendida, de modo inconsciente, por um indivíduo ou grupo de indivíduos de que se suspeita que devorem a substância vital de outrem (vampirismo), que tenham o dom da dupla visão (retrovisão, nictalopia), o dom de circular durante a noite, de poder desaparecer a seu bel-prazer (inversão e ação "dupla"), de se metamorfosear em termos de festim canibalista após o assassinato de uma pessoa.

Tomando o exemplo do País Camarões, mais particularmente, da etnia maka, Peter Geschiere mostra que além de uma feitiçaria aldeã que visa, por jogos de acusação, nivelar as desigualdades, passa a existir, num contexto político urbano e poliétnico, outra forma de feitiçaria, auxiliar do político e dos ricos, dos quais se suspeita que sejam os novos poderosos a adquirir um poder enorme pela devoração do povo.

Uma feitiçaria de efeito equalizador tende a substituir uma feitiçaria com efeito de acumulação. É objeto de suspeita o que se considera como grave prejuízo ao povo: a apropriação por meios ocultos de influência, de recursos, de poder. Nos Camarões, o próprio Estado é suspeito de conivência com as forças ocultas, tratando, por exemplo, no nível judiciário, de fatos de feitiçaria com base em provas intangíveis. Ele convocará os *nganga* curandeiros como testemunhas encarregadas ou como mediadores diante dos tribunais.

    Como provar que a feitiçaria moderna incentiva o acúmulo muito mais que o nivelamento do poder? Claro que isso se dá a partir de casos específicos, mas também pela revisão da lógica argumentativa há muito usada pelos etnólogos. Doravante se passará ao meio parental e aldeão, onde se exprime uma inveja acusadora, num nível mais vasto, lá onde se produzem e se expressam o poder político, a riqueza econômica e mesmo o sucesso no esporte, na agricultura ou na educação. Se os deputados anunciam seu poder, supõe-se-lhes "blindados" pelos melhores mágicos. Em compensação, se um projeto de desenvolvimento fracassa, os funcionários acusam os aldeões de sabotagem do projeto por feitiçaria.

    "A ideia fundamental é ter que lidar com um novo tipo de feiticeiro que já não comem suas vítimas, e sim as transformam em espécies de zumbis, fazendo-as trabalhar para eles. A nova riqueza estaria fundada na exploração do trabalho desses zumbis" (Geschiere, 1995, p. 175), na construção de casas sólidas recobertas de folhas de zinco, nas plantações invisíveis ou nos cacaueiros. A feitiçaria, pois, integra tanto os "mistérios" da economia de mercado quanto o que há de oculto nas manobras do poder político.

    Ora estará Geschiere situando a novidade no lugar certo?

    O camponês bem-sucedido supostamente poderia se apropriar da fertilidade dos campos vizinhos e transferi-la às suas terras, ou então fazer espíritos familiares trabalhar à noite para ele, sem falar que sempre houve blindagens e talismãs. Na feitiçaria tradicional, o excesso de poder e riqueza, possível e real, sempre orientou as suspeitas de feitiçaria. O que não me parece realmente novo é a ideia de que a feitiçaria, antes dominada por acusações e ritos de eliminação no contexto aldeão, passe a reinar de maneira indivisa e sem que se possa extirpar o mal em uma macrossociedade nacional que tenha, por elemento estrutural do sistema, a desigualdade de poder e de riqueza. Assim como Blanc outrora, o opulento autóctone supostamente enriquece fazendo trabalhar por sua própria conta almas reduzidas à escravidão. Sem dúvida que a tomada em consideração das dinâmicas contemporâneas mostra uma substituição das acusações de feitiçaria dirigidas a comunidades alóctones e, mais ainda, uma focalização dessas acusações sobre os novos ricos, sobre os homens políticos ou sobre os funcionários de Estado!

Também é interessante observar como a ideia de feitiçaria se faz marcante nas novas religiões africanas. Os profetas itinerantes que agem como caçadores de bruxas creem serem elas maléficas. No Zaire, Simon Kimbangu batizava seus adeptos em um rio e identificava os feiticeiros dotados de algum poder pela maneira como a água espalhava sobre seus cabelos. Na Costa do Marfim, o profeta harrista Albert Atcho agia sobre as doenças provocando a confissão, que se substituía à ordália, ou julgamento de Deus, por diversos procedimentos materiais tidos como reveladores de culpabilidade. O mal já não vem de fora, mas é indício de um erro. Curiosamente, no seio mesmo da confissão, o esquema de perseguição da feitiçaria que o profeta pretende extirpar se encontra seja sob forma de autoacusação de monstruosidades fictícias, o delírio do espírito amplificando a infelicidade e o fracasso, seja sob forma de designação de associados múltiplos da culpabilidade, o que corresponde ao sabat da feitiçaria. Nas franjas saheliana ou orientais da África islamizada, o monoteísmo parcialmente exorcizou as crenças nas ações feiticeiras.

Lógicas de interpretação da feitiçaria

Explicações funcionalistas

Segundo Kluckhohn, Marwick, Evans-Pritchard ou Beattie, a feitiçaria seria benéfica para as pessoas que nela cressem, sem que se pusessem obcecadas pelo terror do inimigo desconhecido e monstruoso, mas tão somente reprovadoras com relação a pessoas comuns que, suspeitava-se, não fossem respeitadoras do código moral de uma sociedade que se quereria isenta do conflito devastador das relações de parentesco e de vizinhança. Resumamos sua argumentação:

- Moralmente, a feitiçaria traz em seu bojo o medo dos desvios e tensões nocivos à sociedade, realizando-se, com isso, em favor da integração e da manutenção da ordem social;

- Sociologicamente, ela garante na mesma medida em que se imagina ter identificado um mal e poder remediá-lo;

- Psicologicamente, ela se dá como abeator nomeando motivos de ansiedade, derivando daí a hostilidade em relação a um fator preciso de malefício;

- Ideologicamente, ela explica, pela ação de espíritos maléficos, a seletividade dos acidentes, das infelicidades e calamidades que acometem uns e não os outros;

- Psicanaliticamente, ela se deixa esclarecer também pelos infortúnios da libido e pela projeção das paixões agressivas no imaginário.

Teorias das crises sociais

Se essas explicações valem para sociedades tradicionais de ideologia conservadora, pode-se perguntar, com Max Gluckmann, se a feitiçaria acaso não seria um poderoso revelador de conflitos advindos de contradições que se encontram elas próprias na estrutura social. O malfeitor que há em nós, os especialistas, advogados, conselheiros matrimoniais, videntes e terapeutas, equivalentes a adivinhos e caçadores de bruxas, tendem a considerá-lo um produto infeliz de uma sociedade desorganizada.

Ressaltando a correlação entre crise social e moral de um lado e inflação de acusações de bruxaria de outro, os historiadores europeus, entre eles Robert Muchembled, observaram também que a caça às bruxas entre os séculos XV ao XVII teria, por função indireta, estabelecer o poder soberano, ou seja, reforçar a obediência ao Estado confessional novo, assim como ao príncipe que o representa. É num contexto político que se insere esse flerte com os poderes das trevas (pacto com o diabo, homenagem ao Grande bode preto abraçando seu ânus, seitas reunidas em sinagogas, festas orgiásticas com sacrifícios de crianças e excessos sexuais), o que origina processo, tortura e fogueiras, no momento em que se fraciona o poder das Igrejas.

Seriam explicativas dos processos, dos fatores objetivos tais como as mudanças climáticas, econômicas e culturais, mas também de fatores objetivos como a miséria material, a mentalidade ainda supersticiosa do clero sacerdotal, as angústias de populações de relações instáveis com o poder central, do mesmo modo que o relicário medieval de misoginia a atribuir um poder oculto às mulheres — que não tinham poder político, mas geriam a saúde das crianças e a economia familiar —, pouco instruídas, porém ávidas e desenvoltas no hábito da fofoca. Sob Luís XIV, a feitiçaria aparecia ainda como proteiforme: feiticeira, proxeneta, abortista e criminosa.

Desordens do imaginário

Imagem do delírio do espírito humano, reflexo de apetites e de rancores, de sonhos e de desejos recalcados, expressão da miséria e da crueldade, do medo e do ódio, a feitiçaria, outrora manchada de heresia pela Igreja, que a considerava como culto ao demônio e às divindades pagãs, parece atualmente suprimida, sobretudo na zona rural, onde se mantém um imaginário de suspeitas e acusações recíprocas, ainda que o diabo esteja ali domesticado. Quanto a isso, ele guarda um aspecto ambíguo à medida que do curandeiro-mágico supõe saber lançar uma sorte (o *sorciarius* latino era aquele que dizia a sorte). Aponta-se o agressor sem nomeá-lo, por medo de medidas de retaliação, até que rumores públicos o conduzam, ele próprio e por vezes a família enfeitiçada, a um isolamento microssocial, fator de desespero psicológico e mesmo de fuga do vilarejo. Ignorância e superstição têm parte na fabricação imaginária do malefício em sociedades miniaturizadas, como fazia atentar Reo Fortune a propósito da ilha oceânica de Dobu.

Interpretações discutíveis

Mas se pode interrogar sobre o valor de todo tipo ideal construído por tal autor valendo-se de similitudes. A feitiçaria *navajo* estudada por Clyde Kluckhohn difere da dos *azandês* observada por Evans-Pritchard, assim como práticas de xamãs e pseudofeiticeiros contemporâneos não reproduzem os processos e a temática dos séculos XV e XVI na Europa.

O que reprovar aos antigos antropólogos? Sem dúvida:

- Ter construído tipos ideais da magia e da feitiçaria como por demais exclusivos e sem osmose entre eles, enquanto o mundo do oculto os unifica e suas manifestações dependem de variáveis circunstanciais;

- Ter considerado a feitiçaria uma força conservadora de defesa das comunidades locais contra mudanças (ponto de vista funcionalista), enquanto a nova feitiçaria integra as mudanças, transcende o local e age como elemento de perturbação das relações, mesmo macrossociais;

- Dizer as forças da feitiçaria ligadas ao mal e opostas ao bem procedendo por dicotomia, enquanto, conforme observou Philippe Laburthe-Tolra, o mesmo princípio, *o évu* dos *béti*, pode ser utilizado para prejudicar gravemente, mas também para se proteger e curar;

- Enfatizar o sentido em vez de fazê-lo na ação. Ora como demonstrou Éric de Rosny, não se poderiam negar os efeitos reais de ações julgadas fantasmáticas pelos antropólogos;

- Sistematizar crenças fluidas: se a ação lhe duplica e a metamorfose se mantém como fundo de crença, supõe-se doravante que a desvitalização pela antropofagia simbólica pode se transformar em outros fenômenos, seja de escravidão mística no processo moderno de produção, seja de marginalidade social interpretada ao modo de pacto com os poderes do mal.

Dessas abordagens diversas, poderemos deduzir que o enfeitiçado, o feiticeiro presumido e o desencantador são três figuras cruciais na feitiçaria; e cada época, cada cultura tem sua maneira de suspeitar e de eliminar os feiticeiros presumidos; que o demonismo possa ser temido mesmo em uma sociedade em que já não se crê no diabo; que o mago do qual se pensa que age pelo bem de seus pacientes supostamente seja provido também do poder de fazer o mal — daí o uso ambíguo do termo "feiticeiro"; que os apetites e rancores, sonhos e rumores nutram o imaginário da feitiçaria.

Capítulo 11

O xamanismo reativado

O xamanismo, do termo *shaman* tomado de empréstimo dos toungouzes siberianos, designa um conjunto de crenças e de fenômenos mágicos observados entre os povos da Sibéria e da Ásia central, mas também na Coreia, no Tibete, entre os inuit, entre os indígenas da América, na Indonésia e na Oceania.

Se o xamã aparece como mágico à medida que supostamente age como aquele que provoca ou que cura a doença, como modificador das condições atmosféricas, como fertilizador da terra ou estimulador da fecundidade dos seres vivos, ele é também homem religioso à medida que supostamente estabelece relações privilegiadas de comunicação com o mundo dos espíritos (animais, defuntos, almas errantes, demônios ou espíritos da natureza), dentre os quais alguns lhes servem de auxiliares, mas sem que ele se transforme em seu instrumento. É subjugando seus espíritos e no curso de uma viagem de sua alma ao céu que ele pode agir como adivinho e como curandeiro. O fato de que eventualmente ele possa ter componentes neuróticos não o exclui da sociedade, que, no entanto, pode vir a duvidar da eficácia de seus comportamentos estranhos.

Os poderes adquiridos do xamã

Êxtase ou ascensão

Se é atribuído, com Eliade, ao fato de ser pela comunicação não aleatória com um mundo outro que é posto em cena o xamã, há uma série de ideias que, recebidas sob a influência do livro *O xamanismo e as técnicas arcaicas do êxtase*, devem ser corrigidas. Transe e êxtase não propriamente definem o xamanismo. Nada diz que esses fenômenos sejam hierofânicos. Nem o "voo mágico", nem o "domínio do fogo", tampouco a noção de "eixo do mundo", que só existem nos xamanismos quando o autor comete o erro de reduzir o modelo deste ao do xamanismo siberiano.

Os meios de contato com o outro mundo diferem segundo as sociedades. Pode se tratar do transe teatralizado e culturalizado, no qual se mergulha sob forte rufar de tambores, do fazer soar e da dança, seguida de catalepsia com perda de consciência, como no adorcismo africano, organizado e socializado a serviço de uma crença. Também pode se tratar de um contato sereno e extático com tal espírito que se atraiu cantando ou chilrando como um pássaro, bramando e grunhindo como um cervo masculino, por exemplo. Pode ainda se tratar de um estado alterado de consciência favorecida por algumas drogas, por provações físicas e mentais que fazem crer, por sonhos ou alucinações, e uma relação direta com algum espírito incorpóreo de estatuto equivalente ao da alma humana, da qual se pensa poder se dividir e da qual cada pessoa não tem mais do que uma.

É o caso de simulação e de impostura? Veremos. "Um tambor xamânico, diz Roberte Hamayon, é portador do espírito da mesma forma que uma hóstia traz o corpo de Cristo para seus respectivos crentes. Em compensação, o xamanismo não aceitará a presença do Cristo na hóstia mais do que o cristão a de um espírito no tambor, ao passo que um e o outro estão em acordo quanto à pele do tambor e quanto à farinha da hóstia" (in *Étude mongole et sibériennes*, nº 26, 1995, p. 166). O Quesalid kwakiutl de Lévi-Strauss primeiramente simula o xamanismo, mas termina por crer nele e se torna xamã pelos êxitos que obtém, e a boa fé do público o acompanha. Um transe não controlado seria o indício da loucura. A conduta do xamã constitui um papel prescrito para uma função. O rito não é um jogo, nem o xamã o equivalente a um ator de teatro.

De outro ponto de vista é necessário opor, com Luc de Heusch, a ascensão xamânica à possessão que supõe uma "descida" de entidades místicas no corpo do possuído? O resultado parece bastante semelhante: xamã e possuído (aliás, o xamã é não raras vezes possuído) são receptáculos de espíritos. A ascensão também deve ser relativizada, pois a alma tida como passível de sair pela intermitência do corpo pode também descer aos lugares infernais do mal e das trevas, caçar uma alma na natureza terrestre e se elevar fantasmaticamente para o reino da luz. Entre os buriates das Sibéria (mas não nos xamanismos americanos), o xamã monta no cimo de um tronco de bétula sagrada, o que simboliza a sua ascensão para os espíritos celestes dos quais ele capta a potência com fins propiciatórios, terapêuticos ou de iluminação.

Uma vez que o xamã realiza viagens pela via ritualística, ele o faz para oferecer ao deus do céu alguma oferenda da parte da comunidade, para acompanhar um defunto até sua nova morada (papel de psicopompa), para conhecer as disposições dos espíritos e influenciá-los em favor da comunidade, para obter de um ser superior o enriquecimento de seu saber ou para ir em busca da alma de um enfermo. Para predizer o futuro é o caso de interpretar presságios, pegar a caça, suprimir as nocividades e os prejuízos, aliviar os infortúnios, organizar ou presidir cerimônias coletivas.

A presença de um xamã não significa que, em sua própria sociedade, não existam outros manipuladores do sagrado: padres sacrificadores, chefe do culto doméstico, de modo que a via mágico-religiosa não necessariamente se reduz ao fenômeno xamã (budismo e xamanismo coexistem nas mesmas famílias). E o xamã, segundo seu diagnóstico, pode remeter o paciente a outro *medicine-man* especializado ou a um padre. Na Sibéria oriental e entre os esquimós, ele é o chefe religioso do vilarejo. Entre os guaranis da América do Sul, ele acumula o poder religioso e o poder político. Adivinho, exorcista, curandeiro, ele é essencialmente um intermediário entre o homem e o invisível, dispondo de um estatuto e de um lugar eminente.

Vocação e iniciação xamânicas

Os poderes xamânicos podem ser adquiridos de três maneiras:

- Transmissão hereditária;

- Vocação eletiva ou chamamento dos espíritos;

- Busca voluntária, mas com a aprovação dos espíritos.

Na Sibéria, adquire-se um poder xamânico, sobretudo, pela herança de um parente falecido, indicando influência de seu espírito por síncopes, fugas, atos de cleptomania de que sofre o seu herdeiro. Alertado por esses signos, seu entorno lhe aconselha observar certos interditos sexuais e alimentares, além de começar a adquirir seus futuros acessórios mágicos.

Uma eleição pelos espíritos na América do Norte (indígenas das planícies e da Califórnia) começa a se manifestar por sonhos de queda ou nos quais se escapa de um perigo, de transes, principalmente, de uma doença que um xamã confirmado vá curar com a ajuda dos espíritos e da comunidade. Seguir-se-á, tendo como objetivo a sacralização, toda uma preparação ritual do eleito.

Quanto à busca voluntária de um contato sobrenatural, entre povos da América do Norte, na fase da puberdade é frequente ela vem acompanhada de um retiro e de longos períodos de isolamento, podendo ser num pico elevado, numa caverna, sobre rios de uma torrente ou de um lago que se suponha assombrado por espíritos. O candidato ou os candidatos administrarão banhos de vapor, fumigações de armósia, imersões em água gelada. Em busca de visões, despencam-se de penhascos, nadam na contracorrente, fazem jejum, deixam de consumir sal, privam-se de relações sexuais, até que uma cerimônia vem demonstrar solenemente seus poderes. Na Sibéria, porém, aquele que quiser se tornar mestre de espíritos por busca voluntária jamais será considerado um grande xamã.

Nos três casos, o novo xamã deve provar, não raro se valendo de uma crise nervosa e mística, que se comunicou com os espíritos em outra realidade. Para chegar a esses transes e encontros com os seres do sonho, as práticas ascéticas em geral são mais frequentes e mais apreciadas que a ingestão de alucinógenos (*peyotl* indígena do México, *datura* dos índios pueblo). É devotamento dos espíritos a passagem obrigatória por um estado mórbido, e, por conseguinte, pela cura como testemunho de um controle dos poderes e técnicas xamânicas! Não há novo homem sem passagem pela mortificação e pelo sofrimento: hipoglicemia e desidratação na sequência do jejum, falta de sono, exposição brusca a ambientes muito quentes e muito frios, fadiga por danças e perambulações rituais, ritmos de tambor, vocalizações cantadas ou urradas continuamente...

Por ocasião de sua doença iniciática, o xamã siberiano, descrito por Eliade, fica sem falar nem comer por de três a nove horas em um lugar solitário. Ele se refugia mesmo sem muita consciência de o estar fazendo, e ao voltar à vida conta ter sido cortado em pedaços por espíritos de ancestrais ou por demônios. Só se lhe considera ressuscitado com um corpo novo após ter aprendido por um mestre instrutor os segredos de seu ofício e recebido uma vestimenta e um tambor. Então, ele recebe o dom de xamanizar. Associado a espíritos tutelares, por vezes animais, ele começa a inspirar respeito, terror e admiração.

Xamanismo indiano do noroeste canadense

"Entre os *haidas* das ilhas da Rainha Charlotte, entramos num mundo onde os 'espíritos' se tornam seres sobrenaturais no sentido literal do termo. A Dama da Montanha, o Mestre da Floresta, a Mulher do Rio são poderes superiores, mitológicos, providos de um estatuto quase divino. O xamã, chamado 'aquele (ou aquela) pelo (pela) qual tal entidade fala' encontra sua vocação na sequência de um apelo que se poderia qualificar de psíquico, confirmado, aliás, pela posição social do noviço, uma vez que os dons xamânicos são aqui praticamente hereditários. O futuro xamã deve passar por uma preparação rigorosa que lhe permitirá entrar em transe a seu bel-prazer, já que o transe é controlado por uma série de gestos rituais, para fazer com que o espírito ou *sga'na* se manifeste, aqui compreendidas purificações corporais com a ajuda de purgativos e vomitivos, como a água do mar aquecida, e a compor a ritualística conta-se também a vestimenta formal do celebrante, o som do tambor e a entrada em um cômodo especialmente preparado para o acontecimento. Todos os espectadores se tornam participantes e devem se submeter a purificações similares. No momento em que o espírito entra em cena, poder-se-ia pensar que o xamã é possuído por uma entidade (o que faria deste um caso de exceção no continente americano), mas não é bem assim; os haida têm o cuidado de deixar claro que se o espírito fala pela boca do xamã, ele não faz referência à pessoa mental desse último, tampouco a controla. O profundo transe xamânico *haida*, que se traduz por fenômenos próximos à glossolalia, lembra de muito perto certos modelos europeus ou euroamericanos: podemos, creio, de maneira bem-sucedida comparar o trabalho do xamã *haida* com o dos médiuns britânicos do início do século, ou com o de certos médiuns contemporâneos que canalizam (*channel*, no jargão moderno anglófono) entidades desencarnadas e sobre-humanas provindas de outros mundos ou de outros 'níveis'."

Marie-Françoise Guédon, "Les chamanismes dans les traditions du Pacifique Nord", Regiologique, Montréal, no 6, 1992, pp. 192-193.

Atividades terapêuticas, espirituais e sociais do xamã

As técnicas do curandeiro

No contexto xamânico, a doença se explica pelo fato de que espíritos têm, ou despossuído uma de suas almas — quando o xamã parte em busca dessa alma roubada (tal crença inexiste no noroeste canadense bem como nas grandes planícies dos Estados Unidos) — ou introduzido no organismo uma substância estranha ou um elemento suplementar (por exemplo: um osso) perturbador — e nesse caso o xamã emprega todas suas forças para extraí-lo simbolicamente. Ele opera fumigações para purificar o local de cura dos espíritos maus, para sentir e pressentir o paciente com o intuito de detectar uma intrusão maléfica, ele canta para chamar seus espíritos auxiliares, ele sopra a fumaça sobre o doente, faz circular seu cachimbo entre os amigos e parentes do enfermo que tomam parte na cura.

Também encantações, meditações, percussionismos, o uso de espelhos ou de cristais para perceber o espírito patógeno do doente, vítima de um malévolo xamã ou de um não respeito aos interditos, acompanham o rito da adivinhação-cura. Lutando contra o espírito pernicioso, o xamã lhe dá nome, toma-o sobre si ou extrai a doença-objeto do corpo do doente, por sucções prolongadas, exibindo, enfim, por prestidigitação, uma pedra ou uma pluma diante dos expectadores boquiabertos. Massagens, aspersões de água, espanamentos com plumas de águia se constituem técnicas utilizadas pelo xamã sioux por ocasião da dança do sol.

Quando a doença é tida como proveniente do roubo da alma pelos maus espíritos, o xamã esquimó, solidamente ligado ao sol — devidamente protegido para que esteja certo de voltar — parte à caça da alma, seja em sonho, seja imitando — com gritos e sobressaltos repercutidos pela assistência — o périplo perigoso do caçador.

Almas e espíritos auxiliares

A caça à alma supõe concepções particulares de alma, ou melhor: das almas. Por um lado haveria a alma corporal (*body soul*), que, tal como uma bolha de ar comprimido, para os inuit, mantém o corpo em vida até que ele morra por explosão; por outro lado, a entidade espiritual extracorpórea (*dream-soul, free-soul*) que pode deixar o corpo para viajar alhures. Na Eurásia, é a *free-soul* do paciente que vai buscar o xamã. Entre os samoiedas e os turco-tártaros, a *body-soul* supostamente viajará da mesma forma, os *yuchi* e os *sioux* possuem quatro almas.

É do mundo invisível que se originam as almas do sonho e do êxtase, assim como os espíritos guardiões e os espíritos animais, que, como coisas do universo, armazenam parcelas da energia cósmica e são considerados aliados sobrenaturais do xamã. Pode mesmo se tratar de espírito de neve, de astro, de cor, de aurora boreal. Um animal cujo espírito protege o xamã, este não o caçará. Entre os ameríndios, só mesmo os xamãs particularmente poderosos governam muitos espíritos auxiliares que, de maneira ambivalente, podem ser protetores e perigosos ao mesmo tempo.

A entrada em comunicação com os espíritos em geral começa a se manifestar por sensações auditivas de silvos, zunidos, e/ou batimento das asas do Pássaro Trovão (entre os *sioux*). Cantos e tambores acompanham a ação do xamã vestido com um pesado traje colorido e acessórios mágicos protetores, na Eurásia. A leste dos Estados Unidos, o xamã traz uma longa cabeleira hirsuta. Graças ao uso de plantas medicinais, tal como lhes foi ensinado pelos mestres, ele opera curas. Muitas vezes busca o contato com seus espíritos auxiliares, que ele convoca e governa, graças a eles se comunicando com o outro mundo. Na Sibéria, segundo R. Hamayon, o espírito auxiliar (urso, lobo, espírito aquático) é considerado associado sobrenatural do xamã clânico originário. Mas, ao lado dos xamãs clânicos, existem outros xamãs independentes. Segundo M. Perrin, entre os guajiro tem-se uma circulação dos espíritos, alguns deles deixando o xamã, enquanto novos chegam num contexto de mudanças aculturativas.

Todo esse mundo dos espíritos, tutelares ou não, se organiza em uma mitologia e em uma simbologia extremamente ricas:

Grande Espírito (*manitou* algonquim), bairros do universo orientados para pontos cardeais, lago celeste de onde cai a chuva, círculos do mundo, seres dos sonhos, heróis civilizadores do tipo "pícaro divino" (*trickster*) que pode trazer o nome de Coiote, de Mentiroso, Grande Coelho, e que reaparecerá em outro ciclo do mundo, espíritos protetores sobrenaturais etc.

O xamã e a sociedade

O xamã tem qualidades de animador social quando ele age, por ocasião dos ritos divinatórios, de cura ou de terapia, como conhecedor do contexto de tensões interpessoais e interfamiliares de sua própria sociedade, e conhecedor também dos mitos de seu povo, que ele imita com talento, utilizando símbolos que evocam ruídos, cores, objetos, gestos movimentos, as aventuras das almas e dos espíritos auxiliares. Além de sua arte oral e teatral, a ele é imputado um saber relativo ao ecossistema e a uma moral ecológica, pois, graças a seus espíritos auxiliares animais, ele vigia pela caça, pela proteção e reprodução da presa. Entre os yagua do Peru, estudados por J. P. Chaumeil, ele se encontra estreitamente associado às atividades agrícolas.

Frequentemente, os jejuns, as reclusões periódicas, as visões, crises histeroides e abstinências sexuais temporárias dos xamãs fazem com que o público duvide de sua normalidade. Entre os *guajiros*, atribui-se-lhe uma sexualidade desviante, o que desenvolve uma hostilidade para com ele. Entre os *inuits*, homens e mulheres xamãs participam de um "terceiro sexo", conjugando valores femininos e masculinos. Em outros lugares, por vezes são tidos como homossexuais ou travestis.

Entre os xamãs, encontram-se tanto mulheres quanto homens. Alfred Métraux demonstrou que, entre os índios araucanos do Chile, as mulheres exercem preeminência sobre os homens e por vezes tomavam a alma do xamã masculino. Entre os *buriates* e os *inuits*, elas são clarividentes no que diz respeito às doenças e desastres pelos quais seria responsável qualquer espírito; já as decisões clânicas, as funções de terapia e de pesquisa do rebanho recaem sobre os homens.

Um problema é constantemente suscitado na literatura sobre o xamanismo siberiano, qual seja a sintomatologia de uma histeria ártica: medo da luz, gritos, gesticulações incontroláveis seguidas de um estado de prostração, de tentativas de levitação, de subidas em árvores e em rochedos, o que faz com que se duvide da normalidade psíquica do xamã. Psiquiatras, mesmo que não realizem pesquisas aprofundadas, mostram-se interessados pelo estudo da esquizofrenia de alguns xamãs, ou por suas neuroses, e Georges Devereux — que se apoia exclusivamente nos exemplos árticos e nas sessões noturnas, quando os espíritos perambulam e matam — atribui ao frio e à duração da noite a deterioração nervosa que conduz a manifestações epilépticas. Ele elabora a hipótese de uma doença mental estabilizada pelo acesso ao xamanismo e pela construção de um delírio que confere sentido às realidades. Lévi-Strauss, porém, segundo Nadel, afirma que os grupos sem xamanismo em estado de aculturação desenvolvem psicoses, enquanto os problemas mentais só aumentam em grupos que praticam o xamanismo. Ademais, muitos xamãs não passam de neuropatas. E um doente só se tornará xamã se estiver curado.

Pode-se considerá-lo como padre? Não, já que não existe Igreja, nem clero, nem ofício regular codificado. Como um feiticeiro? Não, a não ser pelo fato de ele agredir e matar a distância! Como um médium? Não, uma vez que o mundo dos espíritos em que ele evolui não se reduz ao mundo dos mortos.

Na maior parte do tempo, ele leva uma existência comum de indivíduo que compartilha a vida pobre e as atividades dos outros membros de seu grupo como caçador, criador nômade, e agricultor, estando, não raras vezes, entre os melhores dentre eles. Suas atividades xamânicas se desenvolvem em período de crise, de catástrofe natural, de doença e de tensão social. Por isso, sua profissão não é isenta de riscos, pois, em caso de repetidos insucessos ou de eventos inexplicáveis sobre os quais ele não teria domínio, as pessoas o acusariam de incapacidade ou de feitiçaria e eventualmente lhe condenariam à morte por julgá-lo nocivo à comunidade.

Sujeito à desconfiança, o xamã é também objeto de atenção específica. Seus êxitos lhe conferem vantagens particulares e morais: honorários por curas realizadas, dons, festins, prestígios e notoriedade. Seus honorários dependem dos recursos do paciente, de sua notoriedade como curandeiro e de sua eficácia, sobretudo do tipo de trabalho; um cliente particular realiza o pagamento, mas quando, para o benefício da comunidade, ele afasta os maus espíritos, quando procura a presa ou modifica certas condições atmosféricas, ele não é pago por isso, salvo em reconhecimento de seu valor.

Essa eminente posição que ele pode ocupar no seio da sociedade não deixa de despertar inveja, tanto mais que lhe é atribuído o temível poder de agir tanto para o mal como para o bem. Além das rivalidades latentes entre xamãs que, por carecer de especificidade se distinguem por seus espíritos auxiliares e por suas competências particulares, em alguns casos se observa um controle do número de xamãs em exercício pela sociedade, o que afasta os concorrentes potenciais.

Se o xamã trabalha para resolver crises, ele também sabe se adaptar às mudanças sociais, sobretudo na América indígena, e inovar nas novas condições sociais e políticas. Alguns efetivamente se tornam líderes messiânicos e condutores de migrações na Sibéria e na Manchúria graças a seus poderes divinatórios.

Um entusiasmo real pelo xamanismo

Tribulações e prolongamentos

E o que é feito hoje desse xamanismo? A pergunta pode ser feita, sobretudo, nos países em que a tradição é instituída e, na sequência, fora dessas zonas. A quase totalidade das regiões centrais do xamanismo asiático esteve sob o regime comunista soviético ou chinês durante a maior parte do século XX. Os xamãs foram perseguidos, assim como os representantes e adeptos de todas as religiões, porque eram indevidamente considerados chefes locais, inimigos de classe. Por não haver como atacar seus templos ou uma hierarquia existente entre eles, destruíam elementos simbólicos do culto, apropriavam-se de seus tambores como se fossem troféus, alguns eram desafiados a roubar — abandonavam-lhes helicópteros, para tentá-los —, e muitos eram condenados à deportação para os campos de trabalho. Enquanto os chineses desacreditavam nessas "superstições feudais" e nesses "falsos curandeiros", estudiosos soviéticos, ao contrário, sobretudo a partir dos anos 1970, passaram a produzir abundante documentação sobre o que pensavam ser antigos vestígios da evolução social, em via de desaparecimento. Na falta de médicos modernos nos confins da taiga, deixavam os xamãs cuidar dos doentes, e na televisão soviética chegava a ser possível assistir, por ocasião de festivais de folclore, a alguns velhos guardiões de tradições siberianas como testemunhas de alguma identidade e patrimônio cultural. Desde a queda do comunismo soviético produziu-se nas religiões ali existentes um retorno temperado às tradições religiosas ancestrais como, no caso da Rússia europeia, à ortodoxia. De novo, os xamãs intervêm na cura e, já nas cidades, intervêm para favorecer empresas comerciais.

Na América do Norte, se as práticas e crenças hoje se têm revivificado, isso se dá em resposta aos problemas psíquicos e sociais de indígenas condenados a uma integração-assimilação forçada, que buscam nas tradições elementos de resposta a seus problemas. Refúgio no imaginário, talvez. Desejo de saúde física e mental, certamente! Com isso, fazendo uso da Dança do sol (*Sun dance*), os índios da planície continuam a praticar a purificação por vapor d'água (*sweatlodge*), sessões de cura pelas pedras sagradas (*yuwipi*) e estados coletivos de consciência alterada. É provável que a busca de visão pelos aprendizes xamãs tenha resultados melhores que o confronto com os grandes espíritos da modernidade americana.

No Peru, existem práticas urbanas para xamãs mistos, ou híbridos, xamãs da floresta que vêm comerciar com a magia das cidades, e semi-indígenas das cidades indo se recarregar na floresta. Na Ásia, percebem-se migrações de xamãs para Cingapura e Coreia do Sul, para satisfazer os emigrados. A organização xamânica coreana *sinkyo*, onde se reagrupam as mulheres xamãs chamadas *mutang*, procura uma abertura ainda hesitante, mas ao mesmo tempo mostra que os povos da Ásia não esqueceram suas tradições populares. No Japão, uma ressurgência do velho xamanismo aparece nos movimentos religiosos como o *Sukyo Manikari Shinnyo-em*, *Agonshû*.

Fascínio e comercialização

No que diz respeito ao ultrapassamento do xamanismo no mundo ocidental, um caso particular deve ser assinalado. Nos anos 1980, Carlos Castaneda, entre outros, apresentou-se como apologista do xamanismo, não obstante as graves distorções, devidamente denunciadas por etnólogos, de suas apresentações dos fenômenos xamânico, uma vez que ele o propõe como modelo alternativo de percepção de uma realidade desconhecida.

Castaneda, aprendiz xamã de um índio yaqui, Don Juan, especialista em ervas medicinais, plantas alucinógenas e feitiçaria, aprende a ver; faz o papel de profeta de nossa sociedade e promete conhecimento, controle das emoções, descoberta dos estados de realidade não ordinários, equilíbrio e felicidade. Posiciona para si uma transcendência sem deuses, mas crê em espíritos aliados e em espíritos malfeitores, nos das montanhas e nos da noite. Castaneda levou americanos e europeus a provar os efeitos do *peyotl* mexicano antes que pudessem se apaixonar por outras drogas.

No comércio sincrético-xamânico, todas as direções remetem a alguns astuciosos medicine-men, videntes-curandeiros, psicoterapeutas ameríndios que, não raro, são mestiços afroeuropeus. Consultemos Danielle Vazeilles, especialista em "Pássaro Trovão" e "Bisões Brancos" entre os sioux, objeto de sua tese de doutorado, que, sem visão xamânica, tem uma visão bastante clara dos xamãs e da exportação do xamanismo. Em 1983, nas proximidades de Paris, mais precisamente no castelo de Charamande, Harley Swift Deer, mestiço de cherokee, apresentou seus estágios "de ensinamento da roda da medicina" com Sun dance, sweatlodge, artes marciais japonesas, close-combat dos Marines e algumas pinceladas de Castaneda. Rolling Thunder xamanisa no Tirol e seduz pintores húngaros. Black House Chavers, afrondiano, acrescenta um pouco de cozinha exótica às atividades xamânicas de terapia de grupo, dos exercícios de dança e de respiração, do teatro integral e da cerimônia japonesa do chá... nos Estados Unidos. Na França de 1982, Archie Fire Lame Deer afirma os valores primordiais de respeito, amor próprio, humildade e compreensão do próximo, próprias aos sioux lakota e — ao que parece — também ao celtas, em calorosas trocas comunitárias.

Em seu *Center for Shamanistic Studies*, Michael Harner, após uma estada com os jivaro, aprende por estágios a delimitação entre as doenças e a terapia xamânica, as viagens aos mundos inferiores e superiores para desenvolver as forças autocurativas, a maneira de chegar ao estado de consciência alterada fazendo-se acompanhar de cânticos e tambores, ou seja, de modo diferente de como fazia Aldos Huxley nos anos 1950, graças à mescalina.

Opinião dos índios das reservas? Grandes reservas têm eles, quanto à autenticidade cultural dessas misturas de técnicas e quanto à não habilitação de seu promotor! Faltam muitos espíritos. Ainda que...

Nem a Alemanha nem a França carecem de seus neoxamanistas autóctones: Hugo-Bert Eichmüller ou Marcio Mercier. Ritos purificatórios, tambores, ateliês que recriam as canoas dos espíritos salish da América do Norte, viagens de olhos fechados... Participantes chegam mesmo a se puxar pelo nariz e pelos cabelos (Vazeilles, 1991, p. 97). Outros dizem: "Isso fica falando na minha cabeça!". Em outras correntes neoxamânicas, há um constante e improvisado apropriar-se de mundos outros, há um construir de ritos fantasistas a demandar a intervenção de espíritos auxiliares, a propor experiências pessoais de iniciação.

Como explicar semelhante entusiasmo e a idealização dos xamãs por psiquiatras dissidentes? Trata-se de busca espiritual sem condicionamentos dogmáticos, com possibilidade de inventividade pessoal e realização de si? Do xamanismo, o mundo ocidental retém, sobretudo, fenômenos que se mostram apetitosos àqueles que, tendo mais ou menos perdido a fé no sobrenatural institucionalizado pelas Igrejas cristãs, tentam reencontrar o sagrado por diversos vieses: adivinhação e cura, ascese, viagem ao mundo dos espíritos aliados aos homens, êxtase com ou sem drogas alucinógenas.

Revisado e corrigido de mil particularidades culturais, o neoxamanismo é adulador de certos ecologistas e adeptos da "Nova Era", que não se mostram cientes de que ele se opõe a valores como vegetarianismo, feminismo ou a recusa de um vínculo entre terapia e feitiçaria. Mas se os turistas de massa buscam terapias de grupo para uma intensa atividade emocional compartilhada, por que não servir o pão do xamanismo aos que o creem nutritivo?

Quinta parte

AS DINÂMICAS RELIGIOSAS CONTEMPORÂNEAS

Capítulo 12

Desencanto ou efervescência religiosa?

Quanto ao peso sociológico das ideologias religiosas em um mundo que parece movido primordialmente por forças econômicas, seria ilusório pensar a religião como imobilista em essência e como um obstáculo a ser suprimido para um povo desejoso de seu desenvolvimento tecnológico. Mesmo se o *homo religiosus* considera a mudança como uma regressão em relação a um estado precedente ou a ocasionar uma perda de fervor, nada prova que, confrontado com realidades do progresso material, ele, com relação a isso, não adote os comportamentos adequados sem, no entanto, perder o essencial de suas convicções religiosas. Nada é mais certo que o campo extensivo do profano tendendo a limitar o do sagrado. Mas, a síntese do mundo profano e do sagrado, aparentemente contraditórios, tem sido sempre operada pelo homem em sociedade, mesmo com ele adotando uma nova técnica, crendo-a melhor, mesmo que implemente corretivos, complementos, alívio para suas crenças e comportamentos religiosos com o intuito de ajustá-los a novas circunstâncias históricas.

Um mundo laicizado

Limites da secularização

Religião e mundo moderno são incompatíveis, como já se afirmou. Prova disso é a onda de secularização, o retraimento do campo religioso irremediavelmente inscrito no futuro da humanidade, tanto que Marx e comparsas bradaram reiteradas vezes que não havia pior alienação e ópio que essas sagradas instituições e crenças!

Estremecidos pela correlação entre a modernidade e o declínio da prática religiosa, pela dispersão e mesmo pela confusão das crenças ditas místicas, marginais, esotéricas ou sectárias, os sociólogos se interrogam (torcendo o nariz para os teólogos) sobre essa perda de importância do religioso para o secular (problemática de 1965 a 1985), e em seguida sobre o surgimento em cascata de movimentos apocalípticos, carismáticos, emocionalistas ou fundamentalistas que incitam pergunta: o que se tem é perda ou renovação da religião?

Ouçamos a litania cantada por Berger, Luckmann, Wilson, Martin — e faço notar que minha listagem não se pretende argumentativa:

- Desenvolvimento da racionalização e da não crença;

- Socialização matando a *Communitas*;

- Liberação do empreendimento religioso pelo capitalismo que germinou na ética protestante;

- Laicização manifestada pela separação das esferas de atividade, pela educação não confessional, pelo declínio das afiliações religiosas, da prática ritual e do poder dos símbolos;

- Retrato dos deuses da cena de nossas vidas quotidianas e públicas, com a marginalização da eclesialidade;

- Desmonopolização das tradições religiosas tendendo para a semelhança dos produtos sagrados em embalagens diversas, havendo aí uma incitação para certo ecumenismo;

- Privatização dos compromissos pela livre escolha de crenças e filiações;

- Transferência da religião para o político, ou então de certas atitudes, emoções, ritos...

As variações sobre o desmoronamento ou ao menos sobre a fissura da canópia sagrada (*The Sacred Canopy*, de Berger) encadeiam-se sobre o tom do desencantamento no sentido weberiano, não obstante, as modulações das quais pouco se percebe. Para Bryan Wilson, as seitas respondem às necessidades de interação comunitária, em que pese a intensa circulação de fiéis. Para David Martin, a secularização não é um processo unilinear e irreversível, mas complexo e ambíguo, que não exclui os indivíduos carismáticos nem as orientações simbolistas e esotéricas entre as elites em busca do sagrado. Há que se atentar a essa complexa gama de relativizações e influências. Sim, é certo que existe laicização, mas em que medida? E a religião, tornando-se instituição especializada, esfacela-se mesmo assim? É verdade que ela tem perdido terreno no Ocidente, mas isso não será um fenômeno temporário? E isso será igualmente verdadeiro para o terceiro mundo e para a ex-União Soviética despedaçada? Será o caso que toda mudança social suscite ao mesmo tempo uma mudança religiosa, ou seja, que não haja interação e recomposição do campo religioso como do campo social?

As teorias da secularização não seriam uma ilusão da modernidade pensada no Ocidente? Um construto paradigmático a partir de dados incompletos? Uma mixórdia de deias não totalmente falsas, mas carentes de confirmações empíricas e que não levam em consideração nem todos os países em que a religião é implicada nas reformas, rebeliões e revoluções, nem as razões da proliferação dos novos movimentos, cultos e seitas religiosas ou místico-esotéricas?

A sequência dessa abordagem mostrará que a secularização é autolimitativa, como sustentam Rodney Stark e William Bainbridge, que as religiões continuam a "desparadoxalizar" o mundo (termo de Luhmann), mesmo que se submetam a uma autopurificação, já que na história sempre houve movimentos oscilatórios de descrença e de retorno do sagrado, e considerando que uma convulsão gera efeitos compensatórios e que o colapso do curso de certos valores propicia outros mercados a explorar. A questão tem um fim interessante, com tantos profetas enganando-se quanto ao fim do mundo ou de um mundo.

Mas é verdade que se observa, em muitos de nossos contemporâneos, a banalização de um ateísmo tranquilo, ou então uma indiferença, à medida que a religião, tal como uma língua morta, não se lhe configura um problema, sendo Deus um morto não declarado. O ateísmo é negação da existência de Deus, mas o budismo, admitindo a existência de uma transcendência, energia original, pode passar por teísta, ainda que não confira a uma divindade os atributos de uma pessoa. O agnosticismo (designando o não pertencimento a uma confissão particular) nega a possibilidade de conhecer essa existência, mas não se pronuncia sobre ela, nem positivamente, nem negativamente. Ao dizer "Deus está morto", Nietzsche se revolta contra as caricaturas antropomórficas de Deus, contra os interditos decretados pela instituição cristã. O ateísmo triunfalista de cultura revolucionária que veio com o Iluminismo fez-se seguir pelo niilismo, e depois pelo desencantamento existencial e pelo da natureza semântica segundo a qual uma menção de Deus escapa à Inteligência, uma vez que ela se dá sem referência que seja apreensível.

Ainda que tal se dê em graus de laicização de nossas sociedades, quanto a isso podem se observar quistos dizendo respeito religião popular, esta que não raro se tomou por sobrevivência pagã, sem que se percebesse que ela enunciava uma fé fora do sacramento regulado.

Religiões populares em estado de latência

Se nós evocamos, ainda que brevemente, a religião popular, muito bem estudada por numerosos folcloristas e etnólogos europeanistas, é que essa religiosidade (muito mais que a religião) entra nas recomposições contemporâneas indicadas com relação a sua secularização.

Ela se encontra às margens do controle social operado pelas instâncias das grandes religiões de salvação, mas proporciona a um só tempo marcas identitárias locais ou étnicas (ostentação das relíquias de *Saint-Junien dans le Limousin*, peregrinações dos ciganos às santas marias do mar) e garantias esperadas de saúde, de sucesso, dinheiro ou de encanto afetivo, próximas de comportamentos mágicos (uma caneta é abençoada e trará inspiração a seu dono por ocasião de prova ou exame). Fundada em crenças e práticas tradicionais, por vezes primitivas, tolerada pela religião oficial, mas influenciada por ela, a religiosidade popular, movediça e heterogênea que é, entra no quebra-cabeça moderno das crenças e dos ritos, para realizar sincretismos que vão relativizar as antigas supremacias religiosas ou que responderão ao ecumenismo ambiente. Suas crenças? Por exemplo, crenças em fantasmas ou em malefícios provocados por espíritos ruins, em santos curadores, em milagres e aparições, em um renascimento após a morte... Seus ritos? Peregrinações, procissões, blasfêmias conjuratórias, orações pela chuva, túmulos faustosos, devoção fetichista a relíquias, oferendas por força de uma promessa...

Por alguns traços, poder-se-ia opor, com isso, religião popular e religião institucionalizada: emotiva e irrealista/intelectualista e burocrática; ortopraxia popular/ortodoxia elitista; tradição oral/tradição escrita; culto de santos e deuses menores/orientação para um Deus transcendente; religiosidade cósmica/religião teológica condicionante; sensibilização de amadores supersticiosos/instituição dogmática de profissionais.

Essas oposições são excessivas, porque os dois tipos de religião se influenciam mutuamente sem exclusão. Como os cultos agrários são chamados Rogações, a ideia de anjo pode suscitar o recurso aos espíritos. Quando a regulação confessional se enfraquece, o espontaneísmo pode se inspirar em tradições populares, de astrologia e de sobrevivências ainda não fossilizadas. Uma vez que se gelam as liturgias clericais, praticam-se ainda alguns ritos de passagem: batismo, comunhão solene, casamento, funeral, eventos em que se consomem champanhe e fotografia. Mesmo o católico praticante não é hostil às medalhas, ao yoga e às predições do futuro. E no sentido inverso, muitos não praticantes armam seu presépio no Natal.

Contra o esquema caricatural de oposições, sugerido por R. Lapointe, os argumentos de Danièle Hervieu-Léger me parecem bastante pertinentes. Segue aqui um resumo: as coisas são muito mais complicadas do que parecem ser, e os compromissos, bastante frequentes. É falso pretender que a religião popular tenha um caráter, sobretudo, privado e doméstico. Quantas manifestações são, quanto a isso, benignas para os sacerdotes por ocasião das festas de Saint-Besse, Saint-Rouin, Saint-Guinefort (*cf.* Isambert) ou da inauguração de um navio no estaleiro *Chantiers de l'Atlantique*? Se a religião popular põe a potência divina a serviço de necessidades individuais, o que se poderia dizer de uma religião instituída que não o fizesse? Que a religião popular seja um conglomerado de crenças e de práticas, e que a outra religião pareça estruturada? Sim! Mas com cimento de teólogos ela se desmorona ao sabor dos Concílios. O popular leva em conta a proximidade física, as provas quotidianas, e a solidariedade no trabalho; não eram esses os traços da igreja cristã primitiva? Que a religião do terror se revele portadora de protesto contra a instituição eclesial por vezes não é o mesmo que se tem com relação ao poder político dominante?

A religião popular não é nem versão popularizada de crenças sábias nem religião das classes subalternas ou antiquadas encantando-se com uma ritualidade festiva. Para ter querido lançar mão do que lhe parecia um subproduto degradado, aí compreendidas as estátuas, a sultana, o latim da Igreja, os estandartes processionais das Tromenies, o Vaticano II continuou a desencantar uma Igreja que já era forte e cujo preço de seu purismo intelectual é a debandada de suas ovelhas.

O declínio das religiões do terror

A um só tempo, religiões do povo e religiões de etnia, sem aparelho ideológico explicitamente institucionalizado, salvo por cosmogonias, as religiões do terror no terceiro mundo perdem seu atrativo, não pela secularização da sociedade, mas pela maré montante das grandes religiões, ainda que não se deva negligenciar a dinâmica interna daquelas.

Assim, nas sociedades ditas tradicionais, com frequência observaram-se fenômenos como a transferência de mitos e cultos de um lugar para o outro, o empréstimo de divindades de vencedores ou de vencidos, a compra de segredos ou de poderes mágicos para uma eficácia terapêutica, a herança familiar de responsabilidades ou de saberes religiosos com, eventualmente, deficiência na transmissão, com as revelações divinatórias engendrando um novo culto, com a promoção de um ancestral ao patamar de divindade, obsolescência dos ritos com relação a potências consideradas inoperantes, revivescência de um culto quando um milagre é atribuído a essa ou aquela potência espiritual.

Hoje em dia, um pouco por toda parte no terceiro mundo se observa uma desintegração das crenças e ritos tradicionais. Os mais velhos imputam seus infortúnios ao abandono dos cultos, à perda de confiança na assistência dos deuses protetores da família e na transgressão dos costumes ancestrais.

Antes de buscar as causas da erosão do sagrado, que não conduz necessariamente ao desaparecimento de toda transcendência, deve-se constatar a eliminação progressiva do recurso a um outro mundo para explicar o real. Ao fenômeno político de integração das etnias corresponde, querendo-se ou não, a desintegração das culturas autóctones, particularmente sob o aspecto religioso os interditos são cada vez menos respeitados; a frequência aos cultos se torna rarefeita; os guardiães do saber religioso envelhecem e desaparecem sem substitutos. De um sistema de crenças unificadas conservam-se apenas fragmentos, e o que se tem é uma carência de transmissores de um material exclusivamente oral e carente de reviver os mitos tradicionais nos ritos.

Enfrentando a concorrência de um conjunto de mensagens e de símbolos que não vêm dela, a religião tradicional é vítima de um ataque proveniente de todos os lados: dessacralização de uma economia individualizada e mercantil; emancipação das religiões do clã pelo trabalho fora das comunidades, relaxamento do controle social em meio urbano, desaparecimento do rei-sacerdote, substituição da educação familiar pela escola laica etc.

Do jogo conjugado da lei dinâmica interna e da ação de forças externas, em sua maior parte destruidoras, resulta uma dessacralização das tradições que originam um enfraquecimento dos valores morais e operam uma folclorização dos ritos, assim como a metamorfose dos mitos em lendas. Mas o declínio das religiões do terror deve ser posto em correlação com o progresso dos monoteísmos.

Sobre poderosos maremotos

O avanço das grandes religiões

Sem falar nos fundamentalismos, analisados, sobretudo, pelos historiadores e sociólogos das religiões, constatam-se efetivamente numerosas conversões às religiões de salvação, do cristianismo e islã na África e Oceania, do budismo no Oriente, acompanhadas de um fervor de neófito.

Na África negra, por exemplo, de 1890 a 1990, o número de católicos foi de 1 milhão para 100 milhões. O africano sabe que a missão, com Igreja, escola, dispensário, ateliês e plantações, tem sido um lugar de evangelização e de civilização. Os missionários, mesmo constatando algum zelo antianimista, frequentes vezes têm atuado como conservadores das línguas vernáculas para as quais foram traduzidas partes da Bíblia. Alguns deles registraram por escrito os costumes, estudando as instituições das sociedades locais. É claro que tem havido um interesse sobre conversões, à medida que elas facilitam o acesso aos cuidados, aos serviços ou à educação, mas muitos dos quadros nacionais obtiveram mobilidade ascendente graças à sua formação no seio de grupos cristãos. A africanização do episcopado se fez seguir pelas independências. Entre 1995 e 2000, sessenta novos bispados foram criados na África. Procura se realizar um trabalho de aculturação, isto é, de adaptação da mensagem evangélica e dos ritos aos costumes autóctones, e por vezes não sem algum processo de deriva: aliás, desde 1990 os bispos africanos se deixaram anunciar como líderes no processo de democratização dos regimes políticos.

E quanto ao proselitismo muçulmano? O islã, dos séculos XI ao XVII foi na África saheliana a religião dos príncipes e dos grandes comerciantes, com o islã árabe representando a civilização mais avançada. Seu êxito popular no século XIX está relacionado aos movimentos de reestruturação político-religiosa do Senegal à Nigéria, conduzidos, sobretudo, por El Hadj Omar e Ousmane dan Fodio, e liga-se também à penetração ao sul pelos comerciantes e maraboutes prosélitos, aderentes às confrarias (*quadrias, sunitas, tidjanes, mouridas*) e garantidores de uma vida eterna por meio de um ato de fé na unidade de Alá e na missão do Profeta. Apoiando-se no gosto africano para o ritual e tolerando a poligamia, o islã educa socialmente seus adeptos por seu prestígio cultural (escrita, instrução, direito, vestuário, modo de vida). Sob a colonização, ele opõe uma barreira cultural e simbólica ao Ocidente, com a religião autêntica da África se afirmando diferentemente do cristianismo de importação. Para o viajante africano, o sentimento de fraternidade muçulmano evita a desorientação. Tanto os escravos mais velhos quanto as mulheres encontram aí um fator de distinção social, sobretudo após uma peregrinação à Meca. Ao desterrado ele oferece um lugar de solidariedade. Em Burkina Faso, o islã que fracassara ao tentar se aproveitar do mundo muçulmano pela guerra santa agora lhe invade de maneira pacífica. No Sudão arabizado, ele impõe a sua lei ao sul cristão e animista. No Quênia e na Tanzânia predominantemente cristãos, a antiga presença árabe-muçulmana criou a cultura mestiça *suali*. Os mestiços religiosos *suali*. Os mestiços religiosos são ainda mais patentes nos sincretismos de caráter profético.

Os novos movimentos religiosos e as seitas

Ao invés de assistir a uma extinção do sagrado, aqui se observam conversões e proselitismo nos quadros já institucionalizados, enquanto lá, uma multiplicação das formas de expressão religiosa (profetismos e seitas). Paralelamente à escalada do ateísmo, afirma-se a dos fundamentalismos. No interior do campo religioso contemporâneo, entram em fusão as correntes que mais ou menos se desviam das tradições religiosas clássicas. Sua aparência de marginalidade vem também do ignorar de seu potencial de um estabelecimento durável em uma nova tradição.

A palavra "seita", do latim *sequi* (seguir um chefe, uma doutrina), muito mais que *secare* (apartar, apartar-se de) é uma etiqueta atribuída pela sociedade e, sobretudo, pelas Igrejas estabelecidas a grupos que se separam delas e que evidentemente trazem em seu bojo a suspeita de heresia e de não conformismo. Do lado da Igreja nova se rejeita a conotação pejorativa do termo "seita". Toda uma série de movimentos religiosos (o pentecostismo, por exemplo) é tratada injustamente como seita pela Igreja católica e não raro pelas autoridades públicas.

A seita exige um alto grau de afirmação das crenças que ela proclama, uma interiorização das normas morais por crentes igualitários que se ajudam entre si, uma implicação militante que chega às raias do proselitismo. A relação indivíduo-grupo em seu interior é de intimidade e de proteção, ainda que a autoridade exclusiva possa produzir manipulação mental e estado de sujeição psicológica, eventualmente hostilidade ao Estado, pois, tendo os princípios do grupo como única fonte de verdade, a seita rompe mais ou menos radicalmente com os valores e normas dominantes da sociedade.

Algumas delas subsistem há mais de um século (menonitas, huteritas, puritanos, quakers, darbistas, adventistas, metodistas, mórmons, testemunhas de Jeová), enquanto outras já são mais recentes (Moon, Igreja da cientologia, antoinismo, ciência cristã), sem falar das para-religiões téricas como a *New Age*, onde proliferam as medicinas doces, a astrologia, o vegetarianismo, o yoga e a reencarnação. Particularidades bem conhecidas: os huteritas levam uma vida simples e rural, praticando a comunhão de bens numa comunidade da qual eles não recebem salário. Os *quakers* (200 mil em todo o mundo) tremem diante nome do Senhor, particularmente em alguns serviços religiosos. Os adventistas não perderam a fé, ainda que o apocalipse tenha sido anunciado sem sucesso já para muitas datas. Os adeptos da Igreja da cientologia, fundada por Ron Hubbard (1911-1986), autor de *A dianética: O poder da mente sobre o corpo*, são por demais ciosos de seu "mental" como chave da saúde. A Igreja Universal e Triunfante (CUT, sigla do inglês *The Church Universal and Triomphant*) californiana, criada em 1974, de orientação milenarista, conduz seus adeptos à preparação ativa de uma nova era de ouro que salvará a humanidade de sua corrupção e de sua depravação moral, de cuja epidemia a aids é o sinal, segundo Elizabeth Clare Prophet.

Sucessivas inovações religiosas, estudadas desde os anos 1960 (revificações evangélicas e pentecostais das Assembleias de Deus, da Igreja de Deus em Cristo, movimentos terapêuticos, religiosidades de origem asiática) revitalizou a sociologia da religião, inicialmente no mundo anglo-saxão, orientando-a para a dinâmica das organizações, para a dimensão protestatária, para as relações entre carisma e autoridade, pelos processos de conversão, pela influência do feminismo, pelo primado da distensão de si no seio mesmo de uma comunidade íntima. Simultaneamente se observou que novos movimentos religiosos como a Igreja Universal (Iurd, do Brasil) manifestam grande tolerância ante a evolução dos costumes, uma grande adaptação às novas técnicas de comunicação; elas produzem mesmo uma adaptação mental dos pauperizados às regras do mercado, enquanto outras apresentam uma visão do mundo maniqueísta em termos de guerra entre o Bem e o Mal.

Na tradição majoritária no Irã, ainda marcada por um antigo mazdeísmo, existe uma forte expectativa do *mahdi* que restabelecerá ordem e justiça no fim dos tempos. Aí que se fez nascida "a fé bahá`í" (a glória de Deus) preconizando a harmonia entre a ciência e a religião. Na Índia abundam gurus, como Swami Prabhupada, que se exilou nos Estados Unidos para fundar, em 1966, a Associação Internacional da Consciência de Krishna (AICK). Mesmo florescimento se teve na Coreia (Moon) e no Japão, onde a Soka Gakkaï, nascido nos anos de 1930, chega a 15% da população, e se pratica, sobretudo, o xintoísmo para os nascimentos e casamentos e o budismo para a morte. Três seguranças valem mais do que uma!

Traços gerais: uma revelação, dita vinda do alto e adaptada ao contexto moderno, propõe a visão de origens idealizadas e de um mundo futuro harmonioso, até mesmo com promessa de resultados neste mundo, como é o caso da Igreja da cientologia. Em todas essas Igrejas, a luta contra a desordem e a injustiça supõe a restauração de princípios morais estritos. Mas uma vez que elas demandam um comprometimento intenso, por vezes insuportável para seus membros, uma vez que mestres imperfeitos sucedem aos mais estimados, uma vez que pressões financeiras ou sexuais são recusadas, muitas seitas conhecem uma alta taxa de deserção, de cismas e dissidências e, para a maior parte delas, uma grande autonomia local. Algumas delas têm sido perseguidas por abusos sexuais de crianças (*The Children of God/ Os Meninos de Deus*), outras, no Japão, pelo ataque perpetrado com gás sarim (*Aum Shinrikyô*), e a Ordem do Templo solar por suicídios coletivos. A França encontra-se manifestamente mais inquieta com a presença das "seitas" em seu território do que a maioria dos países da Europa ocidental, ainda que não tenha a temer mais da tradição védica dos *Hare Krishna* do que os adoradores de óvnis.

Muitos dentre os recentes convertidos passaram por enfermidades psíquicas, por uma vida de dúvida e de errância antes de entrar para a comunidade. Em busca de segurança, encontram nas seitas resposta a suas aspirações, ainda que a aprendizagem das normas da comunidade exija deles um forte comprometimento, sob pena de inclusão. Bastante estruturado, o grupo exige uma firme adesão ideológica ao ensinamento de um pai espiritual, e a pressão social sanciona uma negligência quanto a regras rigorosas de vida. Daí a iniciação em diversos estágios a coroar os processos de adequação às normas e de integração. Para garantir as condições de sua reprodução, as seitas, muitas vezes, proveem a educação dos filhos de seus membros (os *Hare Krishna* têm escolas de caráter privado) e chegam a erigir sólidos poderios financeiros (a AICK, associada à *Spiritual Sky*, produzia incensos, cosméticos e perfumes).

Ainda que na condição de novo movimento religioso (como uma série de pentecostismos de origem protestante), a renovação carismática de certas comunidades católicas como Emanuel, As Beatitudes ou O Caminho

Novo praticam também a oração, as peregrinações e o serviço aos pobres, nada têm a ver com seitas, e é de se perguntar se a New Age não passaria de um movimento para-religioso sem caráter sectário, sem ideologia unificada e estável, nem rito rigorosamente prescrito, o que responde às experiências de busca de um melhor ser intramundano, pela ênfase posta no relacional e na comunicação. Liberação espiritual, equilíbrio, domínio de si, responsabilização são esperados como efeitos terapêuticos de medicinas alternativas (homeopatia, elixires florais, naturopatia) ou de técnicas psicocorporais de desenvolvimento do potencial humano (yoga, meditação oriental revisitada, channeling: versão contemporânea do espiritismo). Maneiras de se comunicar com a energia cósmica e de retornar ao ser essencial dominando o seu ego, graças às sessões de animação de grupo! Não é improvável que esse conjunto de vivências não institucionalizado e prenhe de interesses para a biologia, para a psicologia humanista e para a ecologia passe como um belo rio (uma vez esvanecido o encantamento da era de aquário), após ter se difundido na cultura dominante.

A nebulosa místico-esotérica

Enquanto os integrismos se opõem vivamente ao individualismo e ao relativismo ético das sociedades ocidentais, operam-se, sobretudo a partir dos anos de 1980, uma miscelânea de visões do mundo e uma diversificação de estilos de vida: miscelânea, ou melhor, picotagem eclética em diferentes tradições e espiritualidades que sejam consideradas como aproximativamente convergentes (cristianismo, budismo, zen, espiritismo, xamanismo...). Cada religião implodida se decompõe em símbolos, atitudes, sentimentos religiosos reempregados em outros quadros. Ela se dá em pedaços destacados e flutua no ar que Françoise Champion evoca nas proposições a seguir, que passo a resumir:

1) primazia atribuída à experiência pessoal e à visão espiritual de cada um, o sagrado sendo como que revitalizado pela experiência íntima; 2) objetivo de auto aperfeiçoamento por técnicas de ordem física (yoga, meditação, dança sagrada...); 3) inclusão da saúde (terapia, cura) e da felicidade neste mundo no objetivo de saúde; 4) concepção monista do mundo isenta de separação entre o natural (ecologismo) e do sobrenatural, da ciência, da religião e das práticas mágicas populares ou esotéricas; 5) otimismo mensurado quanto à evolução do mundo e do homem com melhoras eventuais por meio de reencarnações sucessivas, e pulverização da crença no pecado; 6) ética do amor e da fraternidade universal; e 7) atração pelo carisma de certos líderes, gurus, terapeutas e responsáveis por edições.

Os fundamentalismos

Ainda que a princípio o fundamentalismo pertença à cultura protestante e o integrismo à cultura católica, ambos os termos são, na opinião pública, equivalentes à ideia de extremismo religioso, por vezes chamado "reacionário". Buscaremos aqui o que têm em comum os loubavitchs judeus, os televangelistas americanos, os militantes nacionalistas hindus, os comandos salafistas argelinos, os antigos discípulos de Mgr Lefebvre. Em que pese sua grande diversidade, esses movimentos estão em reação contra a laicidade imposta pela modernidade. Eles clamam pela existência de uma transcendência num mundo desencantado, recusam a réplica do religioso no domínio privado ao mesmo tempo que a expulsão de sua religião das zonas de poder. Fazem dessa religião um utensílio e um baluarte para fins de reivindicação política e de protesto social.

Ainda que o retorno do *aiatolá* Khomeyni ao Irã quatro meses após a eleição de um papa polonês em Roma possa parecer mero acaso, no momento em que Jimmy Carter e Ronald Reagan restituem a esperança à corrente batista americana, os anos de 1970-1980 constituem a época em que grupos integristas recrutados nas classes sociais relativamente favorecidas começam a endereçar sua mensagem de proselitismo aos poucos alfabetizados que passaram por um processo de desenraizamento cultural. A época do desenvolvimento dos fundamentalistas é a do desencanto oriundo da relegação da religião à esfera privada (constatado pelo Vaticano II), a da derrocada das ideologias seculares de libertação e de progresso marxista e socialista, a qual é devidamente satisfeita pelos movimentos islamitas mediante a afirmação de identidades fortes, e é a época, enfim, de um internacionalismo que, em compensação, origina crispações nacionais e étnicas ao tempo mesmo em que instrumentaliza a religião sobre o terreno do político na Índia, na ex-Iugoslávia, no Leste Europeu...

Na Índia, as frustrações que se acumularam com a colonização, as dificuldades de avanço econômico e o povoamento suburbano anárquico fazem surgir velhos demônios entre hindus de castas diferentes assim como entre hindus e muçulmanos (assassinato de Gandhi, destruição de mesquitas, filtragem pelos extremistas do eleitorado dos descontentes, a questão da Caxemira).

Na terra islâmica, os fundamentalismos perturbam intensamente a religião tradicional tranquila. A ideologia da *dijihad* incendeia o mundo, do Sudão à Indonésia, da Argélia ao Paquistão. O fundamentalismo muçulmano se desenvolve tanto pelo peso das normas sociais quanto pelo do direito penal na conduta dos negócios do país. Além dos estigmas da colonização, constata-se a eclosão disseminada de regimes ditatoriais, militares ou monárquicos, e a miséria dos pobres disponíveis para o combate, o que lhes assegura o paraíso de Alá. Entre os Irmãos Muçulmanos, movimento nascido no Egito em 1929, assumia-se o controle já como se fizera na Frente Islâmica de Salvação (FIS) argelina. Ainda que a atribuição do poder político aos *aiatolás* e *mulás* nãos seja uma tradição do xiismo, com Khomeyni ela se tornou um meio de revitalização de uma comunidade em luta contra o Ocidente demonizado. Hoje em dia, as práticas desviantes dos jovens (hipocrisia, linguagem de duplo sentido, envolvimento mínimo nas manifestações religiosas obrigatórias) põem em questão certos resultados da islamização pela escola desde 1979. O Irã, não obstante, com seus pseudópodes no Hezbollah libanês e no Hamas palestino, impele a uma reislamização pelo alto, enquanto na Argélia ou no Egito não se chega a uma reislamizaçao por baixo, que é vista, por vezes, como reação de *desperados*.

No judaísmo dos *ultraortodoxos*, a partir dos anos de 1970, o sonho de um Grande Israel de feições messiânicas desorganiza o projeto laico e socialista de Ben Gourion. À Guerra dos Seis dias de 1967 sucede um sionismo de implantação territorial que se contrapõe à pressão internacional em favor da restituição aos palestinos dos territórios ocupados. Ademais, conhece-se o peso dos redingotes e feltros negros de *Mea Shearin*, herdeiros de famílias hassídicas da Europa central recentemente emigrados em grande número para Israel. E sim, é verdade que a insegurança atual favorece a retomada dos valores tradicionais do fundamentalismo.

A nostalgia cátara de uma sociedade perfeita, a severidade moral dos jansenistas, dos cristãos atuais, reunidos em grupos carismáticos de oração e de peregrinação lhes fazem reviver opondo-se com virulência ao aborto, às manipulações genéticas e ao casamento de homossexuais. Uma concepção rigorista da lei de Deus faz com que se transborde a religião do espaço privado para o espaço público, não raras vezes com intolerância, ainda que não haja uma terminante recusa de todos os aspectos da modernidade (negócios, informática).

Mesmo com o temor do risco de desenvolvimento de certos fundamentalismos, observa-se, não obstante, a moderação na maior parte dos grupos religiosos. Ao caráter fechado da seita, que opera a doutrinação com rigor, corresponde a abertura de grupos místico-esotéricos que propõe tão somente vias de otimização psicológica a um fraco sistema de sanção. Em lugar da salvação eterna, muitos movimentos para-religiosos propõem o bem-estar corporal e o desenvolvimento da pessoa neste mundo. Quanto à mundialização, ela não permite entrever nem uma religião nem uma racionalidade única que se imponha a todos.

Capítulo 13

Mutações religiosas do Terceiro Mundo

Na África, na Melanésia, entre os índios da América como no Oriente, os movimentos religiosos se multiplicam, e neles é profetizada, por um visionário, a iminência de mudanças radicais e sobrenaturais de ordem social. Os aderentes são chamados a se organizar e a agir com o intuito de preparar um reino ideal da justiça e da abundância. O problema autóctone não raras vezes esteve submetido à influência cristã, sobretudo protestante, e aí se mesclam sincreticamente, em sua mensagem como no culto que ele instaura, elementos da cultura local.

Profetismos e cultos novos

Fenômenos contra-aculturativos?

As concomitâncias religiosas da aculturação podem ser apreendidas por meio de diversos fenômenos designados, segundo o componente dominante, como messianismo (o messias tomando a seu encargo um movimento religioso, que pode ser apenas prometido), milenarismo (a espera de um futuro de felicidade, de justiça), revivalismo (retorno a uma idade de ouro perdida), nativismo (revalorização da pura cultura autóctone e expulsão de elementos estranhos), profetismo (discurso que faz o papel de palavra de Deus). Trata-se em todos esses casos, da busca de meios simbólicos para compreender o meio e modificá-lo.

Muitas vezes se ressaltou as colorações antieuropeias desses movimentos que convidam a romper com a dominação dos brancos, sua função de coesão entre grupos sociais chegando a disparates (revolta Taï-Ping na China, movimento Hau-Hau dos maori na Nova Zelândia), a adoção de novos códigos de conduta e de uma importante simbologia ritualizada, o apelo à fraternidade, ao abandono da feitiçaria e à purificação dos corações. Toda uma atmosfera emotiva (sonhos, transes, glossolália) acompanha essas efervescências carismáticas, num clima de despossessão política, econômica e cultural, suscitando uma aspiração autonomista.

Porém, essa interpretação dos anos de 1950 (cf. Georges Balandier) deve ser relativizada. Algumas igrejas locais não participaram das lutas pela independência. A independência política não desvitalizou esses movimentos como teria sido o caso se sua finalidade tivesse sido atingida. Alguns dentre eles puderam adquirir uma legitimação-institucionalização pelo político (Albert Atcho na Costa do Marfim), enquanto outros se recusaram a colaborar e propuseram o exílio interior (Kitawala). No Burundi, os adeptos do sincretismo Nyagayivusa se esforçaram para escapar da ordem colonial. Em Uganda, os lakwenistas da etnia atcholi fugiram para o imaginário e, após a independência, contestaram o poder por uma sublevação armada (1986-1987). De um modo geral, parece que as evoluções recentes não validaram a ideia excessiva segundo a qual a linguagem religiosa seria o substituto de uma linguagem de contestação política, isso ao menos para todos os movimentos.

Alguns exemplos servirão de apoio a nossas explicações ulteriores.

- **La Ghost Dance**

A Dança do Espírito foi introduzida no último quartel do século XIX, inicialmente entre os índios piute dos Estados Unidos pelo chefe religioso Wowoka, educado entre os cristãos. Ele tinha tido a visão de ancestrais de sua raça, agrupados em torno do trono de Deus. Precursor de um reino messiânico, Wowoka sustentava que, por meio de uma vida pacífica entre ele e com os brancos, e mesmo pela prática da dança calcada na *Sun Dance* dos indígenas, eles recuperariam suas terras, que haviam sido tomadas, bem como o seu gênero de vida, que o governo americano tentava fazer desaparecer.

Nesse caso, a reconstrução do mito das origens se dá segundo um modelo escatológico esgotado em outros lugares (os bons ancestrais em torno do trono divino — árias e cânticos considerados como revelados), com o incentivo de um herói semiaculturado, movido por um objetivo latente de reconstrução de uma coesão tribal e em torno de representações a um só tempo antigas e novas. A dança exclusivamente noturna de pessoas dos dois sexos em trajes brancos, dando-se as mãos e formando um círculo, terminava em transes acompanhados de visões cujo conteúdo logo seria descrito como mensagem dos mortos a confirmar e precisar a de Wowoka. Expedições sanguinárias dos brancos em 1890 visavam o fim dessas manifestações populares que se realizavam por ocasião de tradicionais reuniões cultuais cujo objetivo era a caça ao búfalo. A repressão do mito se produziu então como a consequência da repressão do rito, ainda que o *Hand Game* logo tenha substituído a *Ghost Dance* em algumas de suas significações.

- **Os cultos do Cargo**

Os cultos melanesianos do Cargo proporcionam o exemplo de movimentos proféticos oriundos do conflito entre a tecnologia europeia e uma agricultura autóctone ignorante dos processos mecânicos e industriais. Quando, por volta de 1890, chegaram os missionários e os comerciantes brancos, o profeta Tokerau anunciou tremores de terra e maremotos que destruiriam os brancos e seus colaboradores. Os ancestrais então voltariam sobre um grande barco trazendo utensílios que produziriam a abundância dos jardins, e isso não demandaria grande esforço. Os antigos costumes seriam restaurados. Até para apressar o cataclismo, predicadores locais convidaram-lhes a abandonar o trabalho e a tomar parte nas grandes festividades realizadas pela espera do retorno coletivo dos mortos e da chegada das riquezas.

A fé no mito, nos momentos febris do desembarque das tropas japonesas após a reconquista americana na Segunda Guerra, leva a uma ativa preparação para o advento da opulência na construção dos cais e hangares com vistas a acolher os futuros cargueiros salvadores. O tema mítico autóctone do retorno anual dos mortos, aos quais se oferece o alimento, tinha sido amalgamado às experiências de migração por barco entre ilhas, nas importações de mercadorias, assim como aos discursos missionários referentes ao advento do reino de Cristo, que poriam fim aos mistérios do mundo.

- **O kimbanguismo**

A Igreja de Jesus Cristo Sobre a Terra pelo Profeta Simon Kimbangu (EJCSK) leva o nome de seu fundador zairense (1889-1951) nascido em Nkamba, hoje apelidada "Nova Jerusalém". Esse homem doce e simples inicialmente foi membro da Igreja Batista, morou com uma família europeia antes de ter, em 1921, uma visão que marcou o início de sua carreira profética desprovida de qualquer mensagem política. Ele percorreu vilarejos, realizando curas, ensinando o monoteísmo e a monogamia, em conformidade com a Bíblia, mas também o culto aos ancestrais e aos valores tribais. As autoridades belgas, muito católicas, o prenderam. Ele fugiu, entregou-se às autoridades meses mais tarde e morreu após trinta anos de encarceramento em Elisabethville. Eis o martírio do profeta! Invocam-no toda uma série de movimentos messiânicos antifetichistas, tirados da clandestinidade por um dos filhos do profeta — e isso graças às tolerâncias coloniais de 1957 —, para fundar uma Igreja unificada, a EJCSK, que em 1969 entrou no Conselho Ecumênico das Igrejas.

O chefe do Estado independente, Mobutu, apreciou o papel da Igreja pelo apoio dado à sua ideologia de autenticidade e ao desenvolvimento do Zaire: templos, escolas, dispensários, habitações sociais e centros agrícolas.

A EJCSK (80% de Bacongo), que passou por enfraquecimentos de seu ímpeto carismático e dissidências internas, cada vez menos é assimilada à sua base popular e desfavorecida, sendo-o muito mais "aos interesses da casta dirigente das instituições nacionais", ressalta Suzan Asch, que se interroga sobre o destino do kimbanguismo segundo Mobutu, tanto que as obras sociais carecem de moldureiros qualificados e tanto que os trabalhos de solidariedade privam os adeptos de recursos monetários.

O contexto de aparição dos profetismos

Ainda que as condições históricas de caráter político, econômico, social e cultural não expliquem tudo, pelo menos podem ser consideradas *a posteriori* como antecedentes relativamente constantes de movimentos religiosos que, todos eles, são produtores de mitos, de cultos e de organizações religiosas que são por vezes bastantes sumárias.

- **Uma situação de dominação e de opressão**

Assim como o culto do Cargo se dirige contra a colonização branca, o movimento Mau-Mau dos kikuyu do Quênia se opõe à dominação inglesa. A Dança dos Espíritos dos indígenas nasce de uma crise econômica grave: com sua técnica guerreira superior, os imigrantes europeus dizimavam os índios, apropriando-se de suas terras e das bestas selvagens, com base no sistema econômico de caça indígena.

- **Um meio carismático**

Messianismos de tipo carismático se beneficiaram de substratos institucionais favoráveis, como o xamanismo ou o exorcismo dos demônios. Ora existem piores demônios do que esses "diabos estrangeiros"? Os sentimentos de xenofobia se exaltam não raras vezes em correlação com um clima interno de insegurança e medo de uma ação feiticeira. A crença no mito é sustentada por numerosos fenômenos tradicionalmente reconhecidos como provas da manifestação do sagrado e relevando carisma: visão, adorcismo, cura, esta sendo ainda mais notável que abstenção imposta a doenças epidêmicas e sociais (alcoolismo, roubo, corrupção, destribalização).

A título de apoio à crença nas personalidades e ações carismáticas, ocorre que o conjunto dos fiéis se põe num estado paranormal. Com o intuito de suscitar visões, para curar doenças os índios navajo da América do Norte utilizam, em um processo de mitificação, o *peyotl*, *cacto* consumido para atenuar a fome e a fadiga. Quanto aos adeptos gaboneses do culto buiti, seu rito principal consiste em beber uma maceração de corteza rota de eboga que excita até a alucinação e exaspera o desejo sexual.

- **Um clima de frustração e de reivindicação**

À medida que se desenvolvem os sentimentos de privação política (anulação dos privilégios dos chefes), econômica (desvalorização dos bens dos nativos), culturais (desenvolvimento dos modelos estrangeiros), a região assume a forma de refúgio e de resposta a sentimentos de frustração e a ameaças à integridade de grupos oriundos da desculturação, da segregação e da desagregação social. A necessidade ativa de novos valores religiosos se exprime por reivindicações e, eventualmente, por descargas agressivas brutais (Mau-Mau), que recobrem um projeto de desalienação cultural. Ainda que a liberação se opere tão somente no imaginário, é possível que o movimento traga em germe um nacionalismo, como no kimganguismo congolês.

- **Uma aspiração autonomista**

A razão da efervescência mitopoética em muitos países do terceiro mundo deve ser buscada principalmente nos condicionamentos missionários múltiplos articulados com os do poder político colonial. No plano religioso, o tema autonomista se exprime pela criação de uma igreja separatista hierarquizada; no plano econômico, pela busca de uma salvação material feita de saúde psíquica e de uma abundância de bens; e no plano político, ainda, por movimentos pan-africanos ou pan-indianos de responsabilização, da parte dos indígenas, por seu próprio destino.

Diversidade e desenvolvimento dos messianismos

Logo, a situação de aculturação, pelos traumatismos que ela cria, parece a mais favorável a uma efervescência religiosa. Não obstante, convém observar que às ameaças vindas de fora os tipos de resposta podem ser diversos. Tratar-se-á, em certos casos, de possessões como modo de evitar a história por meio da exaltação teatralizada (ver o filme de Jean Rouch: *Les Maîtres fous*), ou de utopia florescendo num mundo planificado e programado que exorciza o trágico e penaliza a paixão.

Convém observar também que existem acessos máximo e mínimo de aculturação para que se desenvolvam messianismos. Para E. Shaden, que realiza um exercício de comparação entre três tribos tupi-guarani, ao que tudo indica entre os *nhandeva* mais tradicionais a pressão aculturativa não chega a ser excessivamente intensa, e parece também que entre os *kaiova* mais modernizados ela é por demais forte para produzir, aliás como entre os *mbira*, um messianismo articulado em torno dos mitos da Terra sem mal, de cataclismos sucessivos (incêndio universal e dilúvio) e de diversas criações do mundo.

Enfim, a dinâmica externa por si só não poderia ser explicativa de todos os casos de messianismo. Entre muitos povos submetidos, não surgiu nenhum messianismo, e profetismos se desenvolveram em reação à crise interna de uma sociedade antes da colonização, por exemplo, entre os papuas coreri e entre os *orakaiva* da Nova Guiné, sem falar nas formações proféticas africanas dirigidas contra a feitiçaria. No entanto, é verdade que todo conflito externo tende a provocar uma crise, já que ele posiciona uma sociedade diante da escolha entre uma tradição ultrapassada pelos fatos e uma via nova a se elaborar no seio mesmo de uma sociedade afetada pela aculturação.

À medida em que um movimento se desenvolve, ele costuma produzir mudanças de atitude ligadas à reinterpretação dos mitos, após a constatação do desajuste entre as esperanças e as realidades. Assim, vê-se muito de formações proféticas passando de um primeiro estágio de luta e de ação imediata, com o propósito de libertação, para uma segunda elaboração de uma religião salvadora de caráter mais contemplativo que polêmico (resistência passiva), que permite a evasão de uma realidade dificilmente modificável e ao mesmo tempo uma acomodação a ela, por exemplo, quando se justificam as relações de coexistência com os brancos, e então um terceiro estágio de organização eclesiástica, no qual o elemento estranho se insinua a ponto de se tornar elemento e potência internos, o cristianismo sendo não raras vezes concebido após filtragem como portador de um valor mágico-taumatúrgico.

A fase provisória de evasão do mundo caracteriza a maior parte dos movimentos proféticos à medida que ela exprime a exigência de se separar do mundo profano para formar uma sociedade à parte. Justificam-se, assim, como formas culturalmente admitidas de evasão, as visões, alucinações, possessões coletivas e glossolálias, carregadas de potencialidades mitopoéticas.

Mas de um modo geral, ainda que se possa distinguir entre movimentos revolucionários e reformistas, no processo histórico concreto revela-se que essas distinções correspondem, sobretudo, a movimentos diversos que muitas vezes interferem ou então se mostram ligados num mesmo movimento religioso, do qual o projeto por vezes ecoa em outros lugares.

Recorrências míticas e rituais

Temática dos mitos

A partir da confrontação dos múltiplos relatos míticos presentes nos messianismos e do exame das atitudes e ritos que elas orientam evidenciam-se muitas constantes.

- **A referência originária**

Todo movimento profético é ativado por uma revelação recebida, na qual em geral figuram como iniciadores segundo as culturas: um ser supremo (África), um grande espírito (América do Norte), os espíritos dos mortos (Melanésia, África, América), um herói cultural (cultos brasileiros *apapocuva, peiotismo, dream dance*). A inspiração é tida como proveniente de uma personalidade sobrenatural evocada pelos mitos de origem, o que confere à revelação uma espécie de validação pelo já conhecido.

- **A síntese do antigo e do novo**

As evoluções de sentido, bem como as reinterpretações, permitirão a fusão desses elementos iniciais com outros mais modernos, além do incremento de certas práticas simbólicas, por meio do qual aqueles são revivificados. O ser supremo, Imana bantu, Mawu dos povos do Benim, serve de substrato e de veículo ao Deus cristão. Dos ritos lustrais tradicionais transfere-se, pelo batismo, sua função mágico-médica e purificatória.

- **A unidade do mundo**

No peiotismo indiano, a comunhão com a mesma força mística da planta (Jesus = Peyotl) pretende criar uma solidariedade supratribal seriamente comprometida pelos desenraizamentos e pela repressão de diversas tribos nas mesmas reservas. De modo mais geral, a temática escatológica de muitos movimentos religiosos é um prelúdio à unidade do mundo, ainda que isso signifique fazer calar as vozes discordantes, o que revela uma tendência totalitária.

- **O saber mítico**

Outra constante da maior parte dos cultos é a do messias em forma humana, continuador da obra tradicional e restaurador do ideal original. Figurando como recriador do mundo, ele se atrela à linhagem dos heróis ou dos ancestrais cujo retorno era esperado. Muitos povos creem no reaparecimento de um salvador que outrora cobriu os homens com seus dons. Assim, os índios pré-colombianos do México esperavam o retorno de Quetzacoatl, os papuas o de Manseren, e os hindus o de Kalkin, avatar de vishnou, que vai inaugurar uma nova idade do ouro.

- **A restauração do estado de pureza original**

Com o intuito de reencontrar o paraíso perdido, os índios *cherokee*, assim como os papuas, procedem a uma rejeição ativa ou passiva de tudo o que vem dos brancos. Em outros casos, a rejeição permanece seletiva. Os *kikuyu* recusam casamentos mistos, exigem a excisão das meninas, mas não se opõem aos novos costumes de vestuário. Ainda que um material estranho, de temas bíblicos, por exemplo, se incorpore à doutrina messiânica, ele é de pronto considerado não como tomado de empréstimo, mas como sendo um capital próprio, após a reelaboração e reinvestimento mítico.

- **O paraíso terrestre**

Para além do mito do retorno às origens, projetado em uma atmosfera de espera quiliástica e sustentado por profecias apocalípticas que anunciam catástrofes, é o mito do paraíso terrestre que ressurge, outrora país de Cocagne de camponeses famélicos. Se tal imagem não cessa de alimentar a nostalgia humana, por razões sociológicas ela pode assumir a forma retrospectiva ou prospectiva. Para os movimentos hindus de nuança aristocrática, a idade do ouro se situa no passado, enquanto para os párias e para a plebe ela se projeta em direção ao futuro.

- **O mundo invertido**

De toda uma série de nativismos, ressalta-se, por fim, o tema da inversão da ordem atual. Certos costumes cretenses e as saturnais romanas comportavam ritos de inversão temporária de hierarquias, de suspensão das leis e da supressão dos tabus. A antecipação do futuro paraíso sobre a terra e o início da inversão do mundo podem se traduzir em formas diversas conforme o caso: identificação com os mestres pelo trajar de uniformes (no "Tromba" de Madagascar) e atribuição de graus de oficial (no "Cargo" papua); rigorismo ético para ser digno do Reino; questionamento da ordem estabelecida e da autoridade superior por meios como o massacre, a greve de impostos, o suicídio pelo fogo (sobretudo na Índia).

Constantes de novos cultos na África

Até o presente, era o caso de construções míticas. Para explicar o processo de institucionalização após dissidência eventual com relação à própria Igreja, convém examinar as razões do desenvolvimento desses movimentos religiosos e alguns traços comuns, sem ousar uma extrapolação que vá além do continente africano tomado como exemplo.

Da Nigéria a Gana, e, especialmente, no Togo, denomina-se *Aladura* ("aqueles que oram" em iorubá) grupos religiosos como a Ordem sagrada do Eterno, Querubins e Serafins, o Templo e a Paz, a Fraternidade do coração cósmico, o Cristianismo Celeste, a Sociedade da Cruz Branca etc. As razões profundas do crescimento dessas novas Igrejas parecem ser, por um lado, a falta de emoção e de intensidade religiosa das religiões cristãs, o que leva ao abandono de uma liturgia desprovida de uma forma de sacralidade própria à África e, por outro, o fato de que o cristianismo não se mostra funcional para a maior parte dos africanos que se debatem com os problemas materiais e urgentes da existência quotidiana (dificuldades financeiras, doença...).

Dez traços principais, são encontrados na maior parte delas as seguintes características:

- O sonho como um meio de contato com Deus. Pelo onirismo, Deus envia mensagens a seus fiéis;

- A predição e a visão são uma constante na tradição animista. Por meio das premonições, Deus pode se dirigir aos homens que estiverem em estado de graça;

- A cura de uma afecção corporal, considerada milagre, é interpretada como sinal de eleição e como prova de adesão religiosa;

- Entre os meios de cura e de purificação, a água natural representa um elemento preponderante. Seu uso inflacionista está ligado ao valor atribuído à vida. Ela permite o crescimento do vegetal; ela é procurada pelo animal; ela banha o feto humano por inteiro. Na origem de toda fecundidade, ela oculta uma virtude regeneradora e curativa;

- A proximidade temporal do fim do mundo expressa o medo ante as desordens da sociedade contemporânea, mas serve de meio para empreender a ascensão da alma ao céu;

- Traço da cultura negra: a prática da dança;

- Certas Igrejas, em número limitado, consideram o transe como um momento privilegiado no qual o fiel entra em comunicação com Deus;

- O jejum, substituto do sacrifício, é considerado um estado adaptado à concentração, e à receptividade no que diz respeito à graça divina;

- O frequente trajar de um uniforme evita a discriminação em matéria de vestuário que possa singularizar ricos e pobres;

- As Igrejas novas julgam necessário um mínimo de bem-estar para adorar Deus e admitem como sinal de eleição e de estado de graça a obtenção de bens materiais.

Se todas essas razões, sobretudo, a homologia de estrutura entre eles e a cultura africana, exprimem seu êxito momentâneo, deixar de ressaltar seus pontos fracos seria incorrer em parcialidade:

- O desejo manifesto de unidade jamais pode se concretizar entre elas. Há uma contestação de todas contra todas no que diz respeito a pontos doutrinais;

- Elas estão em estado de cisão permanente, o que pode ser nocivo a seu prestígio. Muitas vezes um concorrente do pastor designado ou autonomizado reivindica a *leadership*, liderança do movimento, assim criando outro, a partir daí, que num primeiro momento terá algo como vinte adeptos;

- Sua doutrina carece de elaboração; o entusiasmo e a boa vontade estão longe de compensar a deficiente instrução dos pastores;

- Os oponentes lhes censuram frequentemente o excessivo interesse pela vida material a ponto de negligenciar as questões espirituais. O lugar atribuído às curas corporais, ao dinheiro, à glória e ao êxito social acaba tendo prioridade sobre a própria saúde da alma. Não obstante, o auxílio material proporcionado pela Igreja e sua atitude de se responsabilizar por certos problemas financeiros (por coletas e tontinas*) ganha a confiança dos assistidos como a dos eventuais neófitos.

* **Tontinas** — concebidas pelo banqueiro napolitano Lorenzo de Tonti, as **tontinas** são associações em que cada sócio deposita certa quantia com o intuito de constituir uma renda vitalícia que, em data determinada, deverá ser repartida pelos sócios sobreviventes. (Nota do Tradutor)

Do sincretismo

O processo de sincretização

O termo "sincretismo", que em Plutarco designa a frente unida das cidades de Creta, habitualmente rivais, engajadas em conjunto na luta contra um inimigo exterior, passou a se revestir do sentido de um amálgama, de uma hibridação de caráter religioso.

Em seu *Le Bricolage africain des héros chrétiens*, André Mary desvela quatro paradigmas utilizados na abordagem das lógicas do trabalho sincrético:

1. O princípio de reinterpretação, isto é, de apropriação dos conteúdos culturais exógenos pelo viés das categorias de pensamento da cultura nativa;

2. O princípio de analogia, de correspondência ou de homologia, que age sobre a semelhança global (por exemplo, iniciação, batismo) e pratica a abstração incerta segundo uma mística da participação;

3. O princípio de interrupção, que permite a alternância ou a coabitação, entre um mesmo indivíduo ou no seio de uma mesma cultura, de categorias em si incompatíveis ou irredutíveis;

4. O princípio de uma dialética matéria-forma significando que a matéria simbólica de base é como que pré-prensada, marcada pelo seu uso anterior. A memória se encarna no corpo e se perpetua pelos gestos quotidianos e suas ações rituais.

À elaboração sincrética não falta complexidade, e nessa complexidade ela opera com elementos em parte autóctones, ainda vivos ou bem ressuscitados, e em parte com elementos estranhos (não raro cristãos no mundo moderno) que ou são assimilados ou reinterpretados, adaptados que são às estruturas míticas da tradição autóctone. Assim, simultaneamente se pode observar que:

- Fixação que se obstina em certos traços tradicionais valorizados como símbolos de resistência ao estrangeiro (excisão das meninas entre os kikuyu), a ênfase sendo posta eventualmente em traços secundários da cultura autóctone;

- Rejeição de certos aspectos dessa cultura (a poligamia é proibida entre os *ngunzistas* do Congo) concomitantemente a um distanciamento de modelos estrangeiros como reação a uma hegemonia;

- Assimilação ou integração crescente de elementos cristãos: a Bíblia, livro sagrado, torna-se a tábua de salvação para os zulus, que aguardam uma salvação extraterrestre e, esta mesma salvação, por uma justiça do além. Nesse caso, as Igrejas autóctones fazem as vezes do símbolo de um cristianismo mais autêntico em relação ao que foi importado pelos missionários;

- Reinterpretação de elementos cristãos em uma perspectiva pagã uma que temas comuns pertencem às duas tradições (figura do ser supremo, reaparição dos mortos, ritos de cura) e uma vez que temas importados são selecionados em função de circunstâncias análogas: a alegoria de Davi contra Golias simboliza a luta dos negros contra os brancos e as perseguições contra o Cristo prefiguram as perseguições sofridas por Simon Kimbangu.

Mas o movimento religioso traz consigo uma ambivalência à medida que é produto da predicação cristã e de sua derrocada. Os temas míticos dos movimentos religiosos modernos posicionam-se então como sínteses de fontes heterogêneas. Por isso se observa entre os tupis-guaranis do Mato Grosso elementos tomados de empréstimo a tribos dos Andes vulcânicos: o incendiar subterrâneo que faz a terra se afundar em terrível fracasso; elementos tomados de empréstimo ao cristianismo: a cruz de madeira servindo de sustentação na terra; elementos tomados de empréstimo à experiência: a impressão de leveza do corpo haurida mediante períodos de uma dança mecânica realizada no curso de muitos dias.

Assim como os mitos que subentendem as novas religiões, os rituais são elaborados a partir de uma simbologia que reúne referentes diversos. Desse modo, sobre o altar do culto *ngunzista-amicalista* (Congo) elevado sobre degraus e recoberto por um manto vermelho, cor tradicionalmente associada à fecundidade e ao prestígio, o mesmo podendo se aplicar à ideia moderna dos salvadores congoleses, observa-se: uma foto (técnica moderna) de André Matswa (messias negro), um punhal representando a fé jurada aos antigos, uma lâmpada iluminada como a dos santuários cristãos, uma cruz de Lorraine no meio de um "V", o "V" da vitória dos Aliados, instaurado, porém, num papel antibranco, e a cruz da Lorraine gaulista lembrando o crucifixo, mas, sobretudo a possibilidade de uma vitória contra o opressor. No Zaire, o "S" exibido pela Armada da Salvação é visto como a inicial de Simon Kimbangu e signo de uma benevolência desses brancos desinteressados, proclamando pela voz e pelo seu cobre o seu zelo e sua energia contra a feitiçaria, o que encontra eco no antifetichismo do kimbanguismo.

Sendo, porém, consciente ou inconscientemente busca de adaptação e de continuidade e movimento incompletamente institucionalizado, todo sincretismo suporta os acasos da história e a personalidade dos líderes.

Cultos e mitos podem perecer em conjunto pelo desencantamento advindo do não cumprimento de uma profecia. Assim, o miunguismo soçobra quando os bayakas, acreditando que os alemães haviam destruído o poder dos franceses, veem chegar, em lugar de Iavé, após a Segunda Guerra Mundial, a armada dos brancos ressuscitada. Aí se tem a crença no mito regressado, por vezes logo após o fracasso de ações que ele engendra. O mesmo se observa entre os guaranis emigrados para a costa leste do Brasil, quando retornam, no século XIX, para o interior, tendo se esvanecido suas esperanças de levantar voo para além dos mares, em direção a um país de abundância e de vida eterna, crença que, sob o impulso das chamas, fizera com que tornassem mais leve o seu corpo mediante dança e jejum ininterruptos.

Na verdade, o mito se conservou, porém amputado de um elemento: a possibilidade de aceder à "terra sem mal". Um erro secreto havia destruído o efeito das encantações.

Sincretismos diversos

Posicionaremos como princípio o de que, antes de qualquer coisa, toda religião é sincrética e toma de empréstimo a outros elementos doutrinais, rituais e organizacionais. Nos sincretismos novos, que não são simples contaminações como outrora se teve entre ritos pagãos e cristianismo, o processo contra-aculturativo se expressa por manipulações de mitos, empréstimos de ritos, associações de símbolos, inversões semânticas e reinterpretações de mensagens notadamente crísticas.

No culto vodu transportado a partir do século XVII da Costa dos Escravos (Golfo da Guiné) para as Antilhas e para o Brasil, ritos institucionalizados, executados num quadro associativo hierarquizado, permitem, entre outras coisas, pela intermediação de ministros do culto e de indivíduos privilegiados sujeitos ao transe, fazer comunicar a comunidade religiosa com os espíritos.

No Haiti, onde a antiga deusa-mãe dos iorubás se confunde com Santa Ana, e onde se mesclam contribuições africanas, haitianas e cristãs (calendário, invocação dos santos), o culto vodu tem a função de protesto contra o poder das grandes religiões, de contestação e de compensação das desigualdades sociais. Por ocasião da celebração de uma festa, de uma cura ou de um casamento, os ritos vodu haitianos, dirigidos por um homem *(hougan)* ou por uma mulher *(mambo)*, mestre de cerimônias, comportam no santuário *(houmfo)* salvações, invocações de espíritos *(loa)*, danças ritmadas por tambores, sacrifícios e uma fase de possessão manifestada por transes de uma ou muitas pessoas eleitas como receptáculos de tal o qual vodu identificável segundo códigos culturais. Esses ritos supõem uma iniciação à liturgia: fórmulas ocultas, linguagem particular, representações simbólicas por desígnios *(vévé)*, métodos terapêuticos.

No Brasil, as influências pré-colombianas são notórias nas pajelanças da Amazônia, onde o animismo associado aos cursos de água e aos animais se mantém, em parte, em conjunto com práticas xamânicas, com uma crença na transmigração das almas e com uso intenso de estimulantes: tabaco, álcool, fumo. As influências cristãs são percebidas disseminadas por toda parte através do código ético, do calendário litúrgico, do culto aos santos, pela lógica sacramentar, pela organização em paróquias e confrarias. O toque africano aparece, sobretudo, no culto aos orixás de origem iorubá e no culto aos ancestrais, comum à toda a esfera bantu. Assim como a magia e o telurismo marcam os cultos de umbanda nas camadas populares, o espiritismo inspirado em Allan Kardec e o ocultismo do século XX europeu são introduzidos nas camadas médias ao mesmo tempo em que o são certos métodos de controle mental de origem asiática. O candomblé, em especial no Nordeste brasileiro, comporta um corpo sacerdotal, sobretudo, feminino. Seus longos e complexos rituais de iniciação, suas danças e transes fazem com que ele se assemelhe a uma sociedade secreta — até por ter tido de se proteger das perseguições católicas.

> ### O candomblé de Recife
>
> "A característica essencial da religião afrobrasileira (assim como de sua variedade mais conhecida e mais disseminada, o *candomblé*, como veremos) encontra-se na oferenda de sacrifícios animais, que ainda hoje é largamente praticada e chegou a ganhar importância nos últimos decênios do século XX.
>
> A carne das vítimas é partilhada entre o *axé* (o sangue e certos órgãos) dado somente aos deuses e o *eran* (a carne vermelha) comida pelos fiéis mesmo fora do contexto ritual. O sacrifício animal realiza, pois, duas séries de funções: a simbólica e religiosa, por um lado, a econômica e nutricional, por outro.
>
> Os corpos, os espíritos, os movimentos e as ações dos fiéis também fazem parte do sacrifício. O *candomblé* é uma religião *dançada* e *atuada*, muito mais que pensada em termos de teologia, de filosofia ou de ciências sociais. A dança, o entusiasmo, o transe e o sacrifício procedem da mesma lógica no ritual afrobrasileiro: para os fiéis, com efeito, existir é ser percebido.
>
> O transe é a continuação do sacrifício por outros meios. E para os afrobrasileiros o transe é muito mais que a presença de uma personalidade nova que substituirá a personalidade habitual do fiel. É uma experiência eminentemente *extática*: há um acúmulo de intuição e de identidade que satura as faculdades cognitiva e afetiva dos fiéis e, durante o tempo em que se manifesta, impede que estas funcionem de modo convencional.
>
> A satisfação extática aparece, pois, como solução à oposição entre a incomensurabilidade do símbolo e a comunhão e incapacidade do indivíduo que vai gerá-la. O fiel encontra-se por demais pleno de seu deus e do entusiasmo que compartilha com os de sua congregação — e excedido em muito por eles — para poder formular seus sentimentos de maneira racional ou conceitualmente clara."
>
> Roberto Motta, *Sacrifice et transe dans la religion afro-brésilienne*, artigo inédito.

Em meio a outras formas culturais no Brasil, como o *catimbó* e a *macumba* do Rio, privilegiaremos o exemplo do culto *batuque*. A um Deus supremo chamado Jesus e sua mãe a Virgem Maria estão submetidos os santos do céu, mas, sobretudo, os espíritos do mundo daqui de baixo, os *encantados* de diferentes tipos, alguns deles existindo desde sempre, enquanto outros, como a serpente gigante, a tartaruga e o jaguar são espíritos animais; há alguns de origem humana: o Rei da França, Luís XVI, e outros tomados de empréstimo do folclore brasileiro: Dom Carlos, João da Mata, sem contar o vodu importado do Maranhão (e, antes disso, do Daomé) como Akossi-sapatá (Sakpatá, deus da varíola no Togo), averekete (Avlekete, para dizê-lo de maneira jocosa), Legua Bagi (Legba, guardião dos territórios) e as contribuições nagô dos orixás (Ogun, Xangô, Iemanjá, Exú, por exemplo).

Na África negra, os cultos sincréticos se desenvolvem nos meios onde a cultura primitiva foi revolvida por uma dominação exterior e onde um líder, ainda que pouco carismático, posa como enviado de Deus. A prática de adorcismos e exorcismos não exclui que a oração comum possa constituir o rito fundamental como nas religiões universalistas. Destruidor de fetiches, o profeta harrista Albert Atcho, por meio de suas confissões e prescrições terapêuticas, ativa a passagem da consciência persecutória do mal, própria à nosografia africana e à culpabilidade pessoal interiorizada própria ao cristianismo. No culto *deima* da Costa do Marfim, a profetiza Marie Lalou, que teve a visão de uma serpente e de uma água miraculosa, será a mãe de Jesus em seu retorno à Terra para salvar os povos negros que sofrem com a escravidão e dominação dos brancos. No culto *bwiti* do Gabão, o ancestral civilizador Nzamé é identificado simultaneamente ao Adão culposo e a seu duplo, o Cristo redentor. No Zaire é em Simon Kimbangu que se encarna o Espírito Santo.

Inicialmente no Oriente Médio, e depois no Ocidente, desenvolveu-se o sincretismo *bahá'i*, pelo qual a unidade da raça humana, a igualdade dos sexos e a necessidade de educação, posicionados como princípios fundamentais, aliam-se à consideração de todas as religiões como boas e equivalentes; Moisés, Buda, Jesus e Maomé são venerados da mesma forma, o importante sendo a aprendizagem da retidão moral pela meditação, pelo jejum e pela oração, assim como a recusa das divisões suscitadas também pela atividade política. No Laos, Georges Condominas analisou as contribuições do animismo (culto dos *phi*) e do hinduísmo no budismo popular.

Se os modos de composição dos elementos tomados de empréstimo variam tanto como as razões de constituição desses sincretismos, parece, não obstante, que os adeptos extraem algumas vantagens de sua participação nas práticas culturais: sentimento de proteção por um espírito, assistência mútua, êxito social ou melhoria de seu estatuto pessoal. O imaginário religioso permite transcender dificuldades da existência sublimando-as pela esperança.

Dispersão e unidade

Se neste capítulo é comparado o terceiro mundo com o capítulo anterior, que tem como eixo majoritário o Ocidente, parece óbvio que uma mesma busca de sentido e de fundamento da existência no tocante a uma transcendência é trabalhada pelos grupos religiosos. Em geral a adesão, fruto de um encaminhamento, nada tem de abrupto. Mas experiências individualizadas e por vezes decepcionantes explicam os abandonos e mudanças de filiações, a mobilidade de um grupo a outro com o intuito de aliviar uma incerteza espiritual. Quanto ao fenômeno da fragmentação e à multiplicação das Igrejas novas, é preciso mencionar que não há empreendimento humano em que sejam excluídas as rivalidades por sede de poder.

Mas enquanto o terceiro mundo espera deixar condições de vida miseráveis — e deve se compreender que deseja fazê-lo também por meio da religião —, o Ocidente muito mais se apega ao desenvolvimento das capacidades intelectuais do indivíduo. Enquanto as Igrejas do terceiro mundo têm escassas elaborações doutrinais, inspirações cristãs frágeis porque de data recente, dispondo, sobretudo, de bases culturais nas tradições locais, as seitas do Ocidente reinterpretam, principalmente, as mensagens das grandes tradições cristãs, hindus, búdicas.

Para além de uma aparência de dispersão do religioso, que em nada significa seu desaparecimento, percebe-se uma mesma aspiração à globalização. Seitas e novas Igrejas perseguem um ideal de unidade dos crentes, de reconciliação dos homens entre si e com o universo. Pode-se duvidar do resultado. Ademais, no presente momento é pouco provável que a ciência responda ao: "Quem somos? De onde viemos? Para onde vamos?", de maneira que satisfaça o entendimento, a afetividade e o imaginário humanos.

Conclusão

Religião e modernidade

A pós-modernidade diz respeito tanto à realidade das grandes instituições religiosas tradicionais quanto às fisionomias dos fundamentalismos e das novas religiosidades e espiritualidades. Ora a intermitência de seu brilho não significa a perda da busca de sentido da vida e da felicidade, nem o abandono do termo "religião", marcado de etnocentrismo ocidental — caso contrário deveríamos deixar para trás também os termos da química, da democracia, da laicidade e das mídias...

Os traços da pós-modernidade

Modernidade ou pós-modernidade? Sem se envolver em embaraços com polêmicas, reconhecer-se-á, com J. F. Lyotard, que o pós-moderno seguramente faz parte do moderno, sendo ele uma perspectiva que permite posicionar questões sobre a modernidade em suas diversas transformações (outras plumas sob a mesma plumagem). Ele é uma espécie de retroprojetor, mesmo que alguns o tenham por um autismo teórico, como se se tratasse do marxismo ou da psicanálise. Mas ele é especificado pelo quê? Por sua insistência no pluralismo que se opõe às categorias gerais e rígidas, pela sua celebração do que é local, singular e particular! O espírito do tempo se encontra submetido à contradição, com o risco de ser tomado por confuso. Ele se atrela acontece e ao que deixa de acontecer e, sem determinação radical, exerce-se uma vez eclipsadas as noções imperiais de progresso e de universalismo. Essa posição marginal seria um modo operatório e uma perspectiva. Descentramento, pluralismo, incerteza, eis as características do religioso atual, ainda que a ordem fundamentalista da perfeição venha a ser alardeada contra as ideias de imperfeição, do efêmero e do inacabamento! Encontram-se em obsolescência as grandes teses que legitimam a verdade absoluta, e no mercado das crenças cada um confecciona seu *menu à la carte*.

A teoria da individualização da religião entra na modernidade, ou na pós-modernidade (deixo a sobremodernidade para seus teóricos), como armadura de interpretação, assim como a flexibilidade dogmática e a subjetivação de crenças. Em consequência da busca de um espaço pessoal de plenitude e da cata de experiências, compreendem-se as mudanças de afiliação religiosa e os movimentos de conversão, sobretudo no contexto intercultural. A experiência espiritual se privatiza ao mesmo tempo em que se recompõe uma espiritualidade não transcendente, que comporta uma miscelânea de ritos.

A modernidade não é de todo inteligível a ponto de se examinar a religião como um de seus constituintes e de se considerar a recomposição do lugar das Igrejas diante do político e do econômico. Daí os problemas atuais de relações entre religião e democracia, da influência do âmbito contextual sobre o compromisso político de tal ou qual religião levando em conta a evolução histórica do princípio de laicidade. Não se pode negar que as Congregações e Novos Movimentos Religiosos nos Estados Unidos sejam um caldo da vida cívica a tomar parte no debate ético, e tampouco revelar-se-ão os jogos de pressão entre religião e política e as manipulações operadas pelo intermediação das mídias.

A crise católica

Num clima de pós-guerra, de inquietude na ordem pastoral e de secularização crescente da sociedade francesa, G. Le Bras e F. Boulard puseram no coração da "sociologia religiosa" a ideia de descristianização, a qual designa o processo de afastamento dos fiéis da observância dos mandamentos da Igreja e da prática regular dos sacramentos. Os mais baixos níveis de prática cristã da Europa têm se registrado nos países nórdicos, seguidos de perto pela França, Bélgica e Grã-Bretanha.

O Concílio do Vaticano II operou uma profunda ruptura da Igreja Católica com sua organização, com sua liturgia e, sobretudo, seu modo de pensar, por exemplo, no que diz respeito ao papel dos laicos e à consideração dos carismas. E pelo ecumenismo a Igreja católica modificou sua relação com as outras confissões cristãs. Após os fortes abalos causados pela guerra da Argélia, pelo Concílio, pelo Maio de 68, e antes do ponto de inflexão que se teve com o reconhecimento da renovação carismática no núcleo romano em 1975, ocorreram movimentos importantes de deserção no clero e nas ordens religiosas pedagógicas e hospitalares. Na sequência, muitos padres se casaram, e alguns deles nem por isso deixaram o estado clerical. Na América Latina, as reduzidas taxas de vocação sacerdotal poderiam se explicar por uma forte propensão ao sincretismo, por uma grande abertura ao evangelismo, resultante do caráter coercitivo da conversão, no passado, ao catolicismo. As dificuldades crescentes de recrutamento dos candidatos ao sacerdócio esclarecem-se pelos eixos de reivindicação do clero, encaminhados pelo grupo *"Échanges et Dialogue"* ["Conversas e diálogo"]: acesso ao mundo do trabalho, possibilidade de contrair matrimônio, direito de engajamento político, questionamento do que é visto como autoritarismo eclesiástico, direito à reversibilidade do compromisso. As reações dos fiéis, porém, dizem respeito ao celibato dos padres, à ordenação das mulheres, à proibição do uso de métodos contraceptivos, à excomunhão dos divorciados, qualquer que tenha sido a sua responsabilidade no divórcio. A rede progressiva do Parvis* milita igualmente pelo acolhimento de homossexuais na Igreja.

*A rede progressista do Parvis é composta pelos chamados "católicos de abertura", por protestantes liberais, unitarianos, somando de 7 a 10 mil membros divididos em 50 associações em território francês e reagrupados, no curso da última década, pelas Réseaux du Parvis. (Nota do Tradutor)

Um levantamento do CSA para o *Le Monde des Religions* (n° 21, janeiro de 2007), revela que 1 em cada 2 francês (51%) se declara católico. E entre estes, 56% tem mais de 50 anos. Aposentados e donas de casa compõem um contingente considerável. Mas deve-se observar que indivíduos na faixa de 18 a 34 anos, constituindo 30% do efetivo da população francesa, não compõem mais que 17% dos que se declaram católicos. No conjunto dos católicos franceses, 81% são favoráveis ao casamento dos padres e 79% favoráveis à ordenação das mulheres.

O mais espantoso nessa pesquisa é que apenas 1 entre 2 católicos crê em Deus, enquanto 52% dos que se dizem católicos na França jamais pisaram em uma igreja, 32% fizeram-no ocasionalmente, 7% uma ou duas vezes por mês. Apenas 8,5% do total é composto de católicos ativos engajados em alguma atividade paroquial, ação humanitária cristã ou grupo espiritual. E é nessas formações ou atividades que eles garantem a possibilidade das aposentadorias e dos ciclos diocesanos de formação.

O brilho cintilante das crenças

No mundo ocidental, o religioso já não faz parte da identidade pública, e a crença tem perdido a sua credibilidade. Entre religião institucional, de um lado, e afirmação de uma autonomia do crer, individual e privatizado, de outro, o abismo se torna mais profundo, e a unidade da fé dá lugar à diversidade de convicções. Percebe-se, pois, uma redução no número dos cristãos exclusivos em favor dos cristãos inclusivos, numa combinação de cristianismo com outras tradições religiosas. Adepto do nomadismo religioso, o sujeito pós-moderno é feito um embasbaco espiritual. Muitas de suas crenças continuam a cintilar, e as "verdades eternas" só pertencem mesmo à linguagem dos tradicionalistas. Assim, certos católicos duvidam do além de sua celeste ou infernal topografia, da compatibilidade tarifada dos castigos para o pecado, das escalas de libertação das almas do purgatório, purgatório este que só foi inventado no século XII. Em 1986, uma sondagem da Sofres concluiu que 46% dos franceses acreditavam em milagres, 40% deles acreditavam no céu, 25% no purgatório e 23% no inferno. Em 1990, pesquisa realizada pelo Valeurs, mais refinada que a precedente, observou uma diminuição desses índices (30% creem no paraíso, 16% no inferno). O que tem havido é uma desdramatização dos fins últimos. Em 2007, (pesquisa CSA) 10% disseram acreditar na ressurreição dos mortos, 26% declararam crer que nada existe após a morte, e 53% pensavam que há alguma coisa, sem saber o quê. Não mais que 33% dos católicos revelaram acreditar no diabo.

Em relação à danação no inferno e à vida *post-mortem*, e quanto a Deus? Uma pesquisa de G. Michelat, J. Potel, J. Sutter, realizada em

1994 para *Le Monde, La Vie, L'actualité religieuse*, estimava que 29% dos franceses davam como certa a existência de Deus, 32% como provável, 17% improvável, com 18% excluindo essa possibilidade. Entre os que se declaravam católicos na mesma amostragem, obteve-se respectivamente: 35%, 41%, 14% e 7%. Mas em 2007 os católicos franceses (e não os franceses em conjunto), segundo o *Le Monde des Religions* (n° 21) somaram 26% entre os que diziam "Deus existe, com certeza", enquanto 26% revelaram pensar que "é provável", 31% não sabiam. Quanto aos 17% restantes, julgavam improvável a existência de Deus.

E fora da França? Na Espanha contemporânea, o catolicismo de referência não necessariamente se traduz pela vivência de uma experiência religiosa. Em 1999, segundo José Maria Mardones (*La indiferencia religiosa en España*, Madrid, Hoac, 2003), 12% dos jovens se declaravam muito praticantes, proporção que era de 91% em 1960. Quanto ao número de judeus descrentes ou agnósticos, o percentual seria de 50% segundo Georges Minois (*Encyclopedia Universalis, Notions* 1, 2004, p. 64). Para a *World Christian Encyclopedia*, o grupo dos descrentes, agnósticos e confusos constituiria no ano 2000 a família de pensamento mais importante do mundo, chegando a aproximadamente um quinto da humanidade.

Uma rememoração histórica pode esclarecer essa debandada. O cristianismo já, desde suas origens, acompanhou um movimento de dessacralização induzido pela visão de um mundo mais apartado de Deus que nas religiões tradicionais. Com a filosofia das Luzes, a fé foi reduzida a não mais que uma opinião, da ordem do inverificável, do duvidoso, em oposição ao verificável, ao racional, ao científico. Não obstante, os progressos da ciência, referindo-se a uma racionalidade objetiva (a mais completamente argumentada, provavelmente verdadeira, mas passível de mudar), não chegam a reduzir radicalmente o campo de crenças, dependendo de uma racionalidade, o que devem depender de uma racionalidade subjetiva. As crenças surgem mesmo dos limites do acesso ao conhecimento: limites especiais e temporais, filtros interpretativos, ilusões perceptivas, impossibilidade de apreender uma questão em toda a sua complexidade..., o homem não pode ficar sem resposta diante de algumas questões fundamentais. Todavia, ele pode modificar suas crenças (conversão religiosa), como tem acontecido com certas sociedades após o colapso do comunismo. É ilusão crer que o homem possa viver um dia que seja sem suas ilusões!

Como se mover no campo religioso? Sabe-se, por exemplo, que atualmente se desenvolvem no Ocidente o interesse pelo judaísmo, a atração pelas espiritualidades orientais e pelos encontros ecumênicos (movimentos dos cristãos pela unidade, que não chega a tocar em dogmas). Apesar da crise das religiões institucionais na modernidade ocidental, observa-se uma reorganização do agir religioso em novas modalidades, o que se dá concomitantemente às convulsões da estrutura familiar, à entrada das mulheres no mercado de trabalho, à legalização do divórcio, à descontinuidade da socialização religiosa dos jovens, tudo isso se inscrevendo no quadro de uma valorização da cultura materialista do consumo e da sensualidade. Mas note-se que nos Estados Unidos muitas instituições religiosas locais (congregações mesmo fragmentadas, associações beneficentes) contribuem para a formação de valores cívicos e atuam como escolas de cidadania. Quanto a certas funções já de há muito paraeclisiásticas nas frentes da saúde, educação, ambiente, estas têm passado para o controle do Estado ou das ONGs.

No entanto, a religião que tende a se individualizar na modernidade tardia mantém-se como negócio capaz de produzir um vínculo social, como revela a obra de Roland Campiche sobre *Les deux visages de la religion* (Genéve, Labor et Fides, 2004). Ele demonstra o modo como na Suíça, apesar de tudo, na paróquia ou na comunidade religiosa de origem, o vínculo se mantém para alguns ritos de passagem, servindo para que o indivíduo se autorrepresente na qualidade de adeptos. Todavia, certas abordagens eclesiásticas da religião (não somente no cristianismo, mas também no judaísmo, no islamismo e no hinduísmo) propõem concepções absolutistas dos valores religiosos que conduzem não raro à guerra cultural, sem que haja valores morais necessários ao bom funcionamento do sistema republicano.

A lição final não passa por uma saída do mundo que nos cerca, nem por uma recusa à sociedade, mas pela ação de conferir sentido à vida, algo que fazemos por força de crenças pessoais e ritualizações de nossa vida profana ou religiosa. Ninguém poderá provar que a sua religião é a melhor, mas muitos têm uma orientação de sua existência a se sustentar pela retidão moral e pelo sentido dos outros, que leva a se transcender e a adquirir a serenidade no próprio esforço demandado pela prática da virtude. Se a antropologia nada tem de um organismo de conselho, pelo menos ela pode mostrar, e exemplos vêm em seu apoio, que o soberano Bem, mesmo concebido de maneira diversa, não se encontra nem na violência, nem no desprezo, nem no ódio.

Bibliografia

A religião e o sagrado

BASTIDE R. *Le Sacré Sauvage*. Paris, Payot, 1975.

CAILLOIS R. *L'Homme et le Sacré.* Paris, Gallimard, 1939.

DURKHEIM É. *Les Formes Élémentaires de la Vie Religieuse.* Paris, Alcan, 1912.

ELIADE M. *Le Sacré et le Profane.* Paris, Gallimard, 1965.

GEERTZ C. "Religion as a cultural system", in Banton M. (ed.), *Anthropological Approach of the Study of Religion.* Londres, Tavistock, 1966, pp. 1-46.

OTTO R. *Le Sacré,* trad. fr. Paris, Payot, 1968 (1a ed. alemã: 1917).

TAROT C. *Le Symbolique et le Sacré.* Paris, La Découverte, 2008.

VAN DER LEEUW G. *La Religion dans son Essence et ses Manifestations,* trad. fr. Paris, Payot, 1955 (1ª edição holandesa: 1933).

WEBER M. *L'Éthique Protestante et L'Esprit du Capitalisme,* trad. fr. Paris, Plon, 1964 (1a edição alemã: 1920).

Figuras hipotéticas da religião primitiva

FRAZER J. *Totemism and Exogamy.* Londres, MacMillan, 1930, 4° vol.

FREUD S. *Totem et Tabou,* trad. fr. Paris, Payot, 1951 (1a ed. austríaca: 1912).

LÉVI-STRAUSS C. *Le Totémisme Aujoud'Hui.* Paris, PUF, 1962.

MARET R. *The Threshold of Religion.* Londres, Methuen, 1909.

ROSA R. *L'âge d'Or du Totémisme, Histoire d'um Débat Anthropologique.* Paris. CNRS/MSH, 2003.

TYLOR E. *Primitive Culture.* Londres, Murray, 1871, 2° vol.

Percepção histórica da antropologia religiosa

ELIADE M. *Traité D'Histoire des Religions*, (prefácio de G. Dumézil). Paris, Payot, 1949.

FRAZER J. *Le Rameau d'Or*, trad. fr. Paris, Laffont, 1981-1984, 12 vol. (1a ed. inglesa: 1911-1915).

GRIAULE M. *Dieu d'Eau*. Paris, Chêne, 1948.

ISAMBERT F. A., TERRENOIRE, J. P. *Atlas de la Pratique Religieuse des Catholiques en France*. Paris, FNSP/CRNS, 1980.

KIPPENBERG H. G. *Discovering Religious History in the Modern Age*. Princeton, University Press, 2002.

LEENHARDT M. *Do Kamo*. Paris, Gallimard, 1947.

LÉVY-BRUHL L. *La Mentalité Primitive*. Paris, Alcan, 1922.

MAUSS M. *Oeuvres*. Paris, Minuit, 1968-1969, 3 vol.

OBADIA L. *L'Anthropologie des Religions*. Paris, La Découverte, 2007.

A decifração dos relatos míticos

AKOUN A. (ed.). Mitos e crenças do mundo inteiro. Turnhout, Brepols, 1985, 5 vol.

CARLIER C., GRITON N. *Des Mythes Aux Mythologies*. Paris, Ellipses, 1994.

ELIADE M. *Aspects du Mythe*. Paris, Gallimard, 1963.

LÉVI-STRAUSS C. *Anthropologie Structural*. Paris, Plon, 1958.

LÉVI-STRAUSS C. *Mythologiques*. Paris, Plon, 1964-1971, 4 vol.

MALINOWSKI B. *Trois Essays sur la vie Sociale des Primitives*, trad. fr. Paris, Payot, 1968 (1ª edição inglesa: 1926).

MESLIN M. *Pour une Science des Religions*. Paris, Seuil, 1973.

SEGAL R. A., *Myth. A Very Short Introduction*. Oxford, Oxford Univesity Press, 2004.

VERNANT, J. -P., VIDAL NAQUET P. *Edipe et Sés Mythes.* Bruxelles, Complexe, 1988.

As crenças religiosas: formas e conteúdos

DE CERTEAU M. *La Faiblesse de Croire.* Paris, Seuil, 2003.

DANIELOU A. *Le Polythéisme Hindou.* Paris, Buchet-Chastel, 1960.

DELUMEAU J. (ed.) *Le Fait Religieux.* Paris, Fayard, 1993.

RADIN P. *Le Fripon Divin*, trad. fr. Genéve, Georg, 1958 (1ª edição americana: 1956).

SOUSTELLE J. *Aztec Religion,* in Encyclopedia Britannica. Chicago, 1974, vol. 2.

SULLIVAN L. (ed.) *Death,* After life and the Soul. London, MacMillan, 1989.

O rito em teoria

CAZENEUVE J. *Les Rites et la Condition Humaine.* Paris, PUF, 1958.

DIANTEILL E., HERVIEU-LÉGER D., Saint-Martin I. (dir.) *La Modernité Rituelle, Rites Politiques et Religieux des Sociétés Moderns.* Paris, L`Harmattan, 2004.

GIRARD R. *La Violence et le Sacré.* Paris, Grasset, 1972.

HATZFELD H. *Les Racines de la Religion.* Paris, Seuil, 1993.

RIVIÈRE C. *Les Liturgies Politiques.* Paris, PUF, 1988.

RIVIÈRE C. *Les Rites Profanes.* Paris, PUF, 1995.

SEGALEN M. *Rites et Rituels Contemporains.* Paris, Nathan, 1998.

TURNER V. *Le Phénomène Ritual,* trad. fr. Paris, PUF, 1990 (1ª edição inglesa: 1969).

Purificação e propiciação

DOUGLAS, M. *De la Souillure*. Paris, Maspero, 1971 (1a edição inglesa: 1966).

HEUSCH L. de. *Le Sacrifice Dans les Religions Africaines*. Paris, Gallimard, 1986.

MAKARIUS, L. *Le Sacré et la Violation des Interdits*. Paris, Payot, 1974.

RIVIÈRE, C. *Réalités et Leurre du Sacrifice*. Social Compass, 50/2, 2003, pp. 203-227.

TESTART A. *des Dons et des Dieux*. Paris, Armand Colin, 1993.

Festas da vida e signos do céu

BETTELHEIM, B. *Les Blessures Symboliques*. Paris, Gallimard, 1969.

BOURDIEU P. *Les Rites Comme Actes d'Institution*, Actes de la recherche en sciences sociales, n° 43, 1982, pp. 58-63.

DUVIGNAUD J., *Fêtes et Civilizations*, Genève, Weber, 1973.

ELIADE M. *Initiation, Rites, Sociétés Secrètes*, Paris, Gallimard, 1959.

RIVIÈRE C. *Union et Procréation en Afrique*. Paris, L'Harmattan, 1990.

THOMAS L.V. *Rites de Mort*. Paris, Fayard, 1985.

VAN GENNEP A. *Les Rites de Passage*. Paris, Nourry, 1909.

A magia reinterpretada

EVANS-PRITCHARD E.E. *Sorcellerie, Oracles et Magie Chez les Azandé*, trad. fr. Paris, Gallimard, 1972 (1a edição inglesa: 1932).

FAIVRE A. *L'Ésotérisme*. Paris, PUF, 1992.

MARTIN J.-B, LAPLANTINE F. (ed.) *Le Défi Magique*. Lyon, CREA PUL, 1994, 2° vol.

MAUSS M. *Sociologie et Anthropologie*. Paris, PUF, 1950.

SERVIER J. *La Magie.* Paris, PUF, 1993.

A feitiçaria reexaminada

ADLER A. *Roi Sorcier, Mere Sorcière.* Parenté politique et sorcellerie en Afrique noire. Paris, éd. du Félin, 2006.

FAVRET-SAADA J., *Les Mots, la Mort, les Sorts.* Paris, Gallimard, 1977.

GESCHIÈRE, P. *Sorcellerie et Politique en Afrique.* Paris, Karthala, 1995.

MUCHEMBLED R. (éd.). *Magie et Sorcellerie en Europe.* Paris, Armand Colin, 1994.

OBADIA L. *La Sorcellerie.* Paris, Le Cavalier bleu, 2005.

RICHARDSON J. (ed.) *The Satanism Scare.* New York, Aldine de Gruyter, 1991.

ROSNY E. de. *Justice et Sorcellerie.* Paris, Karthala, 2006.

O xamanismo reativado

BOUTEILLER M. *Chamanisme et Guérison Magique.* Paris, PUF, 1950.

ELIADE M. *Le Chamanisme et les Techniques Archaïques de L'Extase.* Paris, Payot, 1951.

HAMAYON. R. *La Chasse à L'Âme.* Nanterre, Société d'ethnologie, 1990.

HELL B. *Possession et Chamanisme, Les Maîtres du Désordre.* Paris, Flammarion, 1999.

HOPPAL, M. (ed.). *Shamanism in Eurasia.* Göttingen, Herodot, 1984.

LIOGER R. *La Folie du Chaman.* Paris, PUF, 2002.

PERRIN M. *Les Praticiens du Rêve.* Paris, PUF, 1992.

VAZEILLES D. *Les Chamanes.* Paris, Cerf, 1991.

Desencantamento ou efervescência do religioso

Berger P. *La Religion dans la Conscience Moderne*, trad. fr. Paris, Centurion, 1971 (1a edição americana: 1967).

CHAMPION F., HERVIEU-LÉGER D. (ed.). *De l'Émotion in Religion*. Paris, Centurion, 1990.

DIANTEILL E. *La Samaritaine Noire. Les Églises spirituelles noires américaines de la Nouvelle-Orléans*. Paris, EHESS, Cahiers de L'Homme, 38, 2006.

GAUCHET M. *Un Monde Désechanté*. Paris, ed. de l'Atelier, 2004.

HERVIEU-LÉGER D., CHAMPION F. *Vers un Nouveau Christianisme?* Paris, Cerf, 1986.

LANDRON, O. *Les Communautés Nouvelles. Nouveaux visages du catholicisme français*. Paris, Cerf, 2004.

LUCA N. *Les Sectes*. Paris, PUF, 2004.

MARTIN D. *A General Theory of Secularization*. Oxford, Blackwell, 1978.

WILLAIME J, P. *Sociologie du Protestantisme*. Paris, PUF, 2005.

Mutações religiosas do terceiro mundo

CLASTRES H. *La Terre Sans Mal*. Paris, Seuil, 1975,

LANTERNARI V. *Les Mouvements Religieux des Peuples Opprimés*, trad. fr. Paris, Maspero, 1962 (1a edição italiana: 1960).

MARY A. *Le Bricolage Africain des Héros Chrétiens*. Paris, Cerf, 2000.

MÉTRAUX A. *Le Vaudou Haïtien*. Paris, Gallimard, 1968.

MULHMANN, W. *Messianismes Révolutionnaires du Tiers Mond*. Paris, Gallimard, 1968.

PIAULT C. (ed.). *Prophétisme et Thérapeutique*. Paris, Hermann, 1975.

Glossário

Para evitar repetir as definições que poderão ser encontradas a partir de títulos ou de subtítulos (totem, mana, tabu, mito, sagrado, fetiche etc.), este glossário trará esclarecimentos apenas de noções pouco explicitadas nesta obra ou em minha Introdução à antropologia, *obra que torna precisas noções que dizem respeito ao parentesco (linhagem, clã, exogamia, incesto), bem como à economia (kula), à política (chefería)... Os demais termos são empregados no sentido indicado por qualquer dicionário de uso comum.*

Adorcismo. Forma de posse por um deus ou por um gênio benévolo. O exorcismo é o rito de expulsão de um espírito malévolo.

Anátema. Na Grécia: vítima imolada. Entre os primeiros cristãos: ex-voto. Dali em diante: sentença de rejeição de uma proposição julgada herética ou de um comportamento reprovado pela Igreja.

Antropomorfismo. Tendência a atribuir a potências tidas por sobrenaturais características próprias ao homem (paixão, imaginação, formas de raciocínio ou corporeidade).

Arquétipo. Modelo arcaico e primordial do inconsciente coletivo segundo Jung, ligando invariantes simbólicas e míticas presentes nos diversos sistemas religiosos, mágicos e filosóficos.

Avatar. Na religião hindu, forma particular e frequentemente diversa assumida por uma divindade (sobretudo Vishnou, por vezes Shiva) descendo à terra, para lutar, por exemplo, contra forças maléficas.

Carisma. Efeito de irradiação pessoal em razão de um dom espiritual extraordinário, que se crê atribuído por Deus a certos indivíduos.

Esoterismo. Doutrina ou prática oculta que só pode ser conhecida por iniciação e revelação.

Etologia. Estudo dos costumes e comportamentos dos animais (eventualmente dos homens como mamíferos) em seu meio natural.

Geomancia. Adivinhação fundada na interpretação de signos inscritos fortuitamente sobre a terra ou de objetos postos sob o sol.

Hierofania. Manifestação do sagrado julgado como tal no espírito do fiel de uma religião.

Tipo ideal. Construção intelectual que, segundo Max Weber, sintetiza fenômenos ou ideias por um conjunto de traços sem que cada realidade lhe corresponda com exatidão (a burocracia, a seita).

Cratofania. Manifestações de um poder julgado superior às habituais possibilidades humanas.

Mana. Ancestral considerado vivente e ativo no além.

Mitema. Fragmento elementar de um mito de ordem descritiva e de significação unívoca, segundo Lévi-Strauss.

Necromancia. Adivinhação com base na invocação dos mortos.

Onirismo. O que depende do sonho a que é atribuída uma significação oculta, por vezes sobrenatural.

Ordália. Prova judicial material com o objetivo de testar uma culpabilidade ou uma inocência e cujo resultado é considerado juízo de Deus.

Peyotl. Droga alucinógena, também chamada mescalina, extraída de um cactus encontrado no México e no sul dos Estados Unidos. O consumo dessa planta por membros de algumas etnias fê-los acreditar ter ali um amparo divino.

Predestinação. Doutrina segundo a qual a saúde do homem ou sua danação seriam determinadas previamente por Deus, o que suscita o problema da conciliação entre livre arbítrio e graça divina.

Ritema. Elemento de um rito global.

Soteriologia. Doutrina da redenção do homem pelo Cristo salvador; em termos mais gerais: discurso sobre a salvação da humanidade.

Taumaturgo. Aquele que faz milagres.

Teofania. Manifestação sensível de um pode tido por divino.

Transubstanciação. Mudança de substância apesar da permanência das formas (hóstia se tornando o corpo de Cristo por consagração).

Índice dos autores

A

Acquaviva Sabino - 27.
Adler Alfred - 101.
Akoun André - 85.
Aristóteles - 11, 105.
Aron Raymond - 99.
Asch Suzan - 214.
Augé, Marc - 17, 64, 156.

B

Bainbridge William - 198.
Balandier Georges - 83, 212.
Bastide Roger - 16, 33, 155.
Bataille Geoerges - 127, 140.
Beattie John - 45, 147, 176.
Benveniste Émile - 111.
Berger Peter - 197.
Bergson Henri - 155.
Bérulle Pierre (Cardeal de) - 32.
Besnard Phillippe - 60.
Bettelheim Bruno - 77, 136.
Boas Franz - 44, 90.
Boulard Fernand - 61, 292.
Bourdieu Pierre - 27, 135.
Bouteiller Marcelle - 170.
Boyer Pascal - 99.

C

Caillois Roger - 17, 23, 29, 32, 36, 75, 140.
Callimaque - 88.
Calvin Jean (Calvino) - 24.
Campiche Roland - 286.
Campion-Vincent Véronique - 172.
Camus Dominique - 170.
Carlier Christophe - 240.
Cassirer Ernst - 76.
Castaneda Carlos - 192.
Cazeneuve Jean - 117, 154.

Certeau Michel de - 96, 241.
Champion Françoise - 207.
Chateaubriand François-René (de) - 17.
Chaumeil Jean-Pierre - 188.
Cícero - 20.
Clastres Hélène - 244.
Codrington Robert Henry - 44.
Comte Auguste - 23, 55, 56, 124.
Condominas Georges - 229.
Copans Jean - 69.
Crawley Edward - 51.
Creuzer Friedrich - 88.
Cusa, Nicolau de - 20.
Cuisenier Jean - 68.

D

Delumeau Jean - 241.
Desroche Henri - 61, 62.
Dessuart Joseph e Annick - 142.
Devereux Georges - 189.
Dianteill Erwan - 69.
Dieterlen Germaine - 66.
Douglas Mary - 47, 117.
Dumézil Georges - 67, 68, 90, 101.
Dumont Louis - 67, 117.
Durkheim Émile - 16, 21, 29, 31, 36, 37, 43, 45, 47, 55, 56, 57, 59, 96, 111, 113, 114, 117, 120, 126, 135, 154, 156.
Duvignaud Jean - 242.

E

Eliade Mircea - 18, 29, 30, 31, 36.
Elkin Adolphus Peter - 22, 43.
Elliot Smith Grafton - 37.
Epicuro - 124.
Ésquilo - 79.
Evans-Pritchard Edward Evan - 44, 64, 126, 132, 167, 176, 179.

F

Faivre Antoine - 242.
Favret-Saada Jeanne - 170.
Festinger Leo - 98.
Feuerbach Ludwig - 53, 99.
Firth Raymond - 45.
Flavius Josèphe - 145.
Fortes Meyer - 104.
Fortune Réo - 64, 178.
Frazer James George - 18, 23, 40, 41, 43, 46, 54, 55, 88, 113, 117, 152, 153, 155.
Freud Sigmund - 44, 47, 56, 63, 75, 77, 78, 79, 82, 114, 117, 125, 153.

G

Ganay Solange (de) - 66.
Gauchet Marcel - 244.
Geertz Clifford - 25.
Geschiere Peter - 174, 175.
Girard René - 29, 113, 126.
Gluckman Max - 111, 177.
Goffman Erving - 113.
Goldenweiser Alexander - 43.
Granet Marcel - 67, 106.
Grey George - 42.
Griaule Marcel - 65, 86, 126.
Guédon Marie-Françoise - 185.
Gurvitch Georges - 154.
Gusdorf Georges - 125.

H

Hallowell Alfred Irving - 154.
Hamayon Roberte - 182, 187.
Harner Michael - 193.
Harris Marwin - 65.
Hatzfeld Henri - 241.
Heiler Frédéric - 16.
Hell Bertrand - 243.
Héritier Françoise - 167.
Heródoto - 28.
Herrenschmidt, Olivier - 16.
Hervieu-Léger Danièle - 12, 27, 62, 200.
Hesíodo - 101.
Heusch Luc (de) - 126, 127, 132, 182.
Homero - 29, 79, 90.
Hoppal Milahy - 243.
Hubert Henri - 57, 58, 153, 156, 157.
Hugo Victor - 88.
Hume David - 40.
Huxley Aldous - 193.

I

Isambert François-André - 62, 200.

J

James William - 51, 53, 54, 92, 154.
Juilliard André - 170.
Jung, Carl Gustav - 63.

K

Kant Emmanuel - 95, 124.
Kardec Allan - 227.
Kérényi Karl - 96.
Kluckhohn Clyde - 64, 179.

L

Labbens Jean - 61.
Laburthe-Tolra Philippe - 157, 179.
Lacan Jacques - 153.
Lactance (Lactâncio) - 20.
Ladrière Paul - 62.
Landron Olivier - 244.
Lang Andrew - 26, 52.
Lanternari Vittorio - 244.
Laplantine François - 162.
Lapointe Roger - 200.
Le Bras Gabriel - 61, 97, 99, 232.
Leach Edmund - 87, 113, 125.
Leenhardt Maurice - 65, 66, 75, 104.
Lévi-Strauss Claude - 11, 44, 46, 47, 65-67, 74-76, 78-82, 90, 103, 107, 114, 147, 155, 182, 189, 246.

Lévy-Bruhl Lucien - 18, 21, 58, 59, 104, 113.
Lienhardt Godfrey - 64.
Linné Carl von - 17.
Lioger Richard - 243.
Luca Nathalie - 244.
Luckmann Thomas - 197.
Lucrécio - 20.
Luther Martin - 102.
Lyotard Jean-François - 231.

M

Maquiavel, Niccoló - 74.
Maître Jaches - 62, 216.
Makarius Laura - 29, 47.
Malinowski Bronislaw - 63-65, 78, 81, 83, 87, 113, 152, 155.
Mardones José Maria - 235.
Marett Robert - 40.
Martin David - 197, 198.
Martin Jean-Baptiste - 242.
Marwick Max - 176.
Marx Karl - 23, 51, 53, 196.
Mary André - 229.
Maspero Henry - 106.
Mauss Marcel - 29, 38, 40, 43, 45, 57, 104, 111, 125-127, 151-154, 156-158.
McLennan John - 42.
Mensching Gustav - 61.
Merton Robert King - 64.
Meslin Michel - 79, 80.
Métraux Alfred - 188.
Michelat Guy - 234.
Middleton John - 64.
Minois Georges - 235.
Morgan Lewis - 23.
Motta Roberto - 228.
Muchembled Robert - 177.
Mulhmann Wilhem - 244.
Müller Max - 36, 51, 52, 88.

N

Nabert Jean - 117.
Nadel Siegfrid Frederick - 189.

Nietzsche Friedrich - 199.

O

Obadia Lionel - 240, 243.
Olier Jean-Jacques - 32.
Ortigues Edmond - 104.
Otto Rudolf - 16, 29, 30, 31, 36, 61, 96.
Ovídio - 88.

P

Pace, Enzo - 27.
Pâques Viviana - 85.
Parsons Talcott - 64.
Paulme Denise - 66.
Perri François - 148.
Perrin Michel - 187.
Perrot Marie-Dominique - 96.
Perry William - 37.
Piaget Jean - 153.
Piault Colete - 244.
Piette Albert - 69, 70.
Píndaro - 88.
Platão - 11, 73, 94, 105.
Plutarco - 223.
Potel Jacques - 234.
Poulat Émile - 62, 130.
Pradès José - 96.

R

Radcliffe-Brown Alfred Reginald - 64.
Radin Paul - 103.
Rappaport Roy - 65.
Reich Wilhem - 77.
Reik Theodor - 136.
Richardson James - 243.
Ricoeur Paul - 117.
Rist Gilbert - 96.
Rivière Claude - 242.
Roheim Géza - 153.
Rosny Éric (de) - 179.
Rouch Jean - 147, 216.

S

Sabelli Fabrizio - 90.
Sales François (de) - 32.
Sauvy Alfred - 91.
Schmidt Wilhelm - 52.
Segalen Martine - 241.
Séguy Jean - 12, 62.
Servier Jean - 243.
Shaden Egon - 216.
Smith William Robertson - 54, 56, 114, 125.
Söderblom Nathan - 69.
Sófocles - 77-79.
Soustelle Jacques - 66, 102.
Spencer Herbert - 41, 51, 52.
Spiro Melford - 64.
Stark Rodney - 198.
Sullivan Laurence - 241.
Sutter Jacques - 234.

T

Tamari Tal - 16.
Tarot Camille - 239.
Tempels Placide - 100.
Terrenoire, Jean-Paul - 62.
Tertuliano (Tertullien) - 20.
Testart Alain - 79, 127.
Thomas Louis-Vincent - 66, 138.
Trilles Henri Louis (R.P.) - 106.
Troeltsch Ernst - 17.
Turner Victor - 112, 113, 126, 135.
Tylor Edward Burnett - 39, 44, 52. 54, 55, 88, 125.

V

Van der Leeuw Gerardus - 29, 48, 61, 125.
Van Gennep Arnold - 43, 112, 113, 134, 135.
Vazeilles Danielle - 192, 193.
Vernant Jean-Pierre - 77, 78.
Veyne Paul - 98.
Vidal-Naquet Pierre - 78.

Virgílio - 87, 101.

W

Wach Joachim - 60, 61.
Wallace Anthony - 64.
Weber Max - 14, 16, 24, 59, 60, 63, 64, 96.
Webster Hutton - 117.
Westermack Edward - 126.
Whiting John - 154
Willaime Jean-Paul - 61.
Wilson Bryan - 197, 198
Wundt Wilhem - 51, 53

Z

Zahan Dominique - 66

Índice temático

A

Alma - 21, 25, 27, 29, 39, 40, 46, 52-54, 56-58, 99, 103-106, 118, 124, 129, 145, 146, 148, 162, 163, 166, 168, 176, 181-183, 186-188, 221, 222, 227, 234.
Ancestrais - 25, 28, 30, 32, 37, 40-42, 52, 54, 65, 66, 83, 89, 105, 112, 121-123, 133, 138, 139, 147, 153, 168, 185, 191, 201, 212, 214, 219, 227.
Animismo - 36, 39, 40, 52, 226, 229.
Arquétipo - 13, 68, 73, 83, 84, 101, 245.
Avatar - 29-31, 103, 219, 245.
Adivinhação - 112, 134, 139, 142-144, 156, 159, 170, 186, 246.

C

Carisma - 60, 171, 173, 197, 198, 205-207, 212, 214, 215, 229, 233, 245.
Cosmogonia - 36, 66, 73, 86, 97, 102.
Crença - 12-15, 20-26, 31, 33-40, 46, 52, 54, 56, 62, 64, 65, 67-73, 75, 88, 91, 95-99, 104, 107, 111, 114, 115, 140, 145, 150, 153, 154, 156, 157, 160-162, 164, 169, 170, 172, 176, 179, 181, 182, 186, 191, 196-204, 207, 215, 225, 227, 232, 234-236.
Culto - 12-14, 17, 20, 21, 25, 30, 33, 37-43, 46, 52, 54-56, 60, 65, 66, 70, 75, 76, 88, 90, 97, 102, 105, 112, 115, 121-123, 128, 141, 145, 147, 163, 178, 183, 190, 198, 200-2002, 211, 213-215, 218-220, 225-229.
Cura - 38, 97, 112, 116, 124, 131, 147, 151, 179, 181, 184, 186-189, 191-193, 207, 214, 215, 221, 222, 224, 226.

E

Esoterismo - 13, 33, 64, 150, 161, 162, 245.
Espírito - 17, 21, 24, 25, 31, 36, 39, 40, 42, 52, 54, 58, 59, 67, 85, 86, 99, 103-106, 111, 114, 118, 122, 125, 126, 128, 132, 137, 139, 142, 145-148, 151, 155, 157, 158, 164, 168, 175-178, 181-193, 200, 2112, 215, 218, 226, 228, 229, 231, 245, 246.
Êxtase - 11, 31, 99, 145, 181, 197, 193.
Estruturalismo - 78, 80, 116, 175.

F

Festa - 28, 41, 116, 134, 139-142, 165, 178, 200, 226.
Fetichismo - 36, 38, 40, 225.
Funcionalismo - 64-66.
Fundamentalismo - 173, 202, 204, 208-210, 231.
Feitiçaria - 12, 34, 64, 106, 123, 144,

147, 151-154, 156-159, 162, 165-170, 172, 174-180, 189, 192, 212, 217, 225.

H

Hierofania - 29-34, 68- 246.

I

Ideologia - 16, 21, 53, 68, 91, 98, 101, 102, 107, 110, 117, 174, 177, 196, 207-209, 214.
Imaginário - 24, 25, 29, 53, 76, 93, 94, 97, 104, 153, 163, 166, 177, 178, 180, 191, 212, 216, 229, 230.
Imundo - 117.
Impureza - 28, 32, 46, 48, 117-121, 126, 133, 142.
Iniciação - 12, 49, 80, 83, 84, 104, 112, 113, 131, 134-137, 146, 158, 167, 183, 193, 206, 223, 226, 227, 246.
Interdito - 16, 28, 29, 43, 44, 46-49, 54, 79, 83, 85, 115, 118, 120, 138, 155, 184, 186, 199, 202.

L

Laicização - 13, 174, 197-199.

M

Magia - 12, 17, 21, 34, 45, 51, 54, 55, 57, 59, 64-67, 124, 125, 142, 148, 150-164, 169, 171, 179, 191, 227.

Mana (Manismo) - 25, 29, 30, 36, 40, 42, 44-47, 52, 57, 58, 154, 160, 245, 246.
Materialismo - 55, 65.
Messianismo - 13, 62, 211, 215-218.
Monoteísmo - 22, 40, 52, 63, 76, 99, 100, 176, 202, 214.
Morte - 28, 38, 41, 46, 52, 55, 66, 72, 76, 79, 82, 84, 87, 94, 101, 105, 106, 112, 114, 120, 126, 127, 130, 133, 134, 136, 138, 144, 146, 151, 165, 167, 170, 173, 174, 189, 200, 206, 234.
Mito (mitologia) - 11-16, 25, 26, 30-32, 34, 36, 47, 51, 53, 54, 58, 63, 64, 66, 67, 68, 70-96, 98, 100, 101, 105, 107, 110, 112, 143, 159, 163, 169, 171, 185, 187, 188, 201, 202, 212, 213, 215-218, 220, 225, 226.
Mitema - 78, 80, 246.

N

Nascimento - 41, 44, 45, 49, 59, 60, 72, 77, 101, 104, 112, 124, 137-139, 163, 200, 206.
Naturismo - 36.

O

Ordália - 142, 176, 246.
Oração - 12, 16, 39, 43, 58, 111, 121-126, 133, 155, 207, 209, 229.

P

Pessoa - 12, 22, 28, 38, 40, 43, 45-47, 49, 66, 88, 98-100, 104-106, 110, 115,

120, 122, 124, 135, 138, 144, 146, 160, 167, 172, 174, 176, 182, 185, 189, 199, 210, 213, 226.
Politeísmo - 22, 33, 40, 60, 99.
Possessão - 12, 17, 121, 134, 142, 145-147, 158, 159, 169, 182, 226.
Poder - 18, 20, 27, 29, 34, 37-39, 45, 50, 53-56, 60, 79, 83, 85, 91-93, 97, 99, 100, 103, 111, 112, 115, 118, 124, 125, 127, 140, 144, 146, 147, 154, 160, 161, 165, 167, 171, 174-178, 180, 182-185, 190, 197, 201, 205, 208, 209, 212, 216, 225, 226, 228, 230, 246.
Predestinação - 59, 102, 246.
Profano - 16, 24, 29, 30-32, 34, 35, 46, 48, 56-58, 65, 91, 110-112, 115, 116, 126, 127, 133-136, 142, 196, 217.
Profetismo - 13, 154, 204, 211, 214, 217.
Psicanálise - 63, 64, 66, 77, 136, 164, 231.
Pureza - 16, 117, 119, 219.

R

Religião popular - 33, 34, 62, 64, 163, 199-201.
Revelação - 24, 31, 33, 34, 88, 93, 134, 158, 206, 218, 246.
Rito (ritual) - 14-18, 20-23, 25, 30, 34, 36, 39, 41, 45, 51, 54, 56-58, 64, 65, 67, 70, 73, 75, 85, 90, 93, 99, 107, 110-122, 126-131, 133-140, 142-144, 150, 152, 155-161, 164, 173, 175, 182, 185-188, 193, 197, 199-203, 207, 213, 215, 218, 220, 224, 226, 229, 232, 236, 245, 247.

S

Sagrado - 11, 12, 14, 16-18, 20, 24, 25-37, 39, 45, 46, 48, 51, 54-56, 58, 61, 65-68, 72, 74, 85, 87, 96, 112, 113, 116, 122, 125-128, 130, 133, 134, 140, 141, 153, 162, 164, 183, 193, 196-198, 201, 204, 207, 224, 245, 246.
Sacrifício - 12, 13, 20, 39, 41-43, 52, 58, 63, 66, 83, 111-113, 121, 124-133, 138, 146, 151, 155, 156, 168, 173, 178, 222, 226, 228.
Satanismo - 171-173.
Seita - 17, 25, 33, 60-62, 162, 171, 174, 178, 198, 204, 206, 207, 210, 230, 246.
Secularização - 17, 62, 173, 196, 198, 199, 201, 232.
Soteriologia - 60, 247.
Símbolo - 15, 24, 25, 31, 37, 40, 46, 52, 58, 63, 66, 68, 72, 73, 84, 88, 97, 103, 105, 106, 116, 120, 125, 137, 144, 159, 161, 163, 164, 187, 188, 197, 202, 207, 212, 224-226, 228.
Sincretismo - 99, 162, 199, 204, 212, 223, 225, 226, 229, 233.

T

Tabu - 29, 36, 42-49, 54, 57, 63, 65, 77, 82, 87, 111, 117-119, 139, 153, 154, 220, 224, 245.
Taumaturgo - 90, 154, 247.

Totem (totemismo) - 21, 22, 29, 30, 36, 42-45, 47, 49, 54, 56, 57, 63, 67, 86, 87, 105, 114, 153, 245.
Tradição - 12, 22, 24, 27, 30, 47, 60, 67, 87, 110, 116, 147, 158, 162, 163, 190, 200, 204-206, 209, 217, 221, 224.
Tipo ideal - 16, 179, 246.

V

Vodu - 115, 121, 122, 124, 133, 138, 162, 174, 226, 228.

X

Xamanismo - 12, 17, 34, 68, 145, 151, 152, 158, 181-183, 185, 189, 193, 207, 215.

— Tabela dos textos enquadrados —

O campo do religioso segundo Pierre Bourdieu - 27

O sagrado segundo Eliade - 30

O tabu do sagrado - 48

A mentalidade pré-lógica - 58

O mito dogon de criação do mundo - 85

Ato de crer e objeto do crer - 96

O sacrifício da missa é um sacrifício? - 130

Cenário do filme *Le N`doëp, tam-tam de la guérison* - 148

O invisível, fundamento da magia camaronesa - 157

Os medos antissatânicos - 172

Xamanismo indiano do noroeste canadense - 185

A nebulosa místico-esotérica - 207

O candomblé de Recife - 228

Esta obra foi composta em CTcP
Capa: Supremo 250 g – Miolo: Pólen Soft 80 g
Impressão e acabamento
Gráfica e Editora Santuário